TOEIC 3주완성
MD
TOEIC
VOCA

지수

발행일　초판 1쇄 발행 2011년 6월 25일
　　　　　2쇄 발행 2012년 3월 25일

저자　　　문 덕
발행인　　문 덕
영문교열　이지윤, 황석환, 이유정, 김인혜
전문교열　Christopher Green(NK 저널 기자),
　　　　　조성재(해커스 강남 토익 전임 강사)
　　　　　이민재, 이상미(전 YBM 토익 전임 강사)
미케팅총괄　강동진
표지, 편집　MIM DESIGN(010-8895-7142)
출력　　　예림칼라
인쇄　　　(주)미광원색사(02 - 2275 - 7891)
발행처　　도서출판 지수
주소　　　서울시 마포구 공덕2동 249-12 영명빌딩 502호
전화　　　02-717-6010(대표), 6011
팩스　　　02-717-6012

http://www.moonduk.com
http://www.toeicvoca.com(mp3 파일 무료 다운로드, 온라인 학습지원)

#502 Young Myeng B/D, Gongduk-2dong 249-12, Mapo-gu, Seoul 121-022, Korea
Phone 82-2-717-6010,6011 Fax 82-2-717-6012

가격 11,500원

저자의 말

토익을 준비하는 수많은 학생들에게 토익시험은 단순히 자신의 영어실력을 가늠하는 기준의 역할만은 아닐 것입니다. 갈수록 젊은이들을 위한 일자리는 줄어만 가는 현실을 생각할 때 토익시험은 우리 젊은 학생들에게는 이제는 치열한 삶의 일부가 되었습니다.

그래서 이번 MD TOEIC VOCA는 그 어떤 책 보다 무거운 책임감과 열정을 가지고 준비를 하였습니다. 최고로 효율적이고도 알찬 TOEIC VOCA를 집필하기 위해 최근 토익 기출문제들의 철저한 분석을 통해 완성해 낸 3주 완성 우선순위 최신 기출 어휘 리스트는 바로 MD TOEIC VOCA의 백미입니다. 앞서 공부한 어휘를 자동 반복할 수 있도록 예문 속에 이전 페이지의 어휘들을 반영하는 치밀한 구성 또한 MD TOEIC VOCA만의 놀라운 장점입니다.

또한 실제 시험의 핵이라 할 수 있는 출제 포인트를 따로 제시하여 실전력을 극대화 할 수 있도록 하였습니다. 이외에도 핵심 기출 숙어와 혼동어휘 그리고 실전문제까지 여러분이 실제 토익시험을 준비하면서 만나게 될 문제점들을 해결하기 위한 노력에서 이 책의 다양하고 체계적인 구성은 완성되었다고 할 수 있습니다.

본서의 자습이나 스터디를 충실히 지원하고 각종 TOEIC수험자료를 제공할 수 있도록 www.toeicvoca.com은 항상 문을 열고 여러분을 기다리고 있습니다. 자료 정리와 원고 집필에 있어서 수많은 도움을 주신 신촌 YBM e4u 어학원의 이 민재 선생님, 종로 YBM e4u어학원의 이 상미 선생님께 깊은 존경과 감사를 드립니다.

아무쪼록 MD TOEIC VOCA가 여러분의 성공적인 미래의 첫 단추가 되기를 간절히 기원합니다.

문덕 지음

토익이란?

TOEIC은 Test Of English for International Communication의 약자로, 영어가
모국어가 아닌 사람들을 대상으로 언어 본래의 기능인 커뮤니케이션 능력에 중점을
두고 일상생활 또는 국제업무 등에 필요한 실용영어 능력을 평가하는 시험입니다.
시험의 주요 출제 기준 및 범위는 아래와 같습니다.

□ 출제기준

- 어휘/문법/관용어 중에서 미국 영어에만 쓰이는 특정한 것은 피한다.
- 특정 문화에만 해당되거나 일부 문화권의 응시자에게는 생소할 수 있는 상황은 피한다.
- 여러 나라 사람의 이름을 고르게 등장시킨다.
- 특정 직업 분야에만 해당되는 상황은 피한다.
- 다양한 문화와 성에 대한 편견이 없도록 유의한다.
- 듣기 평가에서는 다양한 국가(미국, 영국, 캐나다, 호주, 뉴질랜드)의 발음 및 악센트가 출제단다.

□ 출제 범위

구 분	상 세
전문적인 비즈니스	계약, 협상, 마케팅, 세일즈, 비즈니스 계획, 회의
제조	공장 관리, 조립라인, 품질관리
금융과 예산	은행, 투자, 세금, 회계, 청구
개발	연구, 제품개발
사무실	임원회의, 위원회의, 편지, 메모, 전화, 팩스, E-mail, 사무 장비와 기구
인사	구인, 채용, 퇴직, 급여, 승진, 취업 지원과 자기소개
주택/기업 부동산	건축, 설계서, 구입과 임대, 전기와 가스 서비스
여행	계약, 협상, 마케팅, 세일즈, 비즈니스 계획, 회의

□ 접수방법

TOEIC위원회가 허용하는 아래와 같은 방법으로 접수 할 수 있습니다.

가) 인터넷 접수: TOEIC위원회 공식 홈페이지(www.toeic.co.kr)를 통하여 접수하는 방법

❶ 응시하고자 하는 토익시험의 인터넷 접수 기간을 TOEIC위원회 인터넷 홈페이지(www.toeic.co.kr)에서 확인합니다.

❷ 홈페이지에서 희망하는 날자의 토익시험 접수를 선택하고, 규정된 절차에 따라 정보를 입력합니다.

❸ 정보입력시 jpg형식의 사진 파일이 필요하므로 미리 준비해두세요.

나) 방문 접수: 수험자 본인 또는 대리인이 각 지역 지정 접수처를 방문하여 직접 접수하는 방법
(지정접수처가 없는 지역의 경우 인터넷 또는 TOEIC위원회의 지정접수처를 방문하여 접수합니다.)

❶ 응시하고자 하는 토익시험의 방문 접수 기간을 TOEIC위원회 인터넷 홈페이지(www.toeic.co.kr)에서 확인합니다.

❷ 확인된 접수 기간 내에 지정된 접수처에서 응시료를 납부하고, 응시원서를 작성한 후 접수합니다.

❸ 작성시 필요한 반명함판 사진(3x4cm)을 지참합니다.

□ 응시방법

❶ 접수한 시험의 응시일과 고사장을 정확히 확인한 후, 고사장 위치 및 찾아가는 방법을 미리 꼼꼼히 체크하세요.

❷ 규정된 신분증을 지참하지 않은 경우, 절대 시험에 응시할 수 없으므로 반드시 토익위원회가 요구하는 규정 신분증을 지참해야 합니다. 주민등록증이나 운전면허증, 또는 기간 만료 전의 여권 중 한가지를 준비해야 하며, 만 17세 미만의 중고생의 경우 학생증도 인정됩니다.

*기타 더 자세한 사항은 TOEIC위원회 공식 홈페이지(www.toeic.co.kr)에 나와있는 수험자가이드를 꼭 확인하세요.

□ 성적확인

❶ 시험 성적은 시험 접수시 우편 수령과 온라인 출력 중 한가지를 본인이 선택할 수 있습니다.

❷ 일반인을 대상으로 실시하는 정기시험 성적은 시험시행일로부터 19일째 되는 날 오후 3시 이후부터 인터넷 및 ARS를 이용하여 발표됩니다. 최초 성적표 발급은 수험자가 접수 시 선택한 방법에 따라 1매를 무료로 발급 받을 수 있으며, 우편 발송은 성적 발표일 이후 10일 이내로 합니다.

❸ 최초 발급 1매를 제외한 성적표발급은 매수에 따른 발급비용을 기준으로 유료로 발급합니다.

토익 시험장 팁

1 고사장 도착
- 자신의 고사장에 늦지 않도록 9시 20분 이전에 도착하세요.
- 규정된 신분증, 연필, 손목시계를 반드시 준비하세요.
  (특히, 지우개 달린 연필은 번거롭지 않고 편리합니다.)

2 답안지 작성
- 9시 30분에 시작되는 답안지 작성(응시자 기본 정보 입력)시간에 안내방송에 따라 답안지의 해당 부분을 빠짐없이 작성해 두세요.
  (시험 종류 후에는 마킹을 계속할 수 없기때문에 남겨두지 말고 빠짐없이 작성해 두세요.)

3 쉬는 시간
- 답안지 작성(응시자 기본 정보 입력)이 끝나고 시험이 시작되기 전에 주어지는 쉬는 시간 동안에는 단어 암기장이나 오답노트 등을 보면서 최종 마무리 학습을 하세요.

4 신분 확인
- 9시 50분부터 1차 신분 확인과 스피커 점검이 시작됩니다. 이때 휴대폰과 MP3, 소음을 발생시킬 수 있는 기기는 배터리를 분리해서 감독관에게 제출하게 되어 있습니다.

5 시험 시작
- 1차 신분 확인이 끝나면 안내방송에 따라 문제지가 배부되고, 파본 검사가 끝나는데로 문제지에 수험번호와 이름을 쓰게 되며 아래와 같은 순서에 따라 곧바로 Listening Test가 시작됩니다.

▶ 토익 시험의 구성

구 성		내 용		문항수(문제번호)	시간	배점
Listening Test	Part 1	사진 묘사		10(1번~10번)	45분	495점
	Part 2	질의 응답		30(11번~40번)		
	Part 3	짧은 대화		30(41번~70번)		
	Part 4	설명문		30(71번~100번)		
Reading Test	Part 5	단문 공란메우기 (문법/어휘)		40(101번~140번)	75분	495점
	Part 6	장문 공란메우기		12(141번~152번)		
	Part 7	독해	1개의 지문 제시	28(153번~180번)		
			2개의 지문 제시	20(181번~200번)		
TOTAL		7 Parts		200문항	120분	990점

▶ 리스닝 파트별 팁

구 성	내 용		파트별 팁
Listening Test	Part 1	사진 묘사	사진에 등장하는 인물의 동작이나 특징, 사물의 배열이나 위치 관련 어휘에 집중하고, work/walk와 같은 유사발음이나, board(탑승하다; 보드, 판) 등의 다의어에 주의하세요. 또한, Part 1의 문제풀이 예시방송이 나올때 신속히 Part 5의 문제를 풀어 나감으로써 시간을 save하는 것도 좋은 방법입니다.
	Part 2	질의 응답	각종 의문사 의문문이 빠르게 전개되기 때문에 의문사부분과 그 다음 두 단어를 절대 놓치지 않겠다는 각오로 들어야 합니다. 더불어 의문문에 담긴 시제와 인칭, 그리고 부가의문문에 집중하세요.
	Part 3	짧은 대화	짧은 대화가 시작되기 전에 신속히 인쇄되어 있는 문제와 보기를 미리 읽고, 전개될 대화 내용을 예측해보는 준비를 해야 합니다. 빠르게 지나가는 대화를 듣고 그때가서 문제와 보기를 읽고 풀려면 조급해질 수 있기 때문입니다.
	Part 4	설명문	설명문 또는 이야기가 비교적 빠르게 전개되기 때문에 난이도가 높습니다. Part 3과 마찬가지로 방송이 나오기 전에 신속히 인쇄되어 있는 문제와 보기를 읽고, 조금더 관심을 두어야 할 문제를 체크해둔 후 방송에 주의를 기울여야 합니다.

▶ 리딩 파트별 팁

구 성	내 용		파트별 팁
Reading Test	Part 5	단문 공란메우기 (문법/어휘)	문법적인 사항에 익숙해져 있어야 합니다. 특히, 반드시 나오는 문법사항들(품사문제, 짝을 이루는 표현 등)은 꼭 맞힐 수 있도록 집중해야 합니다. 더불어 Part 5는 나름의 정답/오답 패턴이 있으므로 평소 문제를 많이 풀고 오답풀이와 접근법을 익혀 두세요.
	Part 6	장문 공란메우기	Part 5와 마찬가지로 불완전한 문장을 완성시키는 문제이나 지문이 길기 때문에 신속히 읽어내려가면서 문법과 문맥에 맞도록 어휘문제를 풀어 나가야 합니다. 이를 위해 시험전에 미리 Part 6의 문제를 많이 접하여 어휘와 표현을 익혀두세요.
	Part 7	독해 1개의 지문 제시 2개의 지문 제시	다양한 장르의 1개의 단일 지문, 서로 연관되어 있는 2개의 복수 지문을 읽고 질문에 답하는 문제로 구성되어 있는데, 지문이 많고 유추, 추론, 사실확인 문제 등이 있어 시간이 부족할 수 있습니다. 그러므로 문제를 먼저 읽은 뒤 지문으로 올라가 빠르게 읽으면서 필요한 정보를 찾아내는 방법이 보다 효과적입니다.

학습을 계획적으로 할 수 있도록
일정을 제시하였습니다.

우선순위 최신 기출 어휘 리스트를 3주완성
코스로 컴팩트하고 효율적으로 구성하였습니다.

학습편의를 위해 일련번호가
제시되어 있습니다.

설명할 필요가 있는 중요
표현은 따로 제시하였습니다.

혼동할 수 있는 어휘를
상세히 수록하였습니다.

충실하게 파생어가
제시되어 있습니다.

동영상, MP3 및 다양한
복습자료를 온라인을 통해
지원받으실 수 있습니다.

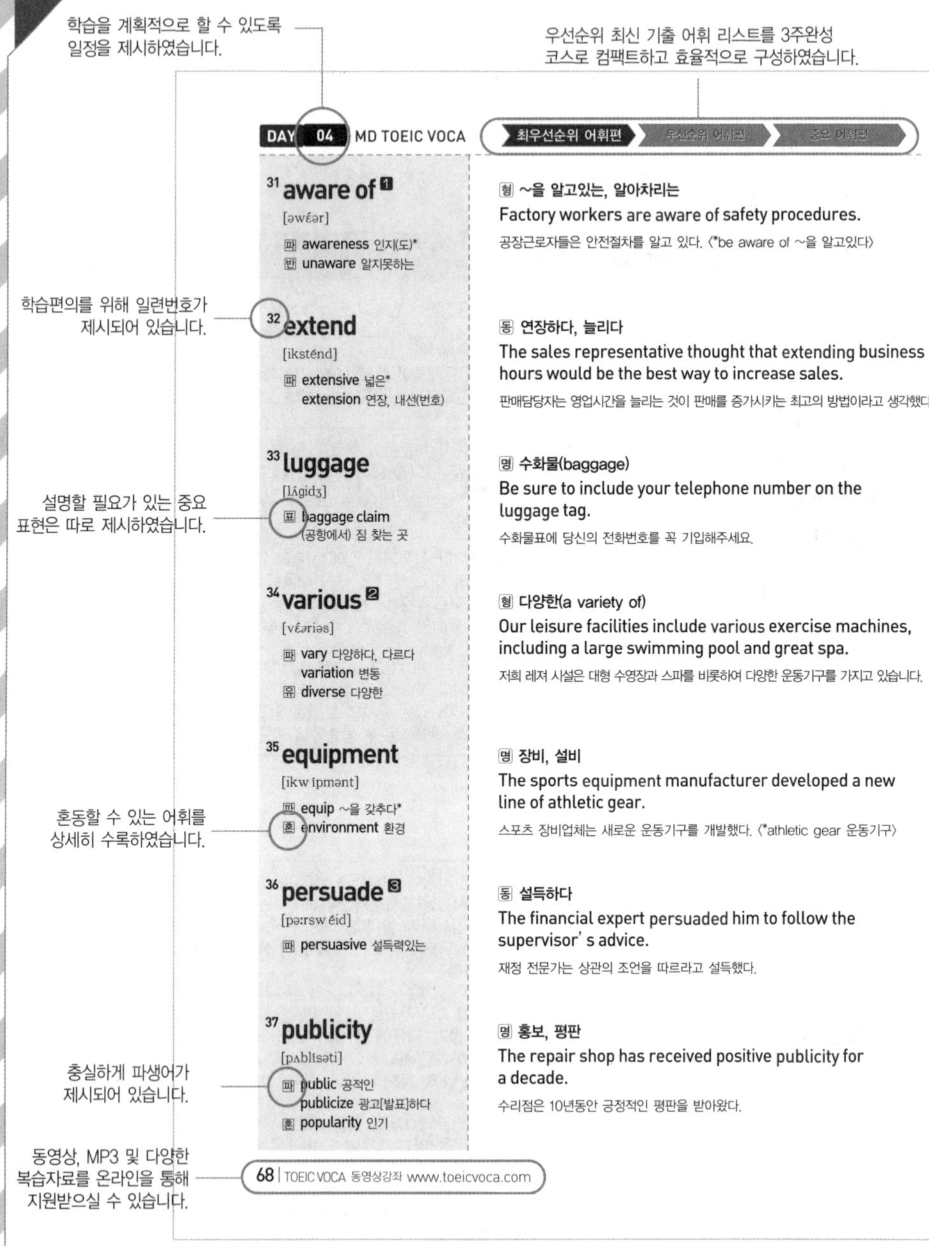

최우선순위 어휘편 · 1 2 3 **4** 5 6 7

38 appreciate
[əprí:ʃièit]

া appreciation 감사, 감상
া depreciation 가치 하락

동 감사하다, 가치를 인정하다

We all appreciate your understanding in this matter.

이 문제에 대해 이해해 주셔서 우리 모두는 감사드립니다.

39 suggest
[səgdʒést]

া suggestion 제안, 암시

동 제안하다

Analysts suggest updating our multimedia equipment.

분석가들은 우리가 멀티미디어 장비를 업데이트 시켜야 한다고 제안한다.

40 register
[rédʒistər]

위 sign up for 등록하다
put in for, enroll

동 등록하다, 신청하다(for)

We encourage all interested members of the society
to register for the conference. 〈*register for ~에 등록하다〉

우리는 모든 관심있는 회원들이 회의에 등록하기를 독려합니다.

Tip 여기서 출제된다!   TOEIC 어휘 출제포인트

1 aware of처럼 전치사와 잘 어울리는 중요 형용사표현들을 주목하자.

be accountable for ~에 대해 책임이 있다	be fluent in ~에 능숙하다
be appreciative of ~에 감사하다	be adequate for ~에 적합하다
be correspond with ~에 일치하는	be commensurate with ~와 잘 맞다
be similar to ~과 유사하다	be related to ~과 관련되다
참조 be eager to V ~하고 싶어하다	be likely to V ~할 것같다
be willing to V 기꺼이 ~하다	be sure to V 반드시 ~할 것이다
be difficult to V ~하기 어렵다	be surprised to V ~해서 놀라다

2 various처럼 수식하는 말과 수식받는 말의 수일치에 주의하자.

various (~~instructor~~, instructors) 다양한 강사들   a variety of (issues, ~~issue~~) 많은 문제들
several (~~businessman~~, businessmen) 여러 사업가들
diverse (characteristics, ~~characteristic~~) 다양한 성격
참조 회사명에 -s가 붙는 경우는 단수취급한다.
ex INCOM electronics is scheduled to announce its plan to increase overseas production.
INCOM 전자는 해외 생산 증가 계획을 발표할 예정이다.

3 persuade는 다음과 같은 어법으로 주로 사용된다.
persuade + 목적어 + to부정사 〈목적어가 ~하도록 설득하다〉
ex persuade Susan to follow the expert's advice 전문가의 충고를 따르도록 Susan을 설득하다
참조 유사한 어법을 쓰는 동사들

enable ~할 수 있게하다	ask 요구하다	allow 허락하다	force 강요하다
encourage 부추기다	expect 기대하다	advise 알려주다	compel 강요하다

| DAY 02 MD TOEIC VOCA | 토익기출숙어편 |

중요 기출숙어를 모아
제시하였습니다.

be advised to V
[ædváizd, əd-]
㈜ advice 충고, 조언
advisable 권할만한

동 ~할 것을 권유받다
The politicians were advised to make an early decision.
정치인들은 빨리 결정할 것을 권유받았다.

have an effect on
[ifékt]
㈜ influence 영향(을 주다)

동 ~에 영향을 미치다(have an influence on)
have a great effect on society
사회에 엄청난 영향을 주다

be able to V
㈜ be unable to V

동 ~할 수 있다(be capable of)
He was able to confirm the details of the test results.
그는 시험결과의 세부 사항을 확인할 수 있었다.

account for
[əkáunt]
㈜ take account of~
~을 고려하다

동 ~을 설명하다, ~을 차지하다
account for 25 percent of the global market this year
올해 글로벌 시장의 25퍼센트를 차지하다

엄선된 최상의 예문을
제시하였습니다.

look into
㈜ examine 조사하다
scrutinize

동 ~을 조사하다(inspect)
look into accounting errors very carefully
회계 오류를 주의깊게 조사하다

in the coming decade
[dékeid]
㈜ decade 10년

부 향후 10년
grow quickly in the coming decade
향후 10년안에 빠르게 성장할 것이다

be ready for
[rédi]

동 ~할 준비가 되다(be ready to V)
be ready for shipment tomorrow
내일 선적할 준비가 되어 있다

free of charge
[tʃɑːrdʒ]
㈜ at no cost(charge)

부 무료로, 무료의(for free)
Visitors to the center are able to use the Internet free of charge. 센터를 찾는 방문자는 인터넷을 무료로 이용할 수 있다.

참고해야 할 관련 숙어를
수록하였습니다.

place an order
[pleis]
㈜ fill an order 주문에 응하다

동 주문하다
place an order by the phone 전화로 주문하다

pay for
[pei]
㈜ pay off 빚을 갚다

동 ~을 지불하다, 치르다
The firm paid for the education fees of the staff.
회사는 직원의 교육비를 지불했다.

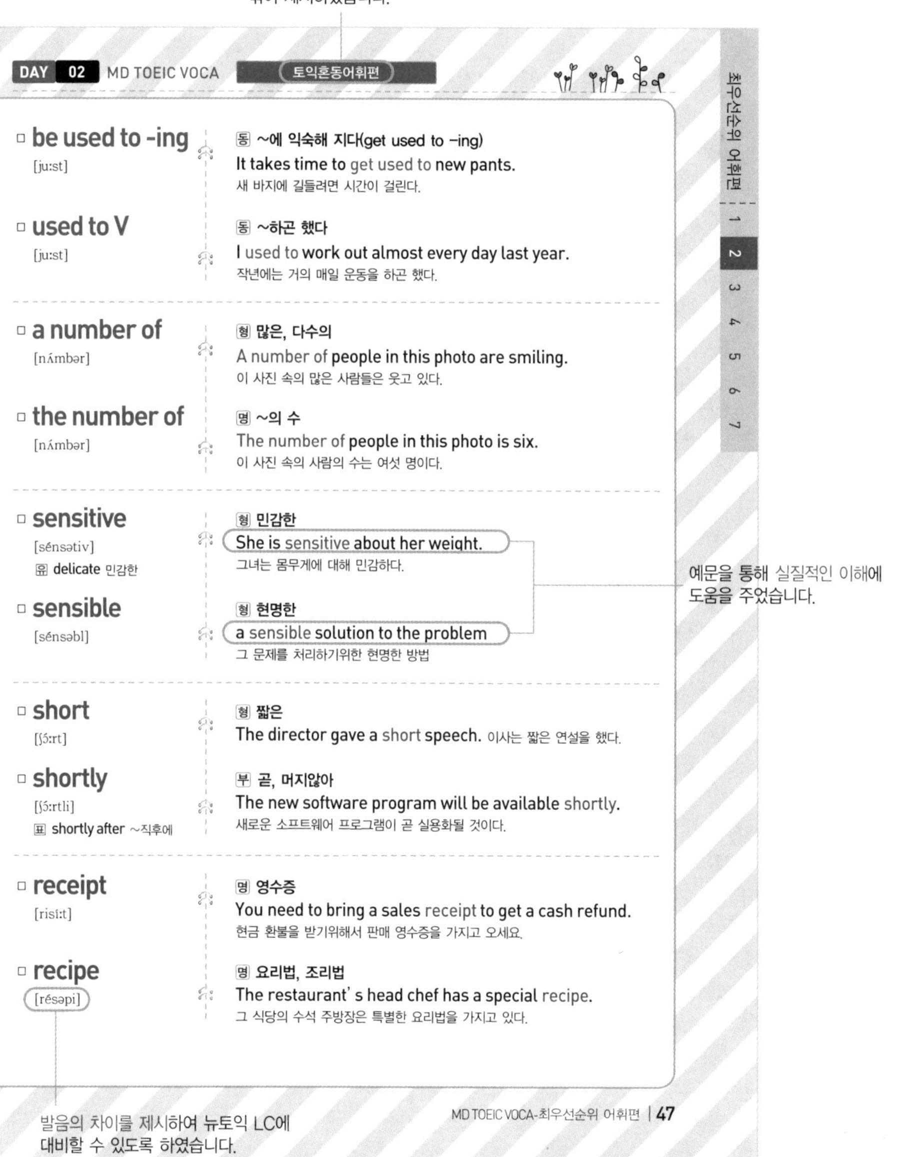

DAY 02 MD TOEIC VOCA　　토익혼동어휘편

□ **be used to -ing**
[juːst]

동 ~에 익숙해 지다(get used to -ing)
It takes time to get used to new pants.
새 바지에 길들려면 시간이 걸린다.

□ **used to V**
[juːst]

동 ~하곤 했다
I used to work out almost every day last year.
작년에는 거의 매일 운동을 하곤 했다.

□ **a number of**
[nʌ́mbər]

형 많은, 다수의
A number of people in this photo are smiling.
이 사진 속의 많은 사람들은 웃고 있다.

□ **the number of**
[nʌ́mbər]

명 ~의 수
The number of people in this photo is six.
이 사진 속의 사람의 수는 여섯 명이다.

□ **sensitive**
[sénsətiv]
윤 delicate 민감한

형 민감한
She is sensitive about her weight.
그녀는 몸무게에 대해 민감하다.

□ **sensible**
[sénsəbl]

형 현명한
a sensible solution to the problem
그 문제를 처리하기위한 현명한 방법

□ **short**
[ʃɔ́ːrt]

형 짧은
The director gave a short speech. 이사는 짧은 연설을 했다.

□ **shortly**
[ʃɔ́ːrtli]
표 shortly after ~직후에

부 곧, 머지않아
The new software program will be available shortly.
새로운 소프트웨어 프로그램이 곧 실용화될 것이다.

□ **receipt**
[risíːt]

명 영수증
You need to bring a sales receipt to get a cash refund.
현금 환불을 받기위해서 판매 영수증을 가지고 오세요.

□ **recipe**
[résəpi]

명 요리법, 조리법
The restaurant's head chef has a special recipe.
그 식당의 수석 주방장은 특별한 요리법을 가지고 있다.

MD TOEIC VOCA-최우선순위 어휘편 | **47**

▶ 본문 구성과 특징(실전문제편)

간결하면서도 최신유형의 토익
실전문제를 실어놓었습니다.

01　Please read the user manual thoroughly to ensure you install this software
-------.

(A) positively　　　　　(B) properly
(C) decidedly　　　　　(D) absolutely

02　------- to working at Megatracks, Mr. Wilson served as Acting Director of
Consumer Relations.

어휘문제를 통한 기본적인
문법체크를 가능하게 했습니다.

(A) Earlier　　　　　(B) Ahead
(C) Prior　　　　　(D) Formerly

03　The registration deadline for the annual conference has been ------- to
September 20.

(A) expanded　　　　　(B) progressed
(C) extended　　　　　(D) finished

04　All registered guests are eligible to use the hotel ------- such as the fitness
center and swimming pool at no extra cost.

(A) products　　　　　(B) guidelines
(C) facilities　　　　　(D) procedures

05　In an ------- to improve staff productivity, the company decided to give a
variety of incentives to employees.

(A) influence　　　　　(B) effort
(C) opinion　　　　　(D) objection

앞서 배운 어휘들을 문제 예문
속에 제시하여 복습효과를
극대화 하였습니다.

06　Please ensure that all new workers are ------- of safety procedures in the
processing plant.

(A) persuasive　　　　　(B) timely
(C) aware　　　　　(D) outdated

정답 01.(B)　02.(C)　03.(C)　04.(C)　05.(B)　06.(C)

※ 추가 문제 및 보카테스트는 www.toeicvoca.com에서 제공합니다.

▶ 왜 MD TOEIC VOCA인가?

1. 토익 최신 기출어휘를 우선순위로 완벽 구현
- 최우선순위 어휘편(매년 5회이상 출제 어휘 수록)
- 우선순위 어휘편(매년 3회이상 출제 어휘 수록)
- 중요어휘(매년 2회이상 출제 어휘 수록)

2. 실제 TOEIC 시험을 대비한 3주 완성 코스
매월 4주차에 실시되는 실제 TOEIC시험 대비를 위하여 3주완성 코스(21일치)로 커리큘럼을 구성함

3. TOEIC 고득점을 위한 최고로 알찬 본문 내용
- 주요 빈출 어휘별 핵심 출제 포인트 와 Tip 제시
- 토익시험대비 주요 빈출 숙어 매일 정리
- 토익시험대비 빈출 혼동 어휘 매일 정리
- 실제 TOEIC 유형의 실전문제 매일 훈련

4. TOEIC 만점을 위한 특별 부록과 온라인 학습 지원
- Reading Part 주요어휘 주제별 부록 제시
- Listening Part 주요어휘 파트별 부록 제시
- 무료 교재 해설 강좌 및 스터디 지원(www.toeicvoca.com)
- MP3 무료 다운로드(www.toeicvoca.com)

스터티 플랜 짜기란....

스터디 학습이나 개별 학습, 또는 학원 학습시 본서를 공부하는 학습자 여러분께 4개의 스터디 추천 코스를 선정/제시함으로 구체적이고 실질적인 도움을 드리고자 마련된 학습 방법입니다.

추천 1 3주간 한 번 보기

한 번 보기 (1일~21일)	MD TOEIC VOCA를 매일 하루치씩 보세요. – 표제어를 중심으로 눈과 귀로 익히자! – 연습문제를 풀면서 암기여부 확인하고, MP3는 끊임없이 듣기

추천 2 3주간 두 번 보기

한 번 보기 (1일~11일)	MD TOEIC VOCA를 매일 이틀치씩 보세요. – 표제어를 중심으로 눈과 귀로 익히자! – MP3도 함께 들으며 암기력, 리스닝 실력 향상 시키기
두 번 보기 (12일~21일)	MD TOEIC VOCA를 매일 이틀치씩 보세요. – 실전 감각을 키우자! – 연습문제를 풀면서 암기여부 확인하고, MP3는 꾸준히 들으며 복습하기

추천 3 4주간 두 번 보기

한 번 보기 (1일~21일)	MD TOEIC VOCA를 매일 하루치씩 보세요. – 표제어를 중심으로 눈과 귀로 익히자! – MP3도 함께 들으며 암기력, 리스닝 실력 향상 시키기
두 번 보기 (22일~28일)	MD TOEIC VOCA를 매일 삼일치씩 보세요. – 실전 감각을 키우자! – 연습문제를 풀면서 암기여부 확인하고, MP3는 꾸준히 들으며 복습하기

한 번 보기 (1일~21일)	**MD TOEIC VOCA를 매일 하루치씩 보세요.** – 표제어를 중심으로 눈과 귀로 익히자! – MP3도 함께 들으며 암기력, 리스닝 실력 향상 시키기
두 번 보기 (22일~31일)	**MD TOEIC VOCA를 매일 이틀치씩 보세요.** – 실전 감각을 키우자! – 연습문제를 풀면서 암기여부 확인하고, MP3는 꾸준히 들으며 복습하기
세 번 보기 (32일~35일)	**MD TOEIC VOCA 전체를 빠르게 복습하세요.** – 최종 마무리! – 부록편의 어휘까지 내 것으로 만들기

TOEIC VOCA 동영상강좌 www.toeicvoca.com

동영상 학습이란,

혼자 공부하기에 지루함을 느끼시거나 스스로 공부한 후 다시 한번 주요 어휘들을
확인 학습 하고자 하는 독자들을 위해 준비된 온라인학습지원 시스템입니다.
– www.toeicvoca.com으로 오시면 무료 동영상강의를 만나보실 수 있습니다.
– MP3와 복습자료를 통해 확인 학습을 하실 수 있습니다.

C o n t e n t s

찾아보기

Chapter 1 TOEIC VOCA 최우선순위 어휘편

depend on / financial / cause / customer / respond to
decide / conference / attend / management / inform
contact / strategy / detail / expect / belong to
disappoint / effect / supervisor / result / discuss
offer / pleased / arrange / charity / representative
object to / make sure that~ / satisfy / available / responsible
request / apply / submit / recently / approve / following
survey / contribute / A as well as B / conduct

promote / receive / previous / discount / purchase
contract / accounting / refund / advertisement / require
seem / delay / remind / despite / hire / expert
proposal / spend / expire / current / participate in
encourage / interested / annual / budget / review
executive / flight / replace / be supposed to V / reserve
upcoming / confirm / manufacture / recommend
increase / shipping / complete / resume / award

C o n t e n t s

Chapter 2 TOEIC VOCA 우선순위 어휘편

C·o·n·t·e·n·t·s

Chapter 3 TOEIC VOCA 중요 어휘편

Chapter 4 특별 부록

− TOEIC 고득점을 위한 주제별 · 파트별 필수어휘 모음

MD
TOEIC VOCA

TOEIC 3주완성

약어와 기호

동	— 동사 / 동사구	유	— 유의어
명	— 명사 / 명사구	반	— 반의어
형	— 형용사 / 형용사구	파	— 파생어
부	— 부사 / 부사구	혼	— 혼동어
전	— 전치사 / 전치사구	참	— 참고
접	— 접속사 / 접속사구	표	— 표현

Chapter 1
최우선순위 어휘편

(DAY 01 - DAY 07)

최우선순위 어휘편 〉 우선순위 어휘편 〉 중요 어휘편

DAY 01

1st week
최우선순위 어휘편

진단테스트 토익시험에 꼭 나오는 토익 어휘 리스트
Preview – 오늘 배울 토익보카에 대한 자신의 실력을 테스트해 보세요!

01. ☐ depend on	15. ☐ belong to	29. ☐ available
02. ☐ financial	16. ☐ disappoint	30. ☐ responsible
03. ☐ cause	17. ☐ effect	31. ☐ request
04. ☐ customer	18. ☐ supervisor	32. ☐ apply
05. ☐ respond to	19. ☐ result	33. ☐ submit
06. ☐ decide	20. ☐ discuss	34. ☐ recently
07. ☐ conference	21. ☐ offer	35. ☐ approve
08. ☐ attend	22. ☐ pleased	36. ☐ following
09. ☐ management	23. ☐ arrange	37. ☐ survey
10. ☐ inform	24. ☐ charity	38. ☐ contribute
11. ☐ contact	25. ☐ representative	39. ☐ A as well as B
12. ☐ strategy	26. ☐ object to	40. ☐ conduct
13. ☐ detail	27. ☐ make sure that~	
14. ☐ expect	28. ☐ satisfy	

01 depend on ❶
[dipénd]

파 **dependent** 의존하는
유 **count on** ~에 의존하다
반 **independent** 독립적인*

동 ~에 달려있다, ~에 의존하다
A company's success depends on its marketing condition.
회사의 성공은 마케팅 조건에 달려있다.

02 financial
[finǽnʃəl, fai-]

파 **finance** 재정, 자금,
　　 자금을 조달하다

형 금전상의, 재정의
Whether you can borrow more money or not depends on your financial history.
당신이 돈을 더 대출할 수 있을지는 자금거래 실적에 달려있다.

03 cause
[kɔːz]

원인, 이유
표 **caused by** ~에 의해 발생된

동 ~을 일으키다, 유발하다
The project is still causing him a lot of financial problems.
그 프로젝트는 여전히 그에게 많은 금전적인 문제를 일으키고 있다.

04 customer
[kʌ́stəmər]

유 **client** 고객
참 **consumer** 소비자*

명 고객
Our customer service is trying to find the cause of the error.
고객서비스부서는 그 오류의 원인을 찾으려고 노력하고 있다.

05 respond to
[rispánd]

파 **response** 응답, 반응
유 **reply to** ~에 응답하다(answer)

동 ~에 응답하다(react to)
Sales team should respond to questions from customers as soon as possible. 〈* as soon as possible 가능한 한 빨리〉
판매팀은 고객의 질문에 가능한 한 빨리 답해야한다.

06 decide ❷
[disáid]

파 **decision** 결정
유 **determine** 결정하다

동 결정하다
The new manager has decided to open another gift shop in the near future.
새로운 매니저는 가까운 미래에 또다른 선물가게를 열기로 결정했다.

07 conference
[kánfərəns]

파 **confer** 협의[의논]하다

명 회의, 회담
The financial conference schedule hasn't been decided yet.
재무 회의 스케줄이 아직 결정되지 않았다.

08 attend ❸

[əténd]

㈜ attendant 참석자
attendance 참석, 출석
㈜ attention 주의, 주목

동 참석하다

The question is whether the president will attend the conference or not.
문제는 회장님이 그 회의에 참석 할 것인지 아닌지이다.

Please pay attention to what is happening.
무슨 일이 일어날지 집중해주세요.

09 management

[mǽnidʒmənt]

㈜ manage 경영하다
manage to v 해내다
managerial 경영의*

명 경영(진), 관리

Management decided to cut 20 full time employees.
경영진은 20명의 정규직 사원을 삭감하기로 결정했다.

I have over 5 years of managerial experience.
나는 5년 이상의 관리자 경력을 가지고 있습니다.

10 inform ❹

[infɔ́:rm]

㈜ informative 유익한
㈜ notify 알리다
remind 알리다, 상기시키다

동 알리다, 통지하다

Please inform the director that the meeting has been cancelled. 이사님께 회의가 취소되었다고 알려주세요.

You must inform the finance director of the problem right away. 당신은 재무 이사에게 그 문제를 당장 알려야 한다.

Tip 여기서 출제된다!   TOEIC 어휘 출제포인트

1 depend는 아래의 어법으로 종종 사용된다.

~에 의지하다, ~에 달려있다	depend on = rely on = count on = bank on be dependent on~

ex depend on SONY's marketing expertise 소니의 마케팅 기술에 달려있다
  * 자동사이기 때문에 '~에 의지하다' 라는 의미로 쓰일 때는 전치사 on을 붙여야한다.

2 decide와 같은 뜻인 **make a decision** 〈결정을 내리다〉를 알아두자.
  * **make a presentation** 발표하다   * **make a reservation** 예약하다
  * **make a proposal** 제안하다   * **make it** (일을) 해내다, 이뤄내다
  기타 come to a conclusion 결론을 내리다(=reach a conclusion)
  참조 decide to V ~하기로 결정하다 〈decide는 to부정사를 목적어로 흔히 가진다.〉

3 attend는 '~에 참석하다' 는 의미일때 **participate in**으로 바꿔 쓸 수 있다.
  ex The management participated in the conference. 경영진은 총회에 참석했다.
    * attend와는 달리 participate은 자동사이기 때문에 전치사 in을 붙여야 한다.

4 inform은 〈~을 알리다〉라는 단어들은 다음과 같은 형태로 잘 사용된다.

inform
notify   + 사람 +
remind

that절~ ┐
         ├ 〈사람에게 ~을 알리다〉
of~   ┘

11 contact
[kántækt]

연락, 연락처
혼 contract 계약(하다)

동 ~에 연락하다
Please read the information carefully and feel free to contact us if you have any questions. 〈*feel free to V 자유롭게 ~하다〉
정보를 꼼꼼히 읽으시고 질문이 있으시면 주저말고 연락해주세요.

12 strategy ❶
[strǽtədʒi]

파 strategic 전략적인

명 전략
The management wants to know the customer response to the new marketing strategy.
경영진은 새 마케팅 전략에 대한 고객반응을 알고 싶어한다.

13 detail
[díːteil]

자세히 설명하다
파 detailed 자세한, 상세한

명 세부사항
Feel free to call our information desk for further details.
추가 세부사항을 확인하시려면 저희 안내 데스크로 주저말고 전화 주세요.

14 expect ❷
[ikspékt]

파 expectation 기대
be expected to V*
~할 것으로 예상되다

동 ~을 예상하다, 기대하다(anticipate)
We cannot expect our customers to remember every detail of the information.
우리는 고객들이 모든 세부사항을 기억할 것이라고 기대할 수 없다.

15 belong to ❸
[bilɔ́(ː)ŋ]

파 belongings 소지품*

동 ~에 속하다, ~의 것이다
Most of the employees belong to a powerful labor union.
대부분의 직원들은 강성 노동조합에 속해있다. 〈*labor union 노동조합〉

16 disappoint
[dìsəpɔ́int]

파 disappointing 실망시키는
disappointed 실망한*

동 ~을 실망시키다
Business travelers were disappointed with the poor hotel facilities.
비즈니스 여행객들은 열악한 호텔시설에 실망했다.

17 effect ❹
[ifékt]

파 effective 효과적인
cost-effective 비용효율적인
유 impact 영향*

명 영향, 효과
Companies were informed that the new tax law will come into effect on January 1st.
회사들은 새로운 세금 법안이 1월 1일에 효력을 발휘된다는 것을 알게 되었다.
〈*come[go] into effect 효력을 발휘하다〉

[18] supervisor

[súːpərvàizər]

파 **supervision** 감독
　supervise 감독하다
참 **director** 이사, 관리자

명 관리자, 상관

My supervisor is expected to attend the press conference.

나의 상관은 기자회견에 참석할 것으로 예상된다. 〈*press 언론, 기자단〉

[19] result

[rizʌ́lt]

유 **outcome** 결과
표 **result in** ~로 끝나다
　result from ~에서 나오다

명 결과(outcome)

The unexpected result of the conference was very surprising. 회담의 예상치못한 결과는 아주 놀라웠다.

The new marketing strategy has resulted in great success in sales. 새로운 마케팅 전략이 판매에 상당한 성공을 가져왔다.

[20] discuss [5]

[diskʌ́s]

유 **discussion** 논의, 토론
참 **debate** 토론
　dispute 논쟁, 분쟁*

동 논의하다, 토론하다

The director decided to discuss the effects of our marketing strategy next week.

이사는 다음 주에 마케팅 전략의 효과를 논의하기로 결정했다.

Tip　여기서 출제된다!　　TOEIC 어휘 출제포인트

1 strategy는 다음과 같은 표현으로 출제된다.
innovative strategy 혁신적인 전략 / **production strategy** 생산전략
marketing strategy 마케팅 전략 / **strategic location** 전략적인 위치
ex The strategy was very successful. 마케팅 전략은 아주 성공적이었다.

2 expect는 다음과 같은 어법으로 쓰이는 대표적인 5형식동사이다.
expect, want
ask, require 　+ 목적어 + to부정사 〈목적어가 ~하기를 기대하다/요청하다〉
ex expect the staff to respond quickly 직원들이 빠르게 대응하기를 기대하다

3 belong은 자동사로써 목적어를 받으려면 전치사 to가 있어야 한다.
ex belong to the volunteer group 자원봉사단체에 속하다

4 effect는 다음의 표현으로 잘 쓰인다.
have an effect/impact/influence on 〈~에 영향을 끼치다〉
ex We expect the new marketing campaign to have a great impact on sales.
우리는 새로운 마케팅 캠페인이 판매에 대단한 영향을 끼칠 것으로 기대한다.

5 discuss는 타동사이기 때문에 **discuss about(X)**은 쓰지 않는 표현이다.
ex They met to discuss today's proposal.
그들은 오늘의 제안을 논의하기위해 모였다.

21 offer

[ɔ́(ː)fər]

제공, 제안
표 **make an offer** 제안하다
반 **receive** 받다, 수령하다

동 **제공하다**
Management offered employees a financial incentive.
경영진은 직원들에게 금전적 인센티브(혜택)을 제공했다.

22 pleased ❶

[pliːzd]

반 **upset** 화난
표 **be pleased with**
　　～에 기쁘다

형 **기쁜(delighted)**
The secretary was very pleased with your success.
비서는 당신의 성공에 몹시 기뻐했다.
〈*be pleased to V ～하게 되어 기쁘다〉

23 arrange

[əréindʒ]

파 **arrangement** 준비, 합의
rearrange 조정하다

동 **준비하다, 배열하다**
I am pleased to arrange my supervisor's meeting schedule.
나는 상관을 위해 회의스케줄을 세우니 기쁘다.
〈*arrange a conference 회의를 준비하다〉

24 charity

[tʃǽrəti]

파 **charitable** 자선의, 자비로운

명 **자선, 자선단체**
Most of the runners in the London Marathon are raising money for charity.
런던 마라톤에서 뛰는 주자들의 대부분이 자선기금을 모금하고 있다.

25 representative ❷

[rèprizéntətiv]

파 **represent** 대표하다
present 제시[증정]하다*

명 **담당자, 대표자**
The company representative decided to have a meeting to discuss solutions to the financial problem.
회사 담당자는 재정적인 문제에 대한 해결책을 논의하기위해 모임을 갖기로 결정했다.

26 object to ❸

[ábdʒikt]

파 **objection** 반대
objective 목적, 목표
유 **oppose** 반대하다

동 **～에 반대하다**
Management didn't object to the decision to offer Jeff the job.
경영진은 Jeff에게 직업을 제공하는 결정에 반대하지 않았다.

27 make sure that~

유 **make certain that~**
참 **be sure that~**
　　～을 확인하다

동 **～을 확인하다, 분명히 하다**
Please make sure that the conference room is ready before the representatives meet at eleven.
대표자들이 11시에 만나기 전에 회의실이 준비되도록 확인해주세요.

²⁸ satisfy

[sǽtisfài]

파 satisfied 만족한
satisfactory 만족스러운
반 dissatisfied 불만족스러운

동 ~을 만족시키다

The board of directors was **very satisfied** with the result.

이사회는 결과에 아주 만족했다. 〈*board of directors 이사회〉

²⁹ available ④

[əvéiləbl]

반 unavailable
이용할수없는, 얻을수없는
참 be able to V ~할수있다

형 사용가능한; 시간이있는

The conference room will be **available** for your use on Saturday, October 1, unless you state otherwise.

〈*state 말하다, 명시하다〉

달리 말씀이 없으시면 회의실은 토요일인 10월 1일에 이용가능합니다.

³⁰ responsible

[rispánsəbl]

파 responsibility 책임, 업무*
responsive 반응이빠른
참 be responsive to
~에 응답하는

형 책임이 있는

The poor weather was **responsible** for the low attendance at the conference in New York.

열악한 날씨로 인해 뉴욕에서의 회의 출석률이 저조했다.

〈*be responsible for ~에 대해 책임이 있다(=be in charge of)〉

Tip 여기서 출제된다!   TOEIC 어휘 출제포인트

❶ pleased처럼 시험에 잘 나오는 -ed모양의 형용사에 주목하자.

satisfied 만족한	interested 흥미를 느낀	disappointed 실망한
bored 지루한	excited 흥분한	surprised 놀란
complicated 복잡한	confused 혼란스러운	desired 바라는
valued 소중한	continued 지속적인	finished 완성된

❷ representative처럼 -tive로 끝나는 사람명사들에 주의하자.

representative 담당자, 대표자   executive 중역, 임원   relative 친척

참조 다의어 **present**에 주의하자!

① 현재 ② 선물 ③ 제시하다 ④ 참석한(↔**absent**)

❸ object는 자동사로써 목적어를 받으려면 전치사 **to**가 있어야 한다.

ex **object to** working overtime on Fridays 〈금요일마다 초과근무하는 것에 반대하다〉

참조 oppose는 타동사로써 명사를 목적어로 바로 받는다.

ex **oppose** working overtime on Fridays 〈금요일마다 초과근무하는 것에 반대하다〉

❹ available 다음에는 **to**가 잘 붙는다.

be available to V 〈~하는 것이 가능하다〉

ex They will **be available to** work overtime beginning next Monday.

다음 주 월요일부터 그들은 초과 근무를 할 수 있을 것이다.

be available to + 이용주체 〈~(이용주체)가 이용가능하다〉

ex This room is **available to** all guests. 이 방은 모든 손님들이 이용할 수 있다.

---

31 request ❶
[rikwést]

요청
표 make a request 요청하다

동 요청하다(ask for)
Mr. Tylor requests that Ms. Jessica tell him about her plans.
Tylor씨는 Jessica가 그녀의 계획을 말해주기를 요청하고 있다.

32 apply ❷
[əplái]

표 applicant* 지원자
　 application 지원(서)
혼 appliance* 가전제품

동 지원하다, 신청하다
A lot of graduates applied for the sales representative position.
많은 졸업생들이 영업직에 지원하였다. 〈*a lot of 많은(lots of)〉

33 submit
[səbmít]

유 hand in, turn in, file
제출하다
혼 summit 정상 회담

동 제출하다(↔receive 받다)
My supervisor expected many applicants to submit their resumes.
나의 상관은 많은 지원자가 지원서를 제출할 것으로 기대했다.

34 recently ❸
[ríːsntli]

표 recent 최근의

부 최근에
Employees at Carrel Industries went on strike recently.
Carrel Industries사의 직원들이 최근에 파업을 하였다.
〈*go on strike 파업하다〉

35 approve
[əprúːv]

표 approval 승인, 인가
반 disapprove 반대하다

동 승인하다, 인정하다
The board of directors is expected to approve the budget proposal. 이사회는 예산안을 승인할 것으로 예상된다.
〈*be expected to V ~할 것으로 예상되다〉

36 following ❹
[fɑ́louiŋ / fɔ́l-]

다음의
표 follow ~을 따르다
참 during ~동안에

전 ~후의
Following the recent press conference, the board of directors approved the request.
최근의 기자회견 후에, 이사회는 요청을 받아들였다.

37 survey
[sə́ːrvei]

설문 조사하다
표 marketing survey
마케팅 조사

명 설문 조사
Recent customer surveys show a high level of customer satisfaction. 최근의 고객 설문 조사는 높은 고객만족도를 보여준다.
The management was dissatisfied with the recent survey result. 경영진은 최근 설문조사 결과에 불만족스러웠다.

38 contribute
[kəntríbjuːt]

파 **contribution** 기부, 기부
contributor 기부자

동 기부하다, 기여하다

She will have contributed four million dollars by March.
그녀는 3월까지 4백만 달러를 기부하게 될 것이다.

Our company contributes to the charity event every year.
우리 회사는 매년 자선행사에 기부한다.

39 A as well as B

참 **not A but B**
A가 아니라 B이다

접 B뿐만 아니라 A도(not only B but also A)

More than one hundred customers as well as business owners attended the conference.
사업자들뿐만 아니라 100명이상의 고객들도 회의에 참석했다.

40 conduct
[kəndʌ́kt]

유 **carry out** 수행하다*

동 수행하다

The government as well as local charities conducted the research study.
지역 자선단체들 뿐만아니라 정부도 조사 업무를 수행했다.

 **Tip** 여기서 출제된다!   TOEIC 어휘 출제포인트

1 request처럼 제안/요청/의무의 뜻을 지닌 단어에 주의하자.
제안/요청/의무의 뜻을 지닌 동사, 명사, 형용사 다음의 **that**절에는 동사원형을 쓴다.
ex It is required that all requests for information be submitted in writing.
정보에 대한 모든 요청사항들은 서면 상으로 제출되어야 한다.
참조 동사 – 제안하다(**propose, recommend, suggest**), 요구하다(**ask, demand, request, require**)
명사 – 제안(**make a suggestion, recommendation**), 충고(**advice**)
형용사 – 필요한(**necessary**), 필수적인(**essential**), 중요한(**important**)

2 apply와 관련된 다음의 표현들을 알아두자.
apply for 〈~에 지원하다〉   **applicant for the job** 〈그 일에 대한 지원자〉
apply to 〈~에 적용되다〉   **application form** 〈지원서, 신청서〉
ex The new law will be applied to part time workers.
새로운 법이 시간제 근로자들에게 적용될 것이다.

3 recently는 〈최근에〉라는 뜻으로써 **currently**(현재에)와 혼동하지 않도록 주의하자.
ex Discounted tickets are currently available to CJ members.
할인된 티켓은 현재 **CJ** 회원들에게만 적용됩니다.

4 following처럼 **-ing**모양의 전치사들에 주목하자.
following ~후에   **regarding** ~에 관핸[관련된]   **including** ~을 포함하여
concerning ~에 관한   **considering** ~을 고려해 볼 때   **excluding** ~을 제외하고
ex **following the presentation** 프리젠테이션 후에
complicated problems concerning employees 직원들과 관련된 복잡한 문제들

☐ contribute   ☐ A as well as B   ☐ conduct

deal with
[diːl]
윤 handle 다루다

동 다루다, 처리하다
Our financial team will deal with the present situation.
나는 재무부서가 현재의 문제를 처리하길 바란다.

sign up for
[sain]
참 sign up 등록하다

동 ~에 등록하다, 신청하다
sign up for an evening training course
야간 교육 과정을 등록하다

fill out
[fil]
윤 complete 완성하다

동 ~을 작성하다(fill in)
fill out[in] an application form and a survey
신청서와 설문지를 작성하다

turn in
[təːrn]
윤 hand in ~을 제출하다

동 ~을 제출하다(submit)
Applications must be turned in before the deadline.
마감일 전에 신청서는 제출되어야한다.

be satisfied with
[sǽtisfàid]

동 ~에 만족하다(↔be dissatisfied with)
The management is satisfied with the recent marketing strategy.　경영진은 최근의 마케팅 전략에 만족하고 있다.

continue to V(~ing)
[kəntínjuː]
파 continually 계속해서

동 ~을 계속하다(↔discontinue)
Costs have continued to increase since 2010.
비용이 2010년 이래 계속해서 증가하고 있다.

It is necessary to V
[nésəsèri]
참 necessarily 반드시

동 ~할 필요가 있다
It is necessary to present the receipt.
영수증을 꼭 제시해 주셔야 합니다.

pay attention to
[əténʃən]
참 note 주목하다*

동 ~에 주의를 기울이다
Nobody paid attention to their request.
아무도 그들의 부탁에 주의를 기울이지 않았다

be faced with
[feisd]
파 face ~에 직면하다

동 ~에 직면하다
The company is faced with financial difficulties.
회사는 자금 악화에 처해있다.

rely on
[rilái]
윤 count on ~에 의지하다

동 ~에 의지하다(depend on)
rely on the car industry 자동차 산업에 의지하다

□ **industrial**
[indʌ́striəl]
형 산업의
problems regarding industrial waste 산업쓰레기와 관련된 문제들

□ **industrious**
[indʌ́striəs]
형 근면한(diligent)
Industrious workers contribute to a company's success.
근면한 일꾼은 회사의 성공에 기여한다.

□ **economic**
[ì:kənàmik]
형 경제의, 경제와 관련된
economic conditions in China 중국의 경제 여건

□ **economical**
[ì:kənàmikəl]
참 economize 절약하다
형 경제적인, 절약적인
the most economical way of sending money
돈을 보내는 가장 경제적인 방법

□ **raise**
[reiz]
인상
동 올리다, 제기하다
If you have any question, raise your hand.
질문이 있으시면 손을 들어 주세요.

□ **rise**
[raiz]
반 drop 떨어지다
동 증가하다, 오르다
Oil prices have risen 20 percent from a year earlier so far.
유가는 지금까지 1년 전보다 20퍼센트가 올랐다.

□ **weather**
[wéðər]
명 날씨
check a local weather report 지역 일기 예보를 체크하다

□ **whether**
[wéðər]
참 while ~하는 동안에,
　　 ~하는 반면에
접 ~인지 아닌지
The question is whether he can finish the job in a week.
문제는 그가 일주일 안에 그 일을 끝낼 수 있을 것인가이다.

□ **near**
[niər]
형 부 가까운, 가까이, ~ 가까이에
cut taxes in the near future 가까운 미래에 세금을 인하하다

□ **nearly**
[níərli]
부 거의, 대략
increase nearly 6 percent from a year earlier
1년 전보다 약 6퍼센트 증가하다

□ **housewares**
[háuswɛ̀ərz]
참 wares 상품, 파는 물건
명 가정용품
The housewares are for sale. 가정용품이 판매 중이다.

□ **warehouse**
[wɛ́ərhàus]
명 창고(storage)
The warehouse is full of garbage. 창고는 쓰레기로 가득 차 있다.

01 _The restaurant manager is ------- at the front desk throughout the day for our guests' convenience.

    (A) dependant   (B) responsible
    (C) effective   (D) available

02 _The express bus service schedule may change ------- upcoming special sporting events.

    (A) resulting from   (B) depending on
    (C) responsible for   (D) mainly because

03 _The board of directors ------- to choose the proposal submitted by administrative staff.

    (A) picked   (B) decided
    (C) applied   (D) conducted

04 _If you have any questions concerning the training session, feel free to ------- us at any time.

    (A) decide   (B) contact
    (C) attend   (D) cause

05 _It is essential that all new employees in the sales department ------- next week's staff orientation.

    (A) arrive   (B) disappoint
    (C) attend   (D) belong

06 _The new employment contract will take ------- as of January 20th, once the CEO signs it.

    (A) affect   (B) effectively
    (C) effect   (D) effective

정 답 01.(D)　02.(B)　03.(B)　04.(B)　05.(C)　06.(C)

※ 추가 문제 및 보카테스트는 www.toeicvoca.com에서 제공합니다.

최우선순위 어휘편 > 우선순위 어휘편 > 중요 어휘편

DAY 02

1st week
최우선순위 어휘편

진단테스트 토익시험에 꼭 나오는 토익 어휘 리스트
Preview – 오늘 배울 토익보카에 대한 자신의 실력을 테스트해 보세요!

01. ☐ promote	15. ☐ hire	29. ☐ replace
02. ☐ receive	16. ☐ expert	30. ☐ be supposed to V
03. ☐ previous	17. ☐ proposal	31. ☐ reserve
04. ☐ discount	18. ☐ spend	32. ☐ upcoming
05. ☐ purchase	19. ☐ expire	33. ☐ confirm
06. ☐ contract	20. ☐ current	34. ☐ manufacture
07. ☐ accounting	21. ☐ participate in	35. ☐ recommend
08. ☐ refund	22. ☐ encourage	36. ☐ increase
09. ☐ advertisement	23. ☐ interested	37. ☐ shipping
10. ☐ require	24. ☐ annual	38. ☐ complete
11. ☐ seem	25. ☐ budget	39. ☐ resume
12. ☐ delay	26. ☐ review	40. ☐ award
13. ☐ remind	27. ☐ executive	
14. ☐ despite	28. ☐ flight	

01 promote ❶
[prəmóut]

- 파 promotion 승진, 판촉
- 반 demote 강등시키다
- 참 remote 먼

동 승진시키다, 판촉[촉진]하다

Ms. Katrina was promoted to head of department yesterday· Katrina는 어제 부서장으로 승진되었다.

⟨*be[get] promoted 승진되다, get a promotion 승진하다⟩

02 receive
[risíːv]

- 파 receipt* 영수증
  reception 접수처, 환영회

동 받다, 수령하다

New employees will receive full pay and benefits during the 8-week training program. ⟨*training 훈련, 연수⟩

신입사원들은 8주간의 훈련 프로그램 기간동안 급여와 복리후생을 100퍼센트 받는다.

03 previous
[príːviəs]

- 파 previously 전에, 미리
- 유 earlier, before 이전의

형 이전의, 앞의

Mobillian Corporation sold five percent more cell phones than in the previous month thanks to promotional offers.

Mobillian사는 판촉 상품때문에 지난달보다 5퍼센트 더 많은 휴대폰을 판매했다.

04 discount ❷
[dískaunt]

할인
- 파 discounted 할인된

동 할인하다

A 20% discount is available only to VIP members of Hilton Hotels.

20퍼센트 할인은 오직 Hilton 호텔의 특별 회원에게만 적용된다.

05 purchase
[pə́ːrtʃəs]

- 파 purchaser 구매자

동 구매하다

Those who purchase more than 3 items this week will receive a 5% discount.

이번 달에 3가지 이상의 품목을 구매하시는 분들은 5%할인을 받으실 것입니다.

06 contract
[kántrækt]

계약하다
- 혼 contact 연락(하다)

명 계약(서)

The sales representative checked the purchasing contracts carefully.

영업담당자는 구매계약서를 꼼꼼히 체크했다.

07 accounting
[əkáuntiŋ]

- 파 accountant 회계사*
  account 계좌; 고려

명 회계, 경리

Several of the accounting team are working overtime to get it finished.

회계부서의 여러 직원들이 일을 끝내기 위해 초과근무를 하고 있다.

08 refund ❸

[rifʌnd]

환불하다

참 exchange 교환하다

명 환불

We offer a full refund for 10 days after the purchase date.
구매일로부터 10일까지는 전액 환불해 드립니다.

09 advertisement

[ǽdvərtàizmənt]

혼 advertising 광고업

명 광고(commercial)

The new advertisement had a great effect on this year's sales. 새로운 광고가 이번 해의 판매에 큰 영향을 미쳤다.

10 require ❹

[rikwáiəːr]

파 requirement 요구조건
prerequisite 필수적인

표 be required to V
~해야 하다

동 요구하다

Every applicant is required to submit a resume and a cover letter.

모든 지원자는 이력서와 자기소개서를 제출해야한다.

⟨*resume 이력서, cover letter 자기소개서⟩

Tip 여기서 출제된다!　　TOEIC 어휘 출제포인트

1 promote처럼 수동태로 더 많이 등장하는 단어들에 주의하자.

be promoted 승진되다　　　　　　　be held 개최되다(hold 개최하다)

be located near~ ~근처에 위치해 있다　　be laid off 해고되다(lay off)

ex Our hotel is located in downtown Vancouver. 호텔은 벤쿠버 중심가에 위치해 있습니다.

2 discount처럼 dis-접두어를 쓰는 단어들을 살펴보자.

dis-는 '분리(away), 부정(not), 반대(opposite)' 라는 뜻을 지닌 접두어

disagree 일치하지 않다　　disappear 사라지다　　discourage 낙담시키다(=dissatisfy)

disapprove 반대하다　　disregard 무시하다　　discontinue 중단하다

disclose 공개하다　　disappoint 실망시키다　　dispose 처분하다

3 refund와 함께 쓰이는 '환불' 관련 표현들에 익숙해지자.

a full refund 전액 환불　　　　tax refund 세금 환불

get a refund 환불받다　　　　give A(사람) a refund ⟨A에게 환불해주다⟩

4 require처럼 5형식동사들의 수동태 모양은 반드시 시험에 나온다.

require 목적어 to V　　　　　　be required to V ~해야 한다

advise 목적어 to V　　⇨　　be advised to V ~할 것을 권유받다

ask 목적어 to V　　　　　　be asked to V ~할 것을 요구받다

ex The supervisor asked her to attend the meeting. 상관은 그녀가 회의에 참석하길 요구했다.

수동태 ⇨ She was asked to attend the meeting (by the supervisor).

11 seem ❶
[siːm]

요 appear* 나타나다, 보이다

통 ~인것 같다, ~인것처럼 보이다

It seems that the game may be canceled due to heavy rain.

폭우때문에 경기가 취소될 것 같다.

12 delay
[diléi]

지연, 연기
요 postpone 연기하다
put off 연기하다

통 연기하다

Mr. Knight said he wanted to delay his decision until this afternoon.

Knight씨는 오후까지 결정을 연기하길 원한다고 말했다.
⟨*without further delay 더 이상의 지연없이⟩

13 remind ❷
[rimáind]

파 reminder 상시키키는것, 독촉장, 메모

통 상기시키다

The project manager reminded company employees to handle the products with care.

프로젝트 매니저는 직원들에게 조심해서 제품을 다루라고 상기시켰다.
⟨*with care 조심해서, 주의해서(=carefully)⟩

14 despite
[dispáit]

요 in spite of ~에도 불구하고

전 ~에도 불구하고

Despite the many objections, the new CEO decided to announce his decision.

많은 반대에도 불구하고 새로운 CEO는 그의 결정을 발표하기로 결정했다.
⟨*CEO(chief executive officer) 최고 경영자⟩

15 hire
[haiər]

요 recruit 고용하다; 신참
파 newly hired 새로 고용된

통 고용하다(employ)

William Home Security is looking to hire a highly skilled electrical technician. ⟨*electrical technician 전기 기술자⟩

William Home Security는 고도로 숙련된 전기 기술자를 찾고 있습니다.

16 expert
[ékspəːrt]

파 expertise 전문지식

명 전문가

The CEO decided to hire the financial expert to deal with the accounting problems.

최고경영자는 회계문제를 처리하기위해 재정전문가를 고용하기로 결심했다.

17 proposal
[prəpóuzəl]

파 propose 제안하다
proposed 제안된

명 제안(서)

We had to work overtime to submit a proposal before the deadline.

우리는 마감일 전에 제안서를 제출하기 위해 초과 근무를 해야 했다.

¹⁸ spend ❸

[spend]

파 **spending** 지출
참 **expenditure** 지출, 비용

동 **소비하다, ~을 쓰다**

The newly hired financial expert spent days putting together the proposal.

새로 고용된 재정전문가는 제안서를 만드느라 여러 날을 보냈다.
〈*spend 시간(돈) on ~에 시간(돈)을 쓰다〉

¹⁹ expire

[ikspáiər]

파 **expiration** 만료, 만기
expired 만기된

동 **만료되다, 만기되다**

My previous contract just expired and I am ready to face new challenges in a new workplace.
〈*be ready toV ~할 준비가 되다〉

이전 계약이 만료되어 새로운 직장에서 새롭게 도전할 준비가 되어 있습니다.

²⁰ current

[kə́:rənt]

파 **currently** 현재에
currency 화폐, 통화*

형 **현재의**

Jennifer was pleased to have a chance to discuss the current issues and events with the experts.

Jennifer는 현재의 이슈들과 행사에 관해서 전문가들과 논의할 기회를 갖게 되어 기뻤다.

Tip **여기서 출제된다!**　　TOEIC 어휘 출제포인트

1 seem은 다음과 같은 형태로 잘 쓰이므로 구문과 해석에 익숙해지자.
<u>It seems that</u> 절~ ┐
<u>seem to V</u> ~ ┤ 〈 ~인것 같다,.~것처럼 보이다(=It appears that~)〉
seem 형용사(명사) ┘
ex It seems (that) he is wrong. 그가 잘못인 것 같다.
He seems to be a supervisor. 그는 상관인것처럼 보인다.
He seemed disappointed at the result. 그는 결과에 실망한 듯 보였다.

2 remind는 다음의 두가지 형태로 흔히 쓰인다.
remind 사람 + that절 / of... 〈~에게 ...을 상기시키다〉
remind 사람 to V 〈~에게 ...하라고 일러주다〉
수동태 ⇨ be reminded to V 〈...할 것을 잊지 않도록 주지 받다〉
ex Each representative is reminded to check the contract.
각 대표자는 계약서를 체크하라고 주지 받았다.

3 spend는 아래와 같은 어법으로 자주 등장한다.
spend time[money] ~ing 〈~하는데 시간[돈]을 쓰다〉
spend time[money] on~ 〈~에 시간[돈]을 쓰다〉
ex The management spent time deciding the details of the contract.
경영진은 계약서의 세부사항을 결정하는데 시간을 보냈다.
Marry spent much money on clothing. Marry는 많은 돈을 옷에 소비했다.

21 participate in [1]
[pɑːrtísəpèit]

표 participation 참여
participant 참여자

동 ~에 참석하다(take part in)

All of the employees are expected to participate in this year's conference.

모든 직원들이 올해 회의에 참석할 것으로 기대된다.

22 encourage [2]
[enkə́ːridʒ]

표 encouragement 격려
encouraging 격려하는

동 격려하다(↔discourage)

I encourage you to take risks because nothing is available without them.

위험 없이 얻어지는 것은 아무것도 없기 때문에 나는 네가 위험 있는 쪽을 택하길 권한다.

23 interested [3]
[íntərəstid]

표 interest 흥미, 관심, 이자
interesting 흥미로운

형 관심이 있는, 관련 있는

Mr. Morris is interested in applying for the graphic art designer position.

Morris는 그래픽 아트 디자이너직에 지원하는데 관심이 있다.

24 annual
[ǽnjuəl]

표 annually 매년마다
biannual 반년마다의
biennial 2년마다의

형 매년의

The success of the annual charity bazaar depends on the participation of each member.

연례 자선 바자회의 성공은 각 멤버들의 참여에 달려있다.

25 budget
[bʌ́dʒit]

표 advertising budget
광고예산
참 asset 자산*

명 예산

Most of the annual advertising budget was spent on television advertisements. ⟨*spend 시간(돈) on ~에 시간(돈)을 쓰다⟩

연간 광고예산의 대부분이 텔레비전 광고에 쓰여졌다.

26 review
[rivjúː]

검토, 평가
참 view 보다, ~라고 생각하다

동 검토하다

The newly hired expert will be responsible for reviewing work done by the accounting team.

회계팀에 의해서 수행된 일을 새로 고용된 전문가가 검토할 것이다.

27 executive [4]
[igzékjutiv]

표 execute 실행하다*
표 top executives
최고 임원진

명 임원, 중역

Executive level staff are required to attend the annual budget meeting.

임원급 직원들 연간 예산 회의에 참석할 필요가 있다.

28 flight

[flait]

표 flight attendant 승무원
혼 freight 화물(운송)
　　fright 놀람, 공포

명 비행(편)

Because of poor weather conditions, all flights to Tokyo are delayed.

좋지 않은 기상 조건 때문에, 모든 도쿄 행 비행편이 지연되었다.

29 replace

[ripléis]

파 replacement
교체(품), 대체자[후임자*]

동 ~을 교체하다, 대체하다

After reviewing the proposals, we decided to replace the store with an employment agency. 〈*agency 대리점, 대행사〉

제안서를 검토한 후에, 우리는 그 가게를 직업 소개소로 바꾸기로 결정했다.
〈*replace A with B A를 B로 교체하다〉

30 be supposed toV 5

[səpóuzd]

참 be scheduled to V
~할 예정이다

동 ~하기로 되어있다

The project manager is supposed to interview every applicant.

프로젝트 매니저는 모든 지원자를 면접하기로 되어있다.

 **Tip** 여기서 출제된다!　　TOEIC 어휘 출제포인트

1 participate는 자동사이므로 〈~에 참석하다〉라는 뜻일 때에는 전치사 in이 있어야 한다.
participate in the annual conference 연례 회의에 참석하다
참조 attend는 타동사이므로 뒤에 바로 명사(목적어)가 온다.
ex **attend the annual conference** 연례 회의에 참석하다

2 encourage는 다음의 형태로 자주 쓰이니 기억해두자.
encourage + 목적어 + to부정사 〈대표적인 5형식동사〉
ex The management <u>encouraged</u> me <u>to apply</u> for the position.
　　경영진은 내가 그 직책에 지원해보라고 격려해주었다.

3 interested는 be interested in(~에 관심이 있다)의 형태로 자주 쓰인다. 〈특이한 수동태 표현들〉
be pleased with ~을 기뻐하다　　　　　　**be used to** ~에 익숙하다
be disappointed at ~에 실망하다　　　　　**be divided into** ~로 나뉘다
be satisfied with ~에 만족하다　　　　　　**be worried about** ~을 걱정하다

4 executive처럼 시험에 반드시 나오는 사람명사에 주목하자.
chef 요리장(cook 요리사)　　**carpenter** 목수　　**official** 공무원; 관리　　**politician** 정치가
cashier 출납원　　　　　　　**editor** 편집자　　　**mayor** 시장　　　　**vice president** 부회장, 부통령
flight attendant 승무원　　**professor** 교수　　**veterinarian** 수의사　**plumber** 배관공

5 be supposed to V와 같은 형태로 쓰이는 대표적인 수동태 표현들에 주의하자.
be told to V ~하라고 말듣는다(해석주의)　　　**be asked to V** ~하라고 요청받다
be expected to V ~하리라 예상되다　　　　　　**be required to V** ~하라고 요구받다

---

31 reserve ❶
[rizə́ːrv]

파 reserved 예약된
reservation 예약

동 예약하다(book)

Jessie was able to reserve a seat for me on a flight from California to Mexico.

Jessie는 나를 위해 켈리포니아에서 멕시코로 향하는 비행기좌석을 예약할 수 있었다.
〈*make a reservation 예약하다 / flight 비행편〉

32 upcoming
[ʌ́pkʌmiŋ]

유 coming 다가오는
참 following ~후에

동 다가오는, 곧 있을

The upcoming promotional campaign will show that our new mobile phone is much smaller than the previous models.

곧있을 판촉캠페인은 새로운 휴대폰이 이전 모델보다 훨씬 더 작다는 것을 보여줄 것이다.

33 confirm
[kənfə́ːrm]

파 confirmation 확인, 확정
혼 conform (규칙을) 따르다
firm 회사/확고한

동 확인하다, 확정짓다

Please note that if you fail to confirm this reservation within the next three days, it will automatically be canceled.

당신이 3일내로 예약을 확정짓지 않으시면, 자동적으로 취소됨을 주의하세요.

34 manufacture
[mǽnjəfǽktʃəːr]

파 manufacturer 제조업자
유 fabricate 제작하다

동 제조하다

A local company continues to manufacture that item.

지역회사는 그 아이템을 계속해서 제조하고 있다. 〈*continue 계속하다〉

35 recommend ❷
[rèkəménd]

파 recommendation
추천, 권고

동 추천하다, 권하다

The manufacturer recommended replacing the current marketing project.

제조업자는 현재의 마케팅 프로젝트를 교체할 것을 권했다.

36 increase
[inkríːs]

증가, 인상(hike)
반 decrease 하락(하다)
decline 하락하다, 거절하다

동 증가하다

Many experts recommend that taxes should increase to encourage economic growth. 〈*growth 성장, 발전〉

많은 전문가는 경제성장을 북돋우기위해 세금이 증가되어야 한다고 주장한다.

37 shipping
[ʃípiŋ]

파 shipment 화물, 선적(품)

명 배송, 운송

Shipping fees have been increasing for the past decade.

배송비는 지난 10년동안 증가했다. 〈*shipping fee(charge) 배송비〉

38 complete

[kəmplíːt]

완성된, 완료된
㉠ **completely** 완전히
㉠ **complicated** 복잡한

동 완성하다, 완료하다

The director thinks that the budget is not enough to complete the project.

이사는 프로젝트를 완성하는데 예산이 충분치 않다고 생각한다.

39 resume

[rézumei]

[rizúːm] 다시 시작하다, 재개하다
㉠ **cover letter** 자기소개서

명 이력서

The HR manager thought that it would not be easy to review all the resumes in time. 〈*HR(=human resources) 인사부〉

인사부장은 모든 이력서를 시간 내에 검토하는 것이 쉽지않다고 생각했다.

40 award ❸

[əwɔ́ːrd]

상, 상품
㉠ **awards ceremony** 시상식
㉠ **reward** ~에 보답하다

동 (상 등을) 주다, 수여하다

The company awards a prize to the most excellent employee every two years.

회사는 2년마다 뛰어난 사원에게 상을 수여한다.

Tip 여기서 출제된다!　　　TOEIC 어휘 출제포인트

❶ reserve는 **make a reservation**(예약하다)처럼 **make**동사와 자주 쓰인다.

make a decision 결정하다	**make a telephone call** 전화하다
make a request 요청하다	**make a business contact** 사업상 연락을 취하다
make a proposal 제안하다	**make an offer** 제안하다
make progress 진보하다	**make it** 이뤄내다, 해내다
make the bed 잠자리를 준비하다	**make a speech** 연설하다

ex Do you think you can make it on time for the meeting tomorrow?

내일 회의에 정시에 올 수 있겠니?

참조 reserve(예약하다) 이후의 절차를 꼭 확인하세요!

make a reservation	⇨	confirm a reservation	⇨	cancel a reservation
예약하다		확인하다, 확정짓다		취소하다(=call off)

❷ recommend와 함께 혼동되는 단어들

commend 칭찬하다, 기리다　　　　**command** 명령하다; 명령, 지휘

❸ award처럼 〈~에게 ...을 주다〉라는 뜻을 지닌 대표적인 4형식동사들에 주목하자.

award, give, offer, send, lend, teach, show, bring 〈'주다' 라는 뜻의 동사들〉

ex She'll give you all the details about the new project.

그녀가 새로운 프로젝트에 대한 모든 세부사항을 너에게 줄 것이다.

참조 4형식동사로 착각하기 쉬운 3형식동사들은 다음과 같은 것들이 있다.

explain 설명하다	**suggest** 제안하다	**introduce** 소개하다
announce 발표하다	**propose** 제안하다	**recommend** 추천하다

ex Dr. Herris explained to me that I had to follow the expert's advice.

Herris박사는 나에게 전문가의 조언을 따라야 했다고 설명했다.

□ **be advised to V**
[ædváizd, əd-]
파 advice 충고, 조언
　advisable 권할만한

동 ~할 것을 권유받다
The politicians were advised to make an early decision.
정치인들은 빨리 결정할 것을 권유받았다.

□ **have an effect on**
[ifékt]
유 influence 영향(을 주다)

동 ~에 영향을 미치다(have an influence on)
have a great effect on society
사회에 엄청난 영향을 주다

□ **be able to V**
반 be unable to V

동 ~할 수 있다(be capable of)
He was able to confirm the details of the test results.
그는 시험결과의 세부 사항을 확인할 수 있었다.

□ **account for**
[əkáunt]
참 take account of~
　~을 고려하다

동 ~을 설명하다, ~을 차지하다
account for 25 percent of the global market this year
올해 글로벌 시장의 25퍼센트를 차지하다

□ **look into**
유 examine 조사하다
　scrutinize

동 ~을 조사하다(inspect)
look into accounting errors very carefully
회계 오류를 주의깊게 조사하다

□ **in the coming decade**
[dékeid]
참 decade 10년

부 향후 10년
grow quickly in the coming decade
향후 10년안에 빠르게 성장할 것이다

□ **be ready for**
[rédi]

동 ~할 준비가 되다(be ready to V)
be ready for shipment tomorrow
내일 선적할 준비가 되어 있다

□ **free of charge**
[tʃɑːrdʒ]
유 at no cost(charge)

부 무료로, 무료의(for free)
Visitors to the center are able to use the Internet free of charge. 센터를 찾는 방문자는 인터넷을 무료로 이용할 수 있다.

□ **place an order**
[pleis]
참 fill an order 주문에 응하다

동 주문하다
place an order by the phone　전화로 주문하다

□ **pay for**
[pei]
참 pay off 빚을 갚다

동 ~을 지불하다, 치르다
The firm paid for the education fees of the staff.
회사는 직원의 교육비를 지불했다.

□ **be used to -ing**
[ju:st]
동 ~에 익숙해 지다(get used to -ing)
It takes time to get used to new pants.
새 바지에 길들려면 시간이 걸린다.

□ **used to V**
[ju:st]
동 ~하곤 했다
I used to work out almost every day last year.
작년에는 거의 매일 운동을 하곤 했다.

□ **a number of**
[nʌ́mbər]
형 많은, 다수의
A number of people in this photo are smiling.
이 사진 속의 많은 사람들은 웃고 있다.

□ **the number of**
[nʌ́mbər]
명 ~의 수
The number of people in this photo is six.
이 사진 속의 사람의 수는 여섯 명이다.

□ **sensitive**
[sénsətiv]
유 delicate 민감한
형 민감한
She is sensitive about her weight.
그녀는 몸무게에 대해 민감하다.

□ **sensible**
[sénsəbl]
형 현명한
a sensible solution to the problem
그 문제를 처리하기위한 현명한 방법

□ **short**
[ʃɔ́:rt]
형 짧은
The director gave a short speech. 이사는 짧은 연설을 했다.

□ **shortly**
[ʃɔ́:rtli]
표 shortly after ~직후에
부 곧, 머지않아
The new software program will be available shortly.
새로운 소프트웨어 프로그램이 곧 실용화될 것이다.

□ **receipt**
[risí:t]
명 영수증
You need to bring a sales receipt to get a cash refund.
현금 환불을 받기위해서 판매 영수증을 가지고 오세요.

□ **recipe**
[résəpi]
명 요리법, 조리법
The restaurant's head chef has a special recipe.
그 식당의 수석 주방장은 특별한 요리법을 가지고 있다.

01 ___ ------- the financial problems she encountered, she managed to do the assigned work on time.

(A) Although   (B) But
(C) Despite   (D) Regarding

02 ___ Several of the rooms at the Seagaja Hotel have been ------- for conference participants.

(A) reserved   (B) placed
(C) collected   (D) remained

03 ___ If the board takes a ------- approach, all the financial problems will disappear in good time.

(A) sensible   (B) senses
(C) sensitive   (D) sense

04 ___ The ------- competition of Ms. Universe contest will include the participation of Hosino Mori of Japan.

(A) forward   (B) upcoming
(C) perspective   (D) following

05 ___ Our manager ------- all recruits to sign up for the upcoming training session.

(A) memorized   (B) recalled
(C) identified   (D) reminded

06 ___ Senior college students are required to ------- on-the-job training.

(A) enroll   (B) participate
(C) go   (D) attend

정 답 01.(C) 02.(A) 03.(A) 04.(B) 05.(D) 06.(D)

※ 추가 문제 및 보카테스트는 www.toeicvoca.com에서 제공합니다.

최우선순위 어휘편 〉 우선순위 어휘편 〉 중요 어휘편

DAY 03

1st week
최우선순위 어휘편

진단테스트 토익시험에 꼭 나오는 토익 어휘 리스트
Preview – 오늘 배울 토익보카에 대한 자신의 실력을 테스트해 보세요!

01. □ compared to	15. □ look forward to	29. □ related
02. □ according to	16. □ assure	30. □ consumer
03. □ reliable	17. □ hesitate	31. □ technician
04. □ expand	18. □ stock	32. □ provide
05. □ competitor	19. □ profitable	33. □ include
06. □ arrive at	20. □ invest	34. □ considerable
07. □ postpone	21. □ colleague	35. □ benefit
08. □ notice	22. □ resource	36. □ damage
09. □ construction	23. □ deliver	37. □ demand
10. □ due to	24. □ complaint	38. □ cancel
11. □ allow	25. □ performance	39. □ presently
12. □ eligible	26. □ decline	40. □ remain
13. □ succeed in	27. □ candidate	
14. □ inspect	28. □ comply with	

01 compared to
[kəmpέərd]

파 compare 비교하다
comparison 비교
comparable 비슷한

전 ~와 비교해 볼 때(in comparison with)

When compared to the previous year's oil prices, current inflation rates seem very high.

지난해의 유가와 비교해 볼 때, 현 물가 상승률은 매우 높아 보인다.

02 according to
[əkɔ́:rdiŋ]

파 accord 일치하다
참 record 기록(하다)

전 ~에 따르면

According to the above passage, how can customers make a purchase?

위의 지문에 따르면 고객들은 어떻게 구매를 할 수 있는가?

03 reliable ❶
[rilάiəbl]

파 reliability 신뢰도
혼 reliant 의존하는, 의지하는(on)

형 믿을만한, 신뢰할만한(dependable)

Business owners know that it is very difficult to find the reliable staff.

사업주들은 믿을만한 직원을 찾는다는 것이 아주 어렵다는 것을 알고 있다.

04 expand ❷
[ikspénd]

파 expansion 확장
혼 extend 연장하다, 늘리다

동 확장하다, 넓히다

The marketing division was expanded in accordance with sales increase. 〈*division 부서〉

판매증가에 따라, 마케팅 팀은 크게 확장되었다.

05 competitor ❸
[kəmpétətər]

파 compete 경쟁하다
competitive 경쟁력있는
혼 complicated 복잡한

명 경쟁자(contestant)

Compared to our main competitors, our newest mobile phone model seems to be more popular than theirs. 〈*popular 인기있는〉

우리의 주요 경쟁사들과 비교했을 때, 우리의 최신 휴대폰 모델이 그들의 것보다 인기가 있는것 같다.

06 arrive at
[ərάiv]

파 arrival 도착
반 depart 출발하다

동 ~에 도착하다

Some participants arrived late at the airport because of heavy snow.

일부 참가자들이 폭설로 인해 공항에 늦게 도착했다.

07 postpone
[poustpóun]

유 delay, defer 연기하다

동 연기하다, 미루다(put off)

Since the project manager did not appear, the meeting was postponed.

프로젝트 매니저가 도착하지 않았기 때문에, 회의는 연기되었다.

08 notice

[nóutis]

인지하다, 알아채다
파 **noticeable** 현저한

명 통지(문), 게시(물)

All flights have been postponed until further notice.

추후 통지가 있을 때까지 모든 항공편은 연기되었다.
⟨*until further notice 추후 통지가 있을 때까지⟩

09 construction

[kənstrʌ́kʃən]

파 **constructive** 건설적인
construct 건설하다

명 건설, 건축

Recently many apartments and buildings have gone under construction.

최근에 많은 아파트와 빌딩이 공사 중이다.

10 due to 4

[dju:]

파 **due** 만기의, 지불되어야할
overdue 연체된, 미납의
참 **delinquent** 연체된

전 ~때문에

Due to the bad weather, the construction was delayed until further notice.

악천후때문에, 공사는 추후 통지가 있을때까지 연기되었다.

Tip 여기서 출제된다! TOEIC 어휘 출제포인트

1 **reliable**과 **rely on**은 함께 기억해 두도록 하자.(전치사 주의)
rely on = depend on = be contingent on~ ⟨~에 따라 결정되다⟩

2 **expand**와 **extend**의 뜻차이를 구별하도록 하자.
ex (~~expand~~, extend) the registration deadline ⟨등록마감일을 연장하다⟩
참조 expand= (면적을) 확장하다, (수를) 늘리다
extend= (기간을) 연장하다, (범위를)확장하다
ex Our store hours will be (extended, ~~expanded~~) during the holidays.
휴일기간 동안 우리가게 영업시간이 연장될 것이다.

3 **competitor**의 동사형인 **compete**은 자동사이기 때문에 목적어를 받으려면 전치사 필요하다.
compete for ⟨~을 위해 경쟁하다⟩   **compete with** ⟨~와 경쟁하다⟩
ex Several companies competed for the contract.
그 계약을 두고 몇 개 회사가 경쟁을 벌였다.

4 **due to**는 하나의 전치사 역할을 하기 때문에 그 다음에는 명사가 와야 한다.
ex (~~Due to~~, Because) the financial advisor asked, we started accounting work early.
재정 고문이 요청했기 때문에 우리는 회계업무를 일찍 시작했다.
참조 be due to V ⟨~하기로 예정되어 있다⟩

전치사 + 명사	의미	접속사 + 주어 + 동사
because of, due to, owing to	~(이기) 때문에	because, as, since
despite, in spite of	(비록) ~이지만	though, even though, even if

*시험에 반드시 나오는 접속사, 전치사 구별문제이므로 주의!

11 allow ①

[əláu]

- 파 allowance 허용치*
- 유 permit, admit 인정하다

동 ~을 허락하다

Previous work experience allowed me to get work with the famous law firm.

이전의 경력이 유명한 법률회사에서 일할 수 있게 해주었다.

12 eligible ②

[élidʒəbəl]

- 유 qualified 적합한, 자격있는
  suitable, apt 적합한

형 자격이 있는, 적합한

Customers are eligible for a 10 percent discount during the upcoming holidays.

곧있을 휴일동안 고객들은 10%할인을 받게 될것이다.

13 succeed in

[səksí:d]

- 파 successful 성공적인*
  successive 연이은

동 ~에 성공하다

The builders succeeded in completing the project on time.

건설업자들은 프로젝트를 제때에 끝마치는데 성공했다.

14 inspect

[inspékt]

- 파 inspection 검사
- 유 look into, monitor 검사하다

동 ~을 검사하다(check)

Make sure that health officials are ready to inspect the restaurants.

보건당국자가 식당을 검사할 예정임을 명심해주세요.

15 look forward to ③

[fɔ́:rwərd]

- *전치사 to에 주의
- 파 forward 앞으로;
  전달[전송]하다*

동 ~을 기대하다(anticipate)

We look forward to receiving your order at your earliest convenience.

우리는 형편닿는대로 빨리 당신의 주문을 받길 기대하고 있습니다.
〈*at your earliest convenience 형편 닿는 대로 빨리〉

16 assure ④

[əʃúər]

- 파 assurance 보장, 보험
- 표 carry assurance
  보장하다

동 ~을 보장하다, 확신시키다

The shipping company representative assured us that we would receive our shipment of goods by Monday.

운송회사 대표자는 우리가 주문한 물품을 월요일까지는 받을 수 있을 것이라고 보장했다.

17 hesitate

[hézətèit]

- 파 hesitant 망설이는, 꺼리는
- 유 reluctant 꺼리는

동 망설이다

If you should have any problems with your air conditioning unit, please don't hesitate to contact us.

에어컨 장치에 문제가 있으면, 주저하지 말고 저희에게 연락주세요.

¹⁸ stock

[stɑk]

구비하다,

ⓟ stockholder 주주
ⓨ share 주식; 나눠갖다*

명 주식; 재고

The impending financial problems will cause our stock to drop. 곧있을 재정문제가 우리의 주식을 하락하게 만들것이다.
Those items are out of stock. 그 물건은 지금 품절이다.

¹⁹ profitable

[práfitəbəl]

ⓟ profit 이익, 수익
ⓨ lucrative 수익성 있는

형 이익이 되는, 수익성 있는

Haier's newest line of televisions is expected to increase its profits.

Haier의 최신 TV제품은 수익을 증가시켜 줄 것으로 예상된다.

²⁰ invest

[invést]

ⓟ investor 투자자
    investment 투자*

동 투자하다

Most of the shareholders are investing in funds these days. 대부분의 주주들은 요즈음 펀드에 투자하고 있다.

Tip **여기서 출제된다!**   TOEIC 어휘 출제포인트

❶ allow는 다음과 같은 구문으로 잘 쓰이니 주의하자.

allow
permit + 목적어 + to부정사 ~ 〈목적어가 ~하는 것을 허락하다〉

ex Executives allowed the marketing team to change the current plan.
임원들은 마케팅 팀이 현재 계획을 변경할 수 있게 했다.

❷ eligible은 다음과 같은 어법으로 주로 사용된다.
be eligible for/to V 〈 ~할 자격이 있다〉
ex be eligible for the sales representative position 〈판매원 직에 자격이 되다〉

❸ look forward to에서 to는 부정사가 아니라 전치사이기 때문에 명사나 동명사가 와야 한다.
ex We look forward to (see, seeing) you again. 〈당신을 다시 만나길 기대합니다.〉
He is looking forward to (confirm, confirming) the reservation.
그는 예약을 확정짓기를 고대하고 있다.

❹ assure는 convince(~을 확신시키다)와 함께 다음과 같은 형태로 많이 쓰인다.

assure
convince 사람 that절~
                of이하~ 〈사람에게 ~을 보장[확신]해주다〉

ex Local airlines successfully convinced investors of their quality services.
지역 항공사들은 고품질 서비스를 투자자들에게 성공적으로 납득시켰다.
참조 remind 사람 that절 / of이하~ 〈사람에게 ~을 상기시키다〉
    remind 사람 to V 〈사람에게 ~하라고 상기시키다〉

21 colleague
[kɑ́liːg]

圈 associate 동료, 직원

명 동료
His colleagues were advised to review the profit report.
그의 동료는 수익보고서를 검토할 것을 권유받았다.

22 resource
[ríːsɔːrs]

표 human resources
인적 자원, 인사 관리
참 source 원천, 근원, 공급원

명 자원, 재원
The human resources manager is supposed to be dealing with the upcoming interviews.
인적자원 담당자(인사 담당자)는 곧 있을 인터뷰를 하기로 되어있다.
〈*human resources 인적 자원, 인사과(HR)〉

23 deliver
[dilívər]

표 delivery 배달
express delivery
급송배달

동 배달하다, 전달하다
If the shipment is delivered before the deadline, production will start earlier than expected.
마감일 전에 배송물이 배달된다면, 기대했던 것보다 일찍 생산을 시작할 수 있을 것이다.

24 complaint ❶
[kəmpléint]

표 complain 불평하다*

명 불평, 불만사항
Sales representatives should respond to customer complaints quickly.
판매 사원들은 소비자 불만에 빠르게 반응해야한다.

25 performance
[pərfɔ́ːrməns]

표 perform 수행하다,
공연하다

명 실적, 공연
Employees do not look forward to their supervisor's annual review of their performance.
〈*look forward to ～을 기대하다〉
직원들은 그들의 실적에 대한 상관의 연례 평가를 기대하고 있지 않다.

26 decline ❷
[dikláin]

하락, 감소
圈 decrease 감소(하다)

동 하락하다, 거절하다
Many investors are complaining about the recent decline in the stock market.
많은 투자자들이 주식 시장에서의 최근 하락에 대해 불평하고 있다.

27 candidate
[kǽndədèit]

圈 applicant 지원자

명 지원자, 후보자
All candidates must fill out the application form thoroughly.
모든 지원자들은 지원서를 철저히 작성해야한다.

28 comply with ❸
[kəmplái]

파 **compliance** 준수*
유 **observe** 준수하다

동 ~을 따르다, 준수하다(adhere to)

The sales manager ordered Cindy to comply with safety standards.

영업부장은 Cindy에게 안전기준을 준수하라고 지시했다.

29 related ❹
[riléitid]

파 **relative** 친척, 상대적인
relatively 상대적으로*

형 연관된, 관련된

The recent decrease in profits is related to human resources management.

최근의 수익 감소는 인적자원관리와 연관되어 있다.

30 consumer
[kənsú:mər]

파 **consume** 소비하다
consumption 소비*

명 소비자

Consumer trends have an effect on the marketing of new products.

소비자 트랜드는 새 제품들을 마케팅하는데에 영향을 끼친다.
⟨*have an effect on ~에 영향을 끼치다(=have an impact on)⟩

Tip 여기서 출제된다!   TOEIC 어휘 출제포인트

1 complaint의 동사형인 **complain**은 **about**과 함께 주로 사용된다.

┌ 시험에 잘 나오는 **동사 + 전치사 표현들** ┐

complain about~ ~에 대해 불평하다   **object to~** ~에 반대하다
invest in~ ~에 투자하다   **account for~** ~을 설명하다, ~을 차지하다
benefit from~ ~로부터 혜택을 얻다   **lead to~** ~에 이르다*
comply with~ ~을 따르다, 준수하다   **suffer from~** ~로부터 고통받다
ex have led to an expansion of the facility 시설 확장으로 이어졌다

2 decline이 지닌 두가지 뜻(거절하다, 하락하다)에 주의
ex decline one's invitation 초대를 거절하다
The sun is declining. 태양이 기울고 있다.

3 comply는 자동사로써 "~을 준수하다"로 쓰일때에는 전치사 **with**와 같이 쓴다.
ex Every employee is required to comply with the following safety regulation.
모든 직원은 다음 안전 규정을 준수해야한다.
참조 **comply with** ┐
conform to ┤ ⟨~을 지키다, 준수하다(=observe)⟩
abide by ┘
*obey도 마찬가지로 쓰이나 특히 "(사람에게) 복종하다"는 뜻으로도 쓰인다.
ex obey the site supervisor's instructions 현장 감독의 지시를 따르다

4 related(연관된, 관련된)은 흔히 등장하는 표현이다.
ex Air pollution can cause a number of related health problems.
공기 오염은 연관된 건강문제를 발생시킨다.

31 technician ❶
[tekníʃən]

파 technical 기술적인
technique 기술, 기능

명 기술자
The newly hired technician was allowed to check the computer program.

새로 고용된 기술자가 컴퓨터 프로그램을 점검하도록 허락되었다.

32 provide ❷
[prəváid]

파 provider 공급자
유 supply 공급하다

동 제공하다(offer)
The web programers provide their clients with innovative computer technology.

웹 프로그래머들은 고객들에게 혁신적인 컴퓨터 기술을 제공한다.

33 include
[inklúːd]

파 including ~을 포함하여
반 excluding ~을 제외하고

동 ~을 포함하다
Applicants must provide their business name and registration number, including the company telephone number.

지원자들은 회사전화번호를 포함하여 그들의 사업명과 등록번호를 제공하여야한다.

34 considerable ❸
[kənsídərəbəl]

파 considerably 상당히
consider 고려하다

형 상당한
Investing in stocks, including the futures market, includes considerable risk. 〈*futures market 선물시장〉

선물시장을 포함하여 주식에 투자하는 것은 상당한 위험을 포함한다.

35 benefit
[bénəfìt]

파 benefits 혜택, 수당
참 benefits package 복리후생제도

동 혜택을 얻다(from)
I am sure that clients will benefit considerably from our investment expertise. 〈*benefit from ~로부터 혜택을 얻다〉

고객들이 저희의 투자 전문지식으로부터 상당한 혜택을 얻으시리라 확신합니다.

36 damage
[dǽmidʒ]

파 damaged 피해입은

명 피해, 손해
The recent fire caused considerable damage to the car manufacturing plant.

최근의 화재는 그 자동차 제조 공장에게 상당한 피해를 야기시켰다.

37 demand
[dimǽnd]

요구하다
파 demanding 힘든
반 supply 공급(하다)

명 요구(사항), 수요
The department store tried to meet customer demands.

백화점은 고객의 요구를 만족시키기 위해 노력했다.

〈*department store 백화점 / department 부서〉

38 cancel

[kǽnsəl]

파 cancellation 취소

동 취소하다(call off)

Johnson has decided to cancel his order and take a full refund.

Johnson은 그의 주문을 취소하고 전액 환불받기로 결정했다.

39 presently

[prézəntli]

파 present 현재의, 선물; 제시하다

전 현재에

New conference rooms for the G20 are presently under construction.

G20을 위한 새로운 회의실이 현재 공사 중이다.

40 remain 4

[riméin]

파 remainder 나머지*

참 rest 나머지, 남은 것 (=residue, leftovers)

동 ~한 상태이다

The company expects sales to remain bullish.

회사는 판매가 계속 증가할 것으로 예상한다. 〈bullish 상승하는, 낙관적인〉

Tip 여기서 출제된다! TOEIC 어휘 출제포인트

1 technician처럼 시험에 반드시 나오는 사람명사에 주목하자.

secretary 비서	customer 고객	client 고객	patient 환자*
advisor 조언가	assistant 조수*	purchaser 구매자	recipient 수령인
receptionist 접수원	applicant 지원자	accountant 회계사	employee 직원
investor 투자자	staff 스태프, 직원	representative 담당자	specialist 전문가
electrician 전기공	lawyer 변호사	attorney 변호사	clerk 점원, 사무원

2 provide는 아래와 같은 형태로 흔히 쓰이니 묶음으로 외워두자.

· providing that~ 〈만일 ~라면〉 (=provided that~, if)

· provide A with B(A에게 B를 공급하다)로 해석되며 전치사 with에 주의!

수동태 ⇨ A be provided with B 〈A는 B로 갖추어져 있다〉

ex provide clients with detailed information 〈고객에게 자세한 정보를 제공하다〉

3 considerable의 동사형인 consider는 다음과 같은 형태로 자주 쓰인다.

consider
think of   A (as) B 〈A를 B로써 여기다〉

ex consider the result dangerous 〈그 결과를 위험한 것으로 여기다〉

4 remain은 다음에 형용사나 명사가 주로 와서 '~한 상태이다, ~이 있다'로 해석된다.

There (~~remains~~, remain) several damaged houses in downtown.

도심지에는 여전히 피해입은 집들이 남아있다.

□ **think of**
[θiŋk]
참 think of A as B
A를 B로써 여기다

통 ~을 생각하다
I' ve been thinking of investing some of my money in the stock market. 〈*invest A in B A를 B에 투자하다〉
내 돈의 일부를 주식시장에 투자할까 생각하고 있다.

□ **take A into consideration**
윤 take account of~ 고려하다

통 A를 고려하다(take A into account)
take his request into consideration 그의 요청을 고려하다

□ **as of**
참 up to ~까지*

전 ~(몇 일) 부로(starting from)
As of 2011, China accounted for 60 percent of all the shipments in Asia.
2011년부로 중국은 아시아 지역 내 전체 화물 운송의 60%를 차지하고 있다.

□ **take a step**

통 조치를 취하다(take a measure)
The government feels no need to take steps to deal with the gap as of now.
정부는 현재 격차를 해결하기위한 조치를 취할 필요가 없다고 생각한다.

□ **take care of**
참 care for ~을 돌보다

통 ~을 돌보다, 다루다
His assistant took care of the problem without a single complaint. 그의 조수는 한 번도 불평하지 않고 그 문제를 다뤘다.

□ **focus A on B**
[fóukəs]
참 focus on ~에 집중하다

통 A를 B에 집중시키다
focus its resources and investments on research and development 연구 개발에 자원과 투자를 집중시키다

□ **wait for**
[w eit]
윤 await ~기다리다

통 ~을 기다리다
wait for seats for a long time 오랜 시간동안 자리를 기다리다

□ **lead to**
[li:d]
참 lead-led-led
동사변화에 주의

통 ~에 이르다
led to strong price competitiveness on both the Indian and global market
인도시장과 세계시장에서 강력한 가격 경쟁력을 갖추게 되었다

□ **apologize for**
[əpálədʒàiz]

통 ~에 사과하다
apologize for the delay 지연되는 점에 사과하다

□ **complain about**
[kəmpléin]
참 file a complaint with
~에 불만을 제기하다

통 ~에 대해 불평하다(make complaints against)
complain about high prices and a small salary
높은 물가와 적은 월급에 불평하다

최우선순위 어휘편
1 2 3 4 5 6 7

□ **competitive**
[kəmpétətiv]
파 competition 경쟁

형 경쟁력 있는
offer competitive prices and quality services to Korean customers
한국 고객에게 경쟁력 있는 가격에 높은 품질의 서비스를 제공하다

□ **competent**
[kámpətənt]
파 competence 능력

형 유능한, 적임의
She is competent enough to be president.
그녀는 대통령이 될 만큼 유능하다.

□ **comparable**
[kámpərəbəl]

형 필적하는, 비교되는
comparable to the results of similar surveys
비슷한 조사로부터 나온 결과와 필적한

□ **comparative**
[kəmpǽrətiv]

형 비교의
consider the company's comparative price advantage
회사가 지닌 가격의 비교우위를 고려하다

□ **though**
[ðou]
그러나

접 비록 ~일지라도(although)
Though he didn't have enough time, he met the deadline.
그는 비록 시간이 충분하지 않았지만, 마감일을 맞추었다.

□ **thorough**
[θə́:rou]
파 thoroughly 철저히

형 철저한
We need to conduct thorough market research.
우리는 철저한 시장 조사를 할 필요가 있다.

□ **advise**
[ədváiz]

동 충고하다, 권고하다
advised her client to remain silent
그녀의 고객에게 침묵을 지키도록 권고하다

□ **advice**
[ədváis]

명 충고
take the expert's advice 전문가의 충고를 따르다

□ **cite**
[sait]

동 언급하다, 인용하다
cite high oil prices as the biggest difficulty
고유가를 가장 큰 어려움으로 언급하다

□ **site**
[sait]

명 장소, 현장
construction site 공사 현장 / site manager 현장 관리자

01 _ Weekly newsletters are ------- every Monday morning to Mr. Simpson's office between the hours of 7 a.m. and 8 a.m.

(A) delivers
(B) delivering
(C) delivery
(D) delivered

02 _ ------- unexpected thunderstorms, the ferry service has been cancelled and all passengers will receive a full refund.

(A) Because
(B) Due to
(C) According to
(D) Owing

03 _ Today's business strategy seminar will ------- you with specialized training for starting your own business.

(A) contribute
(B) offer
(C) provide
(D) arrange

04 _ Please be ------- that our company is working to maintain consumers' trust.

(A) dedicated
(B) assured
(C) indicated
(D) damaged

05 _ Studies indicate that the ------- of our latest hybrid car far surpasses all previous models in computer technology.

(A) performing
(B) performed
(C) performance
(D) performer

06 _ The manufacturer inspects equipment every week in ------- with safety regulations.

(A) competitor
(B) contact
(C) construction
(D) compliance

정 답 01.(D)　02.(B)　03.(C)　04.(B)　05.(C)　06.(D)

※ 추가 문제 및 보카테스트는 www.toeicvoca.com에서 제공합니다.

최우선순위 어휘편　　온선순위 어휘편　　중요 어휘편

DAY 04

1st week
최우선순위 어휘편

진단테스트 토익시험에 꼭 나오는 토익 어휘 리스트
Preview – 오늘 배울 토익보카에 대한 자신의 실력을 테스트해 보세요!

01. □ agree to V
02. □ improve
03. □ procedure
04. □ additional
05. □ measure
06. □ quarterly
07. □ ensure
08. □ consultant
09. □ policy
10. □ regardless of
11. □ positive
12. □ receipt
13. □ payment
14. □ properly
15. □ predict
16. □ retire
17. □ branch
18. □ instruction
19. □ operate
20. □ facility
21. □ charge
22. □ resident
23. □ dispose of
24. □ analysis
25. □ figure
26. □ effort
27. □ assess
28. □ inventory
29. □ material
30. □ transfer
31. □ aware of
32. □ extend
33. □ luggage
34. □ various
35. □ equipment
36. □ persuade
37. □ publicity
38. □ appreciate
39. □ suggest
40. □ register

01 agree to V ❶
[əgríː]

- 파 **agreement** 동의, 계약*
  agreeable 기분좋은

동 ~에 동의하다

The management agreed to give all the employees bonuses.

경영진은 직원들 모두에게 보너스를 주는 것에 동의했다.

02 improve
[imprúːv]

- 파 **improvement** 향상
- 유 **enhance** 높이다*

동 향상시키다

Our summer marketing class will considerably improve your skills.

우리의 여름 마케팅 수업은 당신의 능력을 향상시켜줄 것입니다.

03 procedure ❷
[prəsíːdʒər]

- 참 **process** 과정, 진행
  processing 처리, 가공

명 절차, 방법

The inspector advised workers to comply with safety procedures.

검사자는 근로자들에게 안전절차를 따르도록 조언했다.
⟨*comply with ~을 따르다, 준수하다⟩

04 additional ❸
[ədíʃənəl]

- 파 **addition** 추가(물)
- 표 **in addition** 게다가*

형 추가의, 부가적인

We can print your company's logo on the ribbon for an additional cost.

추가 요금을 지불하면 리본에 회사의 로고를 인쇄해드립니다.

05 measure
[méʒər]

측정[측량]하다(gauge); 치수
- 참 **means** 수단, 방법*
  method 방법

명 조치(step)

The management agreed to take harsh measures to prevent additional problems. ⟨*take a measure 조치를 취하다⟩

경영진은 추가문제를 막기 위한 강경한 조치를 취하기로 동의했다.

06 quarterly
[kwɔ́ːrtərli]

분기로
- 파 **quarter** 4분의 1, 분기

형 분기별의, 한해 네 번의

The bank's quarterly profits have increased by 30 percent since last quarter.

은행의 분기이익은 지난 분기이래로 30%까지 증가하였다.

07 ensure
[inʃúər]

- 참 **insurance** 보험*
- 유 **assure** ~에게 보장하다

동 확실하게 하다, 보증하다

We need to ensure that we meet our quarterly sales targets.

반드시 우리의 분기 매출 목표를 달성해야 한다.

08 consultant

[kənsʌ́ltənt]

- 파 **consult** ~와 상담하다
- 유 **counselor** 상담원
  counsel 상담(해주다)

명 상담가, 고문

The **consultant** put forward strategies to improve quarterly performance.

그 고문은 분기 성과를 향상시키기 위한 전략을 제시했다.

09 policy

[pάləsi / pɔ́l-]

- 표 **insurance policy**
  보험 증서

명 규정

Make sure that you must comply with the company **policy**.

회사 규정을 따라야 한다는 것을 명심하세요.

10 regardless of ④

[rigάːrdlis]

- 파 **regarding** ~에 관하여*
  regard A as B
  A를 B로써 여기다

전 ~에 관계없이

Regardless of a product's condition, we offer a full refund for up to 10 days after the purchase date.

제품의 상태에 관계없이, 우리는 구매일로부터 10일까지는 전액환불을 제공한다. 〈*full refund 전액환불〉

 **Tip 여기서 출제된다!**   TOEIC 어휘 출제포인트

1 agree처럼 **to**부정사를 주로 취하는 단어들에 주목하자.
agree to V ~하는데 동의하다	**refuse to V** ~하는 것을 거절하다
wish to V ~하는 것을 바라다	**promise to V** ~하는 것을 약속하다(pledge)
prefer to V ~을 더 좋아하다	**aim to V** ~할 예정이다
manage to V 가까스로 ~해내다	**intend to V** ~할 의향이다

ex manage to turn in my application before the deadline
　　마감일 전에 신청서를 가까스로 제출하다

2 procedure와 혼동되는 **process**에 주목하자.
procedure 절차, 방법　**process** 과정, 진행; 처리하다
참조 **development process** 개발 과정　　**production process** 생산 과정
　　application process 지원 과정　　**be in process** 진행 중인

3 additional의 어원인 **add**가 만들어 내는 다음의 표현들을 익혀두자.
add 더하다, 추가하다　**addition** 추가, 증축
in addition 게다가　**in addition to** ~에 더하여, ~ 외에 또
ex In addition to her salary, Stella earns a lot from royalties.
　　봉급 이 외에도 스텔라는 인세로 많은 돈을 번다.

4 regardless의 어원인 **regard**와 관련된 기출 표현들에 주목하자.
regard A as B A를 B로써 여기다, 간주하다　　**regarding** ~에 관한[관련된](concerning)
ex regard themselves as middle class 그들 스스로를 중산층으로 여기다(간주하다)

11 positive
[pάzətiv]

[반] negative 부정적인
[참] passive 수동적인

형 긍정적인

The upcoming policy change will have a positive effect on company profits.

곧 있을 정책 변화는 회사의 수익에 긍정적인 영향을 줄 것이다.

12 receipt ❶
[risíːt]

[파] receive 받다, 수령하다
[표] the date of receipt 수령일

명 영수증, 영수

Please present the original receipt if you want to get a full refund.

전액 환불을 원하시면, 원본 영수증을 제시해 주세요.

13 payment ❷
[péimənt]

[표] cash payment
현금결제

명 지불(금), 납입(금)

Thomas Ellis made his payment by the due date.

Thomas Ellis는 만기일까지 지불하였다. 〈*make a payment 지불하다〉

14 properly
[prάpərli / prɔ́p-]

[파] proper 적절한*
improper 부적절한

부 적절히, 정확히

The HR director reminded me that the application had not been properly filled out.
〈*HR(=human resources) 인사부 / fill out(in) 기입하다〉

인사부 이사는 신청서가 제대로 작성되지 않았다고 내게 알려왔다.

15 predict
[pridíkt]

[파] predictable 예측가능한

동 예측하다

Experts predict that next quarter' sales will decrease by almost 5 percent.

전문가들은 다음분기의 판매가 5퍼센트정도 감소할 것으로 예측한다.

16 retire
[ritáiər]

[파] retirement 은퇴
[참] resign 사임하다

동 은퇴하다

All the colleagues felt sad when Harry retired from the company.

Harry가 회사를 은퇴했을 때 모든 동료들은 슬퍼했다.
〈*retire from ~로부터 은퇴하다〉

17 branch
[bræntʃ]

[참] headquarters 본사
[혼] brunch 아침겸 점심

명 지점, 지사

The sales manager offered to telephone another branch.

판매담당자는 다른 지점에 전화를 해보겠다고 하였다.

¹⁸ instruction

[instrʌ́kʃən]

패 instruct 지시하다, 가르치다

명 지시, 설명서

Ms. Hellen is responsible for delivering the agreed marketing instructions.

Hellen은 약속한 마케팅 지침을 전달할 책임이 있다.

¹⁹ operate

[ápərèit / ɔ́p-]

패 operation 작동, 운영*
operational 작동하는, 운영상의

동 작동하다, 운영하다

Jeff operated the machine properly only after reading the manual carefully.

Jeff는 설명서를 꼼꼼히 읽고 나서 기계를 제대로 작동시켰다.

²⁰ facility ❸

[fəsíləti]

*복수형으로 많이 쓰임
혼 faulty 결함이 있는

명 시설, 설비

Our manufacturing facilities are expected to be operational by again this September.

생산시설은 이번 9월에 다시 작동 할 수 있을 것으로 예상된다.

 **Tip** 여기서 출제된다!　　TOEIC 어휘 출제포인트

❶ receive와 관련된 표현들은 반드시 시험에 나온다.
receive 받다, 수령하다　　receipt 영수증, 수령
reception 환영회, 접수처　　receptionist 접수 계원
ex a welcome reception for the new professor 신임 교수를 위한 환영회

❷ payment처럼 돈관련 표현들의 차이점은 다음과 같다.
■ payment 지불(금), 납입(금)
ex regard salary payment as the company's duty 임금 지불을 회사의 의무로 여기다
■ income 소득, 수입
ex My annual income is about $ 50,000. 저의 연 수입은 약 5만 달러입니다.
■ wage 급료, 임금
ex demand for wage increases 임금 인상에 대한 요구
■ salary 급여, 봉급
ex the average annual salary of Korean wage earners 한국인 급여 근로자의 평균 연봉
■ earning 소득, 수입
ex Earnings from overseas sales have increased. 해외 판매 수익이 증가했다.

❸ facility와 함께 쓰이는 표현들에 익숙해지자.
production facility 생산시설　　parking facility 주차 시설
storage facility 창고 시설　　manufacturing facilities 제조 시설
ex thoroughly inspect manufacturing facilities 제조 시설을 철저히 검사하다

21 charge ❶

[tʃɑːrdʒ]

비용[요금]을 매기다
- 파 **discharge** 방출하다
  surcharge 부가세

명 요금, 책임

Mr. Green is in charge of reviewing our sales performance for this month.

Green씨가 이번달 우리의 판매실적 검토를 맡고 있다.
〈*be in charge of ~을 맡고 있다, 담당하다〉

22 resident

[rézidənt]

- 파 **residence** 주택, 거주지
- 참 **tenant** 임차인

명 거주자

Residents of the town are encouraged to use public transportation.

도시 거주자들은 대중교통을 이용하도록 장려되고 있다.

23 dispose of ❷

[dispóuz]

- 파 **disposal** 처분, 폐기
- 유 **remove** 제거하다
  removal 제거

동 ~을 처분하다, 처리하다

Only licensed personnel may dispose of this material.

자격을 갖춘 인원만이 이 자재를 처리할 수 있습니다.

24 analysis

[ənǽləsis]

- 파 **analyze** 분석하다*
  analyst 분석가

명 분석

Stanley has informed me that he will conduct the budget analysis.

Stanley는 그가 예산분석을 수행할 것이라고 내게 알려왔다.

25 figure

[fígjər/ -gər]

- 파 **figure out** 이해하다
- 혼 **feature** 특징, 특색*

명 수치; 유명인사

The management was not satisfied with the latest sales figures.

경영진은 최근의 판매 수치에 만족하지 않았다. 〈*sales figures 판매수치〉

26 effort ❸

[éfərt]

노력하다
- 유 **struggle** 노력(하다)

명 노력

If your chair is damaged during this time, we will make an effort to replace it or refund it right away. 〈*right away 즉시〉

이 기간동안 의자가 손상된다면 즉시 교환해드리거나 환불해드리도록 노력하겠습니다.

27 assess

[əsés]

- 파 **assessment** 평가
- 혼 **access** 접근(하다)

동 평가하다(appraise)

It was hard to assess how much damage was done.

발생된 손실이 얼마나 되는지 평가하기는 어려웠다.

28 inventory
[ínvəntɔ̀ːri]

혼 invention 발명(품)

명 재고(품)

The financial consultant recommended that we introduce a new inventory control system.

재무상담사는 우리가 새로운 재고관리 시스템을 도입할 것을 권했다.

29 material
[mətíəriəl]

표 raw material 원자재*

명 재료, 자료

Production costs are expected to rise fast due to price increases of raw materials.

원자재 가격 상승때문에 생산비용이 빠르게 증가할 것으로 예상된다.

30 transfer
[trænsfə́ːr]

옮김, 환승
파 transferable 양도 가능한

동 옮기다, 갈아타다

I would like to be transferred to the human resources department. 나는 인사부서로 옮기고 싶다.

Tip 여기서 출제된다!   TOEIC 어휘 출제포인트

1 charge와 같은 각종 요금 관련 단어를 정리해두자.
- **charge** 요금, 책임; 값을 매기다
  - **ex** Handling charge is included in the bill. 수수료는 영수증에 포함되어 있습니다.
- **fee** 수수료, 봉사에 대한 요금
  - **ex** The parking fee is $ 4 an hour. 주차료는 한 시간에 4달러 입니다.
- **fare** 교통 요금
  - **ex** the fare for the round trip to Las Vegas 라스 베가스행 왕복 여행비용
- **fine** 벌금(을 부과하다); 훌륭한, 좋은
  - **ex** pay a heavy fine 과중한 벌금을 내다

2 dispose of처럼 시험에 잘 나오는 동사 어구에 주의하자.

break out 발생하다	run short of ~이 부족해지다	bring A to a halt A를 중단시키다
put in for ~을 신청하다	come to an end 종료되다	stand in for ~을 대신하다

- **ex** put in for a transfer to the new branch office 새로운 지사로 전근을 신청하다

참조 해석에 도움이 되는 전치사 어구들

in line with ~와 일치하여	at the latest 늦어도	with regard to ~에 관하여
in writing 서면으로	in search of ~을 찾아서	be at odds with ~와 사이가 나쁘다

  - **ex** tend to rise in line with Corporate profits 회사 수익에 따라 증가하는 경향이 있다

3 effort처럼 to부정사에 의해 수식을 받는 명사들을 알아두자.

effort toV ~할 노력	ability toV ~할 능력	chance toV ~할 기회
decision toV ~할 결정	way toV ~할 방법	right toV ~할 권리

  - **ex** the right to limit the quantities of raw materials 원자재의 양을 제한할 권리

31 aware of ❶
[əwέər]

[파] awareness 인지(도)*
[반] unaware 알지못하는

[형] ~을 알고있는, 알아차리는
Factory workers are aware of safety procedures.
공장근로자들은 안전절차를 알고 있다. 〈*be aware of ~을 알고있다〉

32 extend
[iksténd]

[파] extensive 넓은*
extension 연장, 내선(번호)

[동] 연장하다, 늘리다
The sales representative thought that extending business hours would be the best way to increase sales.
판매담당자는 영업시간을 늘리는 것이 판매를 증가시키는 최고의 방법이라고 생각했다.

33 luggage
[lʌ́gidʒ]

[표] baggage claim
(공항에서) 짐 찾는 곳

[명] 수화물(baggage)
Be sure to include your telephone number on the luggage tag.
수화물표에 당신의 전화번호를 꼭 기입해주세요.

34 various ❷
[vέəriəs]

[파] vary 다양하다, 다르다
variation 변동
[유] diverse 다양한

[형] 다양한(a variety of)
Our leisure facilities include various exercise machines, including a large swimming pool and great spa.
저희 레져 시설은 대형 수영장과 스파를 비롯하여 다양한 운동기구를 가지고 있습니다.

35 equipment
[ikwípmənt]

[파] equip ~을 갖추다*
[혼] environment 환경

[명] 장비, 설비
The sports equipment manufacturer developed a new line of athletic gear.
스포츠 장비업체는 새로운 운동기구를 개발했다. 〈*athletic gear 운동기구〉

36 persuade ❸
[pəːrswéid]

[파] persuasive 설득력있는

[동] 설득하다
The financial expert persuaded him to follow the supervisor's advice.
재정 전문가는 상관의 조언을 따르라고 설득했다.

37 publicity
[pʌblísəti]

[파] public 공적인
publicize 광고[발표]하다
[혼] popularity 인기

[명] 홍보, 평판
The repair shop has received positive publicity for a decade.
수리점은 10년동안 긍정적인 평판을 받아왔다.

38 appreciate

[əpríːʃièit]

파 appreciation 감사, 감상
반 depreciation 가치 하락

동 감사하다, 가치를 인정하다

We all appreciate your understanding in this matter.

이 문제에 대해 이해해 주셔서 우리 모두는 감사드립니다.

39 suggest

[səgdʒést]

파 suggestion 제안, 암시

동 제안하다

Analysts suggest updating our multimedia equipment.

분석가들은 우리가 멀티미디어 장비를 업데이트 시켜야 한다고 제안한다.

40 register

[rédʒistər]

유 sign up for 등록하다
put in for, enroll

동 등록하다, 신청하다(for)

We encourage all interested members of the society to register for the conference. 〈*register for ~에 등록하다〉

우리는 모든 관심있는 회원들이 회의에 등록하기를 독려합니다.

Tip 여기서 출제된다!　　TOEIC 어휘 출제포인트

1 aware of처럼 전치사와 잘 어울리는 중요 형용사표현들을 주목하자.

be accountable for ~에 대해 책임이 있다　be fluent in ~에 능숙하다
be appreciative of ~에 감사하다　be adequate for ~에 적합하다
be correspond with ~에 일치하는　be commensurate with ~와 잘 맞다
be similar to ~과 유사하다　be related to ~과 관련되다
참조 be eager to V ~하고 싶어하다　be likely to V ~할 것같다
　　 be willing to V 기꺼이 ~하다　be sure to V 반드시 ~할 것이다
　　 be difficult to V ~하기 어렵다　be surprised to V ~해서 놀라다

2 various처럼 수식하는 말과 수식받는 말의 수일치에 주의하자.

various (~~instructor~~, instructors) 다양한 강사들　　a variety of (issues, ~~issue~~) 많은 문제들
several (~~businessman~~, businessmen) 여러 사업가들
diverse (characteristics, ~~characteristic~~) 다양한 성격

참조 회사명에 -s가 붙는 경우는 단수취급한다.
ex INCOM electronics <u>is</u> scheduled to announce <u>its</u> plan to increase overseas production.
　　INCOM 전자는 해외 생산 증가 계획을 발표할 예정이다.

3 persuade는 다음과 같은 어법으로 주로 사용된다.

persuade + 목적어 + to부정사 〈목적어가 ~하도록 설득하다〉
ex persuade Susan to follow the expert's advice 전문가의 충고를 따르도록 Susan을 설득하다
참조 유사한 어법을 쓰는 동사들
　　 enable ~할 수 있게하다　ask 요구하다　　allow 허락하다　force 강요하다
　　 encourage 부추기다　expect 기대하다　advise 알려주다　compel 강요하다

a variety of
[vəràiəti]
표 variety 다양성, 각양각색

형 다양한(diverse)
There are a variety of reasons why customers prefer our products.
고객들이 우리 제품을 더 좋아하는 데에는 여러가지 이유가 있다.

be equipped with
[ikwípt]
참 equipment 장비, 설비

동 ～이 갖추어져있다
Kitchens are equipped with a garbage disposal unit to deal with food waste.
주방은 음식물 쓰레기를 처리할 수 있는 쓰레기 처리장치를 갖추고 있다.

by means of
[miːnz]
참 means 수단, 방법

전 ～에 의하여, ～으로
operate by means of an electronic system
전기 시스템으로 운영되다

in advance
[ədvǽns, -váːns]
참 in addition 게다가

부 미리(beforehand)
We should reserve rooms at least one month in advance.
우리는 최소 한 달 전에 예약해야한다.

reply to
[riplái]
유 respond to 응답하다

동 ～에 응답하다
reply quickly to questions from customers
고객의 질문에 신속히 답변하다

be in charge of
[tʃaːrdʒ]

동 ～을 책임지고 있다(be responsible for)
He is in charge of the public relations department.
그는 홍보부서를 책임지고 있다.

at no extra charge
[ékstrə]
참 at no charge 무료로

부 추가 비용 없이
Items can be exchanged at no extra charge.
품목들은 추가 비용 없이 교환 가능합니다.

board a flight
[bɔːrd]
참 boarding time 탑승시간

동 비행기에 탑승하다
We managed to board the flight. 우리는 가까스로 탑승했다.

turn out
[təːrn]

동 ～으로 판명되다(prove)
turn out to be damaged 피해입은 것으로 판명되다

prior to
[práiər]
*전치사 to에 주의
표 priority 최우선

전 ～이전에
New business owners must create a tax registration number prior to the start of business.
신규 사업주들은 사업 시작 전에 세금 등록번호를 발급받아야 합니다.

□ **find**
[faind]
참 find-found-found

동 찾다, 깨닫다
They found that efforts to change led to important improvements in their lives.
바꾸려는 노력이 그들의 삶에 중요한 향상을 가져왔다는 것을 깨달았다.

□ **found**
[faund]
참 found-founded-founded
파 foundation 설립, 토대

동 설립하다
They decided to found an insurance company.
그들은 보험회사를 설립하기로 결정했다.

□ **lay**
[lei]
참 lay-laid-laid-laying

동 ~을 놓다, 눕히다
They laid the foundations piece by piece.
그들은 조금씩 기반을 쌓았다.

□ **lie**
[lai]
참 lie-lay-lain-lying

동 놓여있다, 눕다
A woman is lying on the grass. 한 여성이 풀밭에 누워 있다.

□ **soar**
[sɔːr]
파 soaring 폭등하는
유 surge 급등(하다)

동 높이 치솟다, 폭등하다(mount)
Their 2010 profits have soared nearly 200 percent.
그들의 2010년 수익은 거의 200% 폭등했다.

□ **sore**
[sɔːr]

형 아픈, 통증이 있는
I have a sore throat. 목이 아파요.

□ **fare**
[fɛər]

명 (주로 교통관련) 요금
Train fares have increased in line with electric charges.
전기요금에 맞추어 기차 요금이 인상되었다.

□ **fair**
[fɛər]
공정한(↔unfair)

명 전시회, 축제
register for the technology fair 기술전시회에 등록하다

□ **owe**
[ou]
파 owing to ~때문에

동 빚지고 있다, 은혜를 입고 있다
We owe a lot to our parents. 우리는 부모님께 많은 빚을 지고 있다.

□ **own**
[oun] 자신의 (것)
파 owner 소유자

동 소유하다
The car will be towed away at the owner's expense.
그 차는 소유자 부담으로 견인될 것이다. 〈*tow ~을 견인하다〉

01 __ Please read the user manual thoroughly to ensure you install this software -------.

(A) positively
(B) properly
(C) decidedly
(D) absolutely

02 __ ------- to working at Megatracks, Mr. Wilson served as Acting Director of Consumer Relations.

(A) Earlier
(B) Ahead
(C) Prior
(D) Formerly

03 __ The registration deadline for the annual conference has been ------- to September 20.

(A) expanded
(B) progressed
(C) extended
(D) finished

04 __ All registered guests are eligible to use the hotel ------- such as the fitness center and swimming pool at no extra cost.

(A) products
(B) guidelines
(C) facilities
(D) procedures

05 __ In an ------- to improve staff productivity, the company decided to give a variety of incentives to employees.

(A) influence
(B) effort
(C) opinion
(D) objection

06 __ Please ensure that all new workers are ------- of safety procedures in the processing plant.

(A) persuasive
(B) timely
(C) aware
(D) outdated

정답 01.(B) 02.(C) 03.(C) 04.(C) 05.(B) 06.(C)

※ 추가 문제 및 보카테스트는 www.toeicvoca.com에서 제공합니다.

최우선순위 어휘편 〉 우선순위 어휘편 〉 중요 어휘편

DAY 05

1st week
최우선순위 어휘편

진단테스트 토익시험에 꼭 나오는 토익 어휘 리스트
Preview – 오늘 배울 토익보카에 대한 자신의 실력을 테스트해 보세요!

01. ☐ property	15. ☐ thoroughly	29. ☐ supply
02. ☐ access	16. ☐ infer	30. ☐ claim
03. ☐ revise	17. ☐ experienced	31. ☐ accompany
04. ☐ alternative	18. ☐ install	32. ☐ committee
05. ☐ relocate	19. ☐ dedicated	33. ☐ prepare
06. ☐ consist of	20. ☐ attach	34. ☐ issue
07. ☐ warranty	21. ☐ immediately	35. ☐ opinion
08. ☐ article	22. ☐ describe	36. ☐ defective
09. ☐ release	23. ☐ launch	37. ☐ notify
10. ☐ merchandise	24. ☐ opportunity	38. ☐ agency
11. ☐ coverage	25. ☐ corporate	39. ☐ depart
12. ☐ period	26. ☐ indicate	40. ☐ oppose
13. ☐ repair	27. ☐ mainly	
14. ☐ feature	28. ☐ concern	

01 property
[prápərti]

📵 intellectual property
지적 재산권

명 재산, 부동산

Property developers hesitate to build power plants near residential areas. 〈*area 분야, 지역〉

부동산 개발업자들은 주거지 근처에 발전소를 건설하는 것을 꺼려했다.

02 access ❶
[ǽkses]

접근하다
혼 assess 평가하다

명 접근, 이용권한

Donald has been informed that he can get direct access to the requested information.

Donald는 그가 요청한 정보에 직접 접근가능하다는 것을 통보받았다.

03 revise ❷
[riváiz]

📵 revised 수정된, 개정된
revision 수정, 개정

동 수정하다, 개정하다

The sales representative suggested revising the budget proposal.

영업담당자는 예산안을 수정해 줄 것을 제안했다.

04 alternative
[ɔːltə́ːrnətiv]

대신의, 대안이 되는
📵 alternate 번갈아 하다
참 alter 바꾸다, 변경하다

명 대안

We hope that you will consider an alternative available within our law firm.

저희 법률회사에서 현재 가능한 다른 직책을 고려해보시기 바랍니다.

05 relocate
[riːlóukeit]

📵 locate 위치시키다; 발견하다
location 위치

동 이전하다, 전근시키다

I recently relocated to Busan; Mr. Stein is expected to replace me.

최근에 부산으로 전근왔으며, Stein씨가 제 후임이 될 예정입니다.

06 consist of ❸
[kənsíst]

📵 consistent 일관된*
inconsistent 불일치된

동 ~으로 구성되다(be composed of)

The Landscaping Services Division consists of three separate departments.

조경 서비스부는 3개의 독립된 부서로 이루어져 있다·

07 warranty
[wɔ́(ː)rənti]

윤 guarantee 보장하다;
보증(서)

명 보증(서)

The warranty for the watch will expire 6 months after the date of purchase.

이 시계의 보증은 구입 후 6개월 후에 종료됩니다.

08 article

[áːrtikl]

표 an article of clothing
한 점의 옷

명 기사, 물품

The article says the reason for this price adjustment is a rapid increase in the cost of raw materials.
⟨*raw materials 원자재⟩

이와 같은 가격 조정의 이유는 원자재 가격의 급속한 상승때문이라고 기사는 보도했다.

09 release ④

[rilíːs]

발표하다, 출시하다
참 distribute 분배하다, 배분하다

명 발표, 출시

Riverside Community Center is proud to announce the release of a new book, River in City.

리버사이드 커뮤니티 센터는 「도시 속의 강」의 출간을 자랑스럽게 발표하고 있다.

10 merchandise

[máːrtʃəndàiz]

유 commodity 상품, 산물*

명 상품

All discounted merchandise can be found on the front shelf. 모든 할인 상품들을 정면 선반에서 찾아보실 수 있습니다.

 여기서 출제된다!   TOEIC 어휘 출제포인트

1 access처럼 명사뿐만 아니라 동사나 형용사로도 쓰이는 단어들에 주목하자.

firm 회사; 튼튼한, 확고한	charge 요금; 부과하다	raise 인상; 올리다
leave 휴가; 떠나다	respondent 응답자; 응하는	check 수표; 점검하다
potential 가능성; 잠재하는	deal 거래; 취급하다(with)	interest 이자, 흥미; 흥미를 갖게하다
book 책; 예약하다	help 도움; 돕다	present 선물; 현재의, 참석한; 제시하다
gain* 수익; 얻다(=obtain)	need 필요; 필요로하다	lack 부족; ~이 없다

ex gain access to ~의 접근 기회를 얻다 / make considerable gains 상당한 수익을 거두다

2 revise는 관련 표현도 시험에 자주 등장하니 묶어서 공부하자.

revised 개정된   ex revised policy/edition 개정된 정책/개정판
revision 개정, 수정   ex make a revision 개정하다, 수정하다

3 consist of와 include(포함하다)를 다음과 같이 구별하다.

consist of ~으로 구성되다   ex Water consists of hydrogen and oxygen.
물은 수소와 산소로 되어 있다.

include ~을 포함하다(타동사)   ex The meal includes coffee and dessert.
식사는 커피와 후식을 포함한다.

4 release처럼 명사와 동사의 모양이 하나인 단어들에 주의하라.

release 출시(하다)   offer 제공(하다)   concern 걱정(하다)   finance 재정; 자금을 공급하다
share 몫, 주식; 공유하다   demand 요구(하다)   market 시장; 판매하다   fund 자금; 자금을 공급하다

ex finance their child's college education 아이의 대학 교육비를 들이다

☐ article   ☐ release   ☐ merchandise

11 coverage
[kʌ́vəridʒ]

파 **cover** 보상하다, 보도하다, 다루다
표 **insurance coverage** 보험 보상범위

명 보상, 보도
Employees are eligible for medical insurance coverage.
직원들은 의료보험적용을 받을 수 있다.

12 period
[píəriəd]

파 **periodical** 정기간행물; 정기적인
periodically 정기적으로

명 기간
There is still one year remaining in the coverage period.
보상기간이 아직 1년 남아 있다.

13 repair
[ripɛ́ər]

파 **repairer** 수리공
참 **plumber** 배관공

동 수리하다
Every product under warranty is repaired for free.
보증 기간 중인 모든 제품은 무료로 수리됩니다.

14 feature ❶
[fíːtʃər]

~을 특징[특색]으로하다
파 **featured** 특색있는

명 특징, 특색(characteristic, trait)
This year' s Music Awards ceremony will feature "Best Song" awards chosen by the listeners.
올해의 음악 시상식에는 청취자들이 뽑은 "최우수 노래"들을 특색으로 합니다.

15 thoroughly
[θə́ːrouli]

파 **thorough** 철저한
혼 **though** 비록 ~이지만

부 철저히, 완전히(fully)
The supervisor read the contract thoroughly before signing it.
상관은 서명을 하기 전에 계약서를 꼼꼼하게 읽었다.

16 infer ❷
[infə́ːr]

참 **refer to** ~을 참고하다
reference 참고, 추천서

동 추정하다, 추론하다
What can be inferred from the information on the following form?
다음 양식에 있는 정보에서 무엇을 추정할 수 있는가?

17 experienced
[ikspíəriənst]

파 **experience** 경험(하다)
inexperienced 미숙한

형 경험많은, 숙련된(skilled)
Experienced workers dealt with the materials thoroughly.
경험많은 직원들은 자재를 철저하게 다루었다.

¹⁸ install ③

[instɔ́ːl]

파 installation 설치
혼 installment 할부*

동 설치하다
Please install anti-virus protection software to ensure the safety of the computer.

컴퓨터 안전을 책임지는 백신 프로그램을 설치해주세요.

¹⁹ dedicated ④

[dédikèitid]

파 dedication 헌신
유 devoted 헌신적인

형 헌신적인, 전념하는
Dedicated and experienced representatives put considerable effort in to formal training.

헌신적이고 경험많은 담당자들은 정식교육에 상당한 노력을 기울였다.

²⁰ attach

[ətǽtʃ]

파 attached 첨부된
반 detach 떼어내다*

동 첨부하다
We have attached detailed information on SMC software.

SMC소프트웨어에 관한 자세한 정보를 첨부했습니다.

Tip　여기서 출제된다!　　　TOEIC 어휘 출제포인트

❶ feature의 동사 뜻과 해석에 주의하자.
　ex The loans feature low interest rates and easier payment conditions than bank loans.
　　이 대출은 낮은 금리와 은행대출보다 유리한 상환조건을 특징으로 한다.
　　The upcoming expo will feature the latest products and services.
　　곧있을 박람회는 최신 제품과 서비스를 특징으로 할 것입니다.
　　참조 featured speaker 주요 발표자　　main feature 주요 특징

❷ infer처럼 시험의 문제 지문으로 자주 등장하는 표현에 익숙해지자.
　What can be inferred about the training? 교육에 대해 추론할 수 있는 것은 무엇인가?
　What is suggested in the article? 위 기사가 암시하는 것은 무엇인가?
　What is the author asked to do? 작가가 요청받고 있는 것은 무엇인가?

❸ install의 파상표현인 installment에 주의하자.
　installment (할부거래의) 납입금, 1회분　　installment payment 할부금
　pension installments 연금 불입금　　in monthly installments 매달 할부로
　ex Would you like to pay in full, or in installments?
　　　일시불로 하시겠습니까, 할부로 하시겠습니까?

❹ dedicated처럼 -ed모양의 형용사에 익숙해지자.
　devoted 헌신적인　　motivated 의욕적인　　involved 포함된, 연루된
　finished 완성된　　attached 첨부된, 부가된　　preferred 선호하는, 선호되는
　committed 헌신적인　　valued 소중한(precious)　　featured 특색있는
　ex the preferred means of public transportation 선호되는 대중 교통수단

---

21 immediately ❶
[imíːdiətli]

표 **immediate** 즉각적인
유 **promptly** 즉시

부 즉시(right away)

The CEO immediately decided to postpone the board meeting until next week.

최고경영자는 다음주까지 임원회의를 연기하기로 즉시 결정했다.

22 describe
[diskráib]

표 **description** 설명, 묘사

동 설명하다, 묘사하다

Our informative brochure describes the features and benefits of this product in detail. 〈*in detail 자세히, 상세히〉

유익한 소책자는 이 제품의 특징과 이점을 상세히 설명해준다.

23 launch
[lɔːntʃ, lɑːntʃ]

출시
유 **release, unveil** 출시하다

동 출시하다

What SMART Technologies wants is to launch their newest software at the trade fair.

SMART Technologies사가 원하는 것은 그들의 최신 소프트웨어를 무역 박람회에서 출시하는 것이다.

24 opportunity
[ápərtjúːnəti / ɔ̀pər-]

참 **chance** (우연한) 기회

명 기회

We hope that you will use this opportunity to improve your performance. 〈*opportunity toV ~할 수 있는 기회〉

여러분의 실적을 향상시키는데 이번 기회를 활용하시길 희망합니다.

25 corporate ❷
[kɔ́ːrpərit]

표 **corporation** 기업, 법인
참 **enterprise** 기업, 사업

형 회사의, 법인의

Corporate profits continue to increase.

회사 수익이 현재 계속 증가하고 있다.

26 indicate ❸
[índikèit]

표 **indicator** 지표
　indicative 나타내는

동 나타내다(show)

This study indicates that our product is more profitable than others on the market.

이 연구는 당사 제품이 시장의 타제품보다 수익성이 뛰어나다는 것을 보여줍니다.

27 mainly
[méinli]

표 **main** 주요한
참 **major** 주요한, 대다수의

부 주로

The speaker was mainly talking about advertising budgets.

연설자는 주로 광고예산에 대해서 말하고 있었다.

28 concern 

[kənsə́:rn]

파 concerned 걱정하는
concerning ~에 관한*

명 걱정

Please don' t hesitate to ask any questions concerning the product.

제품과 관련한 어떠한 질문도 주저하지 말고 문의해주세요.

29 supply ⑤

[səplái]

비품, 보급(품)
파 supplier 공급자

동 공급하다

The suppliers are currently trying to find replacements, and we will receive a shipment soon.

공급업체는 현재 대체품을 찾고 있으며, 우리는 곧 선적물을 받게 될 것이다.

30 claim

[kleim]

주장, 요구
표 file a claim
배상을 청구하다

동 주장하다, 요구하다

The customer claimed that many of the goods were damaged.

고객은 많은 상품이 파손되어 있었다고 주장했다.

Tip 여기서 출제된다! TOEIC 어휘 출제포인트

1 immediately와 함께 쓰이는 표현들에 주목하자.
immediately after ~직후   immediately upon arrival 도착 즉시
ex Please report on your progress immediately upon arrival.
　　도착 즉시 진행 상황에 대해 보고해 주세요.

2 corporate의 명사 corporation처럼 회사를 뜻하는 단어들
corporation, company, firm, business   **ex** run a family business 가족 사업을 운영하다

3 indicate의 파생표현인 indicative에 주목하자.
indicative 나타내는, 암시하는   be indicative of ~을 나타내다, 암시하다
ex Past performance is not indicative of future results.
　　과거의 성과가 미래의 결과를 나타내지는 않는다.

4 concern과 관련된 아래의 기출표현을 알아두자.
be concerned about ~에 대해 걱정하다, 우려하다
be concerned with ~와 관계가 있다, ~에 관심이 있다.
ex This manual is concerned with operating procedures.
　　이 매뉴얼은 작동 순서에 관한 것이다.

5 supply가 만드는 다음의 어법에 주의하자.
supply A with B = supply B to A 〈A에게 B를 제공[공급]하다〉
ex They supply us with raw materials. 그들은 우리에게 원자재를 공급한다.
　　= They supply raw materials to us.
　　참조 provide A with B = provide B for A 〈A에게 B를 제공[공급]하다〉

31 accompany [1]
[əkʌ́mpəni]

파 be accompanied by
~에 의해 동반되다

동 ~와 동반하다, 동행하다
The president was accompanied by his closest advisors.
회장은 최측근 고문들을 동반했다.

32 committee
[kəmíti]

혼 community 공동체

명 위원회
The committee has already made a decision about the location of the new manufacturing plant.
위원회는 새로운 제조공장의 위치에 대해 이미 결정을 내렸다.

33 prepare
[pripέər]

파 well-prepared 잘준비된

동 준비하다
Eddie analyzed the survey result in an effort to finish preparing for the presentation.
발표 준비를 마무리하고자, Eddie는 설문 결과를 분석했다.

34 issue [2]
[íʃuː / ísjuː]
발행하다

명 논쟁거리, 문제; (출판물의) 호
Elizabeth deals with technical and process related issues.
Elizabeth는 기술 및 프로세스와 관련된 문제들을 다룬다.

35 opinion
[əpínjən]

유 feedback 반응, 의견
표 public opinion 여론

명 의견
We look forward to receiving your opinion on the draft proposal.
제안서 초안에 관한 당신의 의견을 기다리겠습니다.

36 defective
[difέktiv]

파 defect 결함, 결점*
참 failure 결함
혼 deficit 부족, 적자*

형 결함있는
We will repair or replace defective products at no additional cost to you. 결함있는 제품은 추가비용없이 수리해드리거나 교환해드립니다.
I attached a copy of the survey report on the defective products. 불량품에 대한 보고서를 첨부하였습니다.

37 notify [3]
[nóutəfái]

파 notification 통지
유 inform 알리다

동 통지하다, 알리다
We are sorry for the delay in your order and we will notify you of shipment immediately.
귀하의 주문에 대해 지연되었음을 사과드리며, 선적하게 되면 즉시 알려드리겠습니다.

³⁸ agency
[éidʒənsi]

- 파 agent 대리인
- 표 employment agency 직업소개소

명 대행사, 대리점

I would appreciate your arranging for the rental with a local agency. 현지 렌트카 회사에 예약해주시면 감사하겠습니다.

As a travel agent, Leiter's job is informing the customers of their schedule.

여행사 직원으로서 Leiter의 업무는 스케줄을 고객들에게 알리는 것이다.

³⁹ depart
[dipá:rt]

- 파 departure 출발

동 출발하다

When purchasing a train ticket from the ticket machine, be sure to confirm your train's departure time.

승차권 발매기에서 열차 승차권을 구입할 때, 반드시 열차 출발 시간을 확인하세요.

⁴⁰ oppose
[əpóuz]

- 파 opposition 반대
  opponent 반대자*

동 반대하다(object to, be opposed to)

Residents had already begun to oppose the environmental plan. 거주자들은 이미 그 환경 계획을 반대하기 시작했다.

Tip 여기서 출제된다!　　　TOEIC 어휘 출제포인트

1 accompany는 타동사로써 특히 수동태일 때 해석에 주목하자.
be accompanied by ~을 동반하다

참조 숙어로 굳어진 수동태 표현들

be engaged in ~에 종사하다	be exposed to ~에 노출되다	be shocked at ~에 충격을 받다
be convinced of ~을 확신하다	be based on ~에 근거하다	be frightened at ~에 놀라다
be skilled in ~에 숙련되다	be amused at ~을 즐기다	be alarmed at ~에 놀라다
be tired of ~에 싫증나다	be worried about ~을 걱정하다	be associated with ~와 관련되다

2 issue가 지닌 동사 뜻에도 주의하다.
issue ① 논쟁거리, 문제 ② 발행(물), (잡지 등의) 호 ③ 발행하다
ex The police officer issued a parking ticket. 경찰은 주차위반 딱지를 발급했다.

3 notify는 다음과 같은 어법을 취한다.
notify + 사람 + of~ / that절~ 〈사람에게 ~을 알리다, 발표하다〉
ex They notified customers of a 10% discount event. 그들은 고객에게 10% 할인행사를 알렸다.

　　참조 announce는 다음과 같은 어법을 취한다.
　　announce + (to 사람) + that절~ 〈사람에게 ~을 알리다, 발표하다〉
ex They announced to customers that there is a 10% discount.
그들은 고객에게 10% 할인행사가 있다는 것을 알렸다.

make use of
[juːz]
참 useful 유용한

동 이용하다, 활용하다
Marian made use of her extensive work experience in marketing. Marian은 마케팅에 광범위한 업무 경험을 활용했다.

be opposed to
[əpóuzd]
유 object to 반대하다

동 ~에 반대하다
Nobody was opposed to the decision.
누구도 그 결정에 반대하지 않았다.

at least
[liːst]
참 at last 마침내

부 적어도
register for at least one program
적어도 한 개의 프로그램에 등록하다

be designed to V
[dizáind]

동 ~하도록 기획되다
The program was designed to meet the needs of customers.
프로그램은 소비자 요구에 부합하기 위해 기획되었다.

struggle to V
[strʌ́gəl]
유 endeavor 애쓰다

동 ~하려 애쓰다, 분투하다(strive)
struggle to survive in a competitive market
경쟁적인 시장에서 살아남으려고 애쓰다

be concerned about
[kənsə́ːrnd]
참 be concerned with
　　~와 관계(관심)가 있다

동 ~에 대해 염려하다, 근심하다
They were concerned about the disappointing results.
그들은 실망스러운 결과에 대해 염려했다.

no longer ~
[lɔ́ːŋər / lɔ́ŋər]
참 at no charge 무료로

부 더 이상 ~하지 않다
They no longer make their auto parts out of metal.
그들은 자동차 부품을 더 이상 금속으로 만들지 않는다.

enough to V
[inʌ́f]
참 enough 충분한

형 ~하기에 충분한
We have enough time to prepare for this presentation.
우리는 이 프리젠테이션을 준비하기에 충분한 시간을 가지고 있다.

carry out
[kǽri]
파 carry 운반하다
유 conduct 수행하다

동 수행하다
The marketing team will carry out market research soon.
마케팅 팀이 곧 시장조사를 수행할 것이다.

in order to V
[ɔ́ːrdər]
참 order 질서, 주문(하다)

부 ~하기 위해서(so as to V)
in order to issue refunds to customers
고객에게 환불해주기 위해서

□ **finished**
[fíniʃt]
파 finish 끝마치다

형 완성된, 끝난
the finished products and brochures 완제품과 브로셔(소책자)

□ **furnished**
[fə́ːrniʃt]
파 furnish 설비(제공)하다

형 가구가 비치된
a well-furnished room 가구가 잘 비치된 방

□ **traffic**
[trǽfik]
표 traffic jam 교통 정체

명 교통
be tied up in traffic 교통 체증에 걸리다(=be held up in traffic)

□ **tariff**
[tǽrif]
혼 terrific 굉장한, 훌륭한

명 관세
decide to extend the oil tariff cut for another six months
석유 관세 인하조치를 6개월 더 연장하기로 결정하다

□ **project**
[prədʒékt]
계획하다

명 계획, 사업
The project was cancelled due to budgetary constraints.
그 프로젝트는 예산 제약으로 취소되었다.

□ **projection**
[prədʒékʃən]

명 예상; 예상치
These figures indicate monthly sales projections·
이 숫자들은 한 달간의 예상 매출을 나타낸다.

□ **defect**
[difékt]
유 flaw, blemish 결점

명 결함, 결점
The new laptop was tested for possible defects.
새 노트북은 결함이 있는지 검사되었다.

□ **detect**
[ditékt]
파 detector 탐지기, 측정기
detective 탐정

동 탐지하다, 알아내다
detect and block the hacking programs
해킹 프로그램을 탐지하고 차단하다

□ **state**
[steit]
진술하다, 명시하다

명 상태, 상황
the current state of the company 회사의 현 상황
unless otherwise stated 달리 언급되지 않으면

□ **status**
[stéitəs, stǽtəs]

명 상황, 지위
I would like to check the status of my order.
나는 주문 상황을 알고 싶습니다.

□ **statue**
[stǽtʃuː]

명 동상, 상
the history of the Statue of Liberty 자유의 여신상의 역사

01 _ The sales representatives tried to demonstrate the camera's special ------- effectively.

(A) contracts (B) features
(C) concern (D) assess

02 _ All defective merchandise is under ------- and customers can receive a full refund.

(A) warranty (B) departure
(C) release (D) cover

03 _ If the head of the inventory department had ------- checked the stocks personally in the first place, there would be no problem.

(A) fluently (B) urgently
(C) personally (D) thoroughly

04 _ ------- after the accident, Pattra Automobiles introduced stricter safety precautions.

(A) Currently (B) Unexpectedly
(C) Briefly (D) Immediately

05 _ The company hasn't decided yet when to ------- an advertising campaign to promote the new athletic gear.

(A) resist (B) launch
(C) invest (D) raise

06 _ Some customers raised questions ------- the quality of the new sample merchandise.

(A) concerning (B) relating
(C) connecting (D) referring

정 답 01.(B) 02.(A) 03.(D) 04.(D) 05.(B) 06.(A)

※ 추가 문제 및 보카테스트는 www.toeicvoca.com에서 제공합니다.

최우선순위 어휘편 〉 우선순위 어휘편 〉 중요 어휘편

DAY 06

1st week
최우선순위 어휘편

진단테스트 토익시험에 꼭 나오는 토익 어휘 리스트
Preview – 오늘 배울 토익보카에 대한 자신의 실력을 테스트해 보세요!

01. ☐ identification	15. ☐ implement	29. ☐ refer to
02. ☐ renew	16. ☐ permit	30. ☐ anniversary
03. ☐ appointment	17. ☐ merger	31. ☐ division
04. ☐ lecture	18. ☐ compromise	32. ☐ once
05. ☐ assignment	19. ☐ latest	33. ☐ as scheduled
06. ☐ challenging	20. ☐ individual	34. ☐ qualified
07. ☐ productivity	21. ☐ maintenance	35. ☐ impressive
08. ☐ outstanding	22. ☐ effective	36. ☐ regulation
09. ☐ valid	23. ☐ conclusion	37. ☐ accept
10. ☐ honor	24. ☐ official	38. ☐ violation
11. ☐ reach	25. ☐ position	39. ☐ specific
12. ☐ guarantee	26. ☐ confident	40. ☐ take place
13. ☐ passenger	27. ☐ mention	
14. ☐ transportation	28. ☐ convenient	

01 identification
[aidèntəfikéiʃən]

피 **identify** 증명[확인]하다

명 **신분증, 신분확인**

Students may use their university identification card to access materials.

학생들은 대학 신분증을 이용하여 자료를 열람하실 수 있습니다.

02 renew
[rinjú:]

피 **renewal** 갱신, 재개발
표 **renewal contract** 계약기간 갱신

동 **갱신하다**

The contract will expire at the end of this month and need to be renewed.

계약은 이번달 말에 만료되며 갱신이 필요하다.

03 appointment
[əpɔ́intmənt]

피 **appoint** 임명하다
참 **disappointing** 실망시키는
disappointed 실망한

명 **약속; 임명**

Please make an appointment at least two weeks in advance of the date you hope to meet her. 〈*in advance 미리〉

그녀와 만나기를 원하는 날짜로부터 적어도 2주전에 미리 약속을 잡아주세요.

04 lecture
[léktʃər]

강의하다
피 **lecturer** 강사
참 **instructor** 강사

명 **강의**

All the staff were disappointed with his boring lecture about financial management. 〈*be disappointed with ~에 실망하다〉

재무관리에 대한 그의 지루한 강의에 직원들은 모두 실망했다.

05 assignment ❶
[əsáinmənt]

피 **assign*** 할당[배정]하다
assigned 할당된

명 **임무, 할당된 일[과업]**

After completing her assignment, Nora began work on a new project.

Nora는 할당된 일을 다 끝내고 나서 새 프로젝트에 착수했다.

06 challenging ❷
[tʃǽlindʒiŋ]

윤 **demanding** 힘든

형 **힘든, 어려운**

The vice president is planning to give the marketing manager a challenging assignment over the weekend.

그 부회장은 주말 동안에 마케팅 매니저에게 힘든 업무를 맡길 계획이다.

07 productivity
[pròudʌktívəti]

피 **productive** 생산적인
produce 생산하다; 농산물
혼 **product** 제품

명 **생산성**

Management found improving employee productivity very challenging.

경영진은 직원 생산성을 향상시키는 것이 아주 힘든 일이라는 것을 알았다.

08 **outstanding**

[àutstǽndiŋ]

미결제의, 미지불의

형 **훌륭한, 우수한**

LBA company awarded staff with outstanding attendance bonuses.

LBA사는 출석률이 뛰어난 직원들에게 보너스를 주었다.

09 **valid** ᠍

[vǽlid]

반 invalid 무효인
참 expire 만료되다

형 **유효한**

The ticket was no longer valid, so we had to exchange it for a new one at the travel agency.

〈*no longer... 더이상 ...하지 않다〉

그 티켓은 유효기간이 끝나서, 우리는 여행사에 새 것으로 교환해야 했다.

10 **honor**

[ánər]

존경(=respect)
표 in honor of ~을 기념하여

동 **존경을 표하다, 상을 주다**

Annually we honor one employee for his or her outstanding contribution to the firm.

매년 우리는 회사에 뛰어난 공헌을 한 직원에게 표창을 합니다.

Tip 여기서 출제된다!   TOEIC 어휘 출제포인트

1 assignment의 동사형 **assign**(할당하다, 배정하다)에 주목하자.
> **ex** An experienced detective was assigned to the case.
> 경험 많은 형사가 그 사건에 배정되었다.
> **참조** assigned 할당된, 배정된
> **ex** responsibilities of assigned tasks 할당된 업무에 따르는 책임

2 challenging처럼 -ing모양의 형용사에 익숙해지자.

remaining 남은	opposing 반대되는	lasting 지속적인
rewarding 보람있는	missing 분실한	existing 기존의
growing 증가하는	following 다음의	leading 선두의, 주도적인
emerging 떠오르는	demanding 까다로운	encouraging 격려하는

3 valid처럼 in-을 붙이면 반의어가 되는 중요단어들

| '부정(not)' 이란 뜻을 지닌 접두어 in- |

valid	⟹	invalid 무효인, 실효성이 없는	patient	⟹	impatient 참지 못하는
possible		impossible 불가능한	dependent		independent 독립의, 독자적인
properly		improperly 부적절하게	convenient		inconvenient 불편한
formal		informal 비공식적인	credible		incredible 믿기 어려운, 놀라운

기타 부정 접두어 in-은 다른 모습으로도 쓰인다.

| legal | ⟹ | illegal 불법의 | regular | ⟹ | irregular 불규칙적인 |
| relevant | | irrelevant 관계없는 | polite | | impolite 무례한 |

11 reach ❶

[riːtʃ]

㈊ arrive at, lead to
　～에 도달하다, 도착하다

동 ～에 도달하다, 도착하다

The two teams have not reached an agreement.

두 팀은 합의에 도달하지 못했다. 〈*reach an agreement 합의하다〉

12 guarantee

[gæ̀rəntíː]

보장, 보증(서)
참 warranty 보증(서)

동 보장하다(assure)

We guarantee a service call will be made within two days.

이틀 안에 상담전화가 갈 수 있도록 보장합니다.

13 passenger

[pǽsindʒər]

표 passerby 행인
　pathway 통행로

명 승객

Passengers are requested to wait in the lounge so we can make a speedy departure.

승객여러분들은 신속한 출발을 위해 라운지에서 대기해주기를 부탁드립니다.

14 transportation

[trænspərtéiʃən / -pɔːrt-]

표 public transportation
　대중교통

명 교통(수단)

Could you arrange transportation from the airport to the hotel?

공항에서 호텔까지의 교통수단을 미리 정해 주시겠습니까?

15 implement

[ímplimənt]

도구, 연장
㈊ carry out 실행하다

동 이행하다, 실행하다

We're thinking about implementing a new marketing plan to increase sales next quarter.

우리는 다음 분기의 판매량을 증가시키기 위해 새로운 마케팅계획을 실행에 옮기려고 생각하고 있다.

16 permit ❷

[pəːrmít]

허가증
파 permission 허락
참 pass 통행(권)

동 허가하다

Find out whether you need a permit from the building inspector in advance. 〈find out 찾아내다, 알아보다〉

미리 건물조사관으로부터 건물 허가증을 받아야 하는지 알아보세요.

17 merger

[mə́ːrdʒər]

파 merge 합병하다
참 emerge 나타나다

명 합병

Although they didn't reach an agreement, the press covered the merger of two companies.

아직 합의에 도달하지 않았지만 언론은 두 회사의 합병을 보도했다.

18 compromise ③

[kɑ́mprəmàiz / kɔ́m-]

타협하다, 합의하다
파 **promise** 약속(하다)

명 타협, 합의

It seemed likely to take time for the two sides to reach a compromise.

양측이 타협에 이르기까지 시간이 걸릴 것으로 보였다.

19 latest ④

[léitist]

유 **up-to-date** 최신의
참 **lately** 최근에

형 최신의(↔outdate)

We expect our customers to provide us with feedback on this latest model.

우리는 이번 최신 모델에 대한 고객의 반응을 기다리고 있습니다.

20 individual

[indivídʒuəl]

개인의, 개개의
파 **individually** 개별적으로

명 개인

Individual taxpayers are complaining that the new bill increases their tax burden too much.

⟨*taxpayer 납세자 / bill 청구서, 법안, 지폐⟩

개인 납세자들은 새 법안이 조세부담이 과도해진다고 불평하고 있다.

Tip 여기서 출제된다!　　TOEIC 어휘 출제포인트

1 **reach**는 타동사이므로 바로 목적어를 받는다.
　ex reach ~~at~~ the train station 기차역에 도착하다
　기타 **arrive at**이나 **lead to**는 둘 다 전치사를 필요로 한다.
　　　ex arrive at the train station 기차역에 이르다
　　　　 lead to economic improvement 경제 발전으로 이르다

2 **permit**(허가증)과 **permission**(허가)의 뜻차이에 주의하자.
　ex bear a parking permit 주차 허가증을 소지하다
　　　 have permission to enter the facility 시설물에 들어가도록 허가를 받다
　참조 **permit**은 셀 수 있는 명사, **permission**은 셀 수 없는 명사이다.
　　　ex get a parking permit 주차 허가증을 받다
　　　　 obtain permission for home renovation 주택 개조 허가를 받다

3 **compromise**처럼 com-접두어가 붙는 중요단어들
　| com-/co-/cor-은 '함께(together)' 라는 뜻을 지닌 접두어 |
　com(함께)+pose(놓다) → **compose** 구성(작성)하다,　co(함께)+operate(움직이다) → **cooperate** 협동하다
　com(함께)+pile(모으다) → **compile** 편집(정리)하다,　con(함께)+front(정면) → **confront** ~에 직면하다
　ex compile this quarter's travel expenses 이번 분기의 여행 경비를 정리하다

4 **latest**와 관련된 표현들은 다음과 같다.
　at the latest 늦어도 ↔ at the earliest 아무리 빨라도
　ex Frank will arrive tomorrow at the latest. Frank는 늦어도 내일은 도착할 것이다.

21 maintenance ❶
[méintənəns]
파 **maintain** 유지하다*

명 유지, 관리
Jack Field is in charge of building maintenance.
Jack Field는 건물 관리를 담당하고 있다.

22 effective ❷
[iféktiv]
파 **cost-effective** 비용효율적인

형 효율적인, 유효한
Individual memberships are just $50 a year and very cost-effective.
개인 회원권은 1년에 불과 50달러이고, 비용 효율적입니다.

23 conclusion ❸
[kənklú:ʒən]
파 **conclude** 결론짓다

명 결론
We have come to a satisfactory conclusion, which is that we should introduce a more effective maintenance system.
우리는 보다 효과적인 관리 시스템을 도입해야한다는 만족스러운 결론에 도달했다.

24 official
[əfíʃəl]
공무원, 관리
파 **officially** 공식적으로
참 **officer** 공무원, 담당자

형 공식적인(formal)
The company' s planning committee officially announced that several branches will be closed.
회사의 기획 위원회는 몇몇 지점이 문을 닫게 될 것이라고 공식적으로 밝혔다.

25 position
[pəzíʃən]
참 **proposition** 제안

명 직책, 입장
The government set out its official position on the key issue.
정부는 주요 문제에 대한 공식 입장을 밝혔다.

26 confident ❹
[kánfidənt / kɔ́n-]
파 **confidence** 확신, 신임
혼 **confidential** 기밀의

형 자신하는, 확신하는
I am confident that I can manage your sales team effectively. 나는 영업팀을 효율적으로 관리할 자신이 있습니다.
〈*I am confident that~ ~을 자신하다, 확신하다〉

27 mention
[ménʃən]
유 **state, cite** 말하다*
참 **note** 주의(주목)하다*

동 언급하다
The director mentioned that we must submit our time cards by 7 P.M.
부장은 우리가 오후 7시까지 타임카드를 제출해야 한다고 말했다.

28 convenient
[kənvíːnjənt]

파 convenience 편리
참 comfortable 편안한

형 편리한
Our hotel is conveniently located near the airport terminal.
우리 호텔은 공항터미널 근처에 편리하게 위치해있습니다.

29 refer to
[rifə́ːr]

파 reference 참고, 추천서

동 ~을 참고하다
For your convenience, we have attached a list of service centers for you to refer to.
편의를 위해서 참조하실 서비스 센터 목록을 첨부합니다.

30 anniversary
[æ̀nivə́ːrsəri]

참 celebration 축하
congratulate 축하하다

명 기념일
I referred you to Mr. Grey who is in charge of the upcoming anniversary celebrations.
곧 있을 기념일 축하 행사를 담당하는 Grey씨에게 당신을 소개했습니다.
〈*anniversary celebration 기념일 축하행사〉

Tip 여기서 출제된다!　　　TOEIC 어휘 출제포인트

1 maintenance와 관련된 주요표현들을 정리해두자.
　　maintenance staff 관리 직원　　　　car maintenance 자동차 정비
　　maintenance department 관리 부서　　call the maintenance 시설관리부서에 전화하다
　　ex We need to call the maintenance right away.
　　　　지금 당장 시설관리부서에 연락을 해야 할 것 같다.

2 effective(효과적인)와 effect(효과, 영향)의 품사를 구별하자.
　　ex The prices listed in the catalog are (effect, effective) as of the end of next month.
　　　　카탈로그에 명시된 가격은 다음 달 말까지 유효합니다.
　　참조 |effect관련 표현들|
　　　　have an effect on ~에 영향을 미치다　take effect 발효하다　　side effect 부작용
　　　　come[go] into effect 발효되다　　become effective 발효하다　in effect 효력있는, 실시된

3 conclusion관련 표현들은 다음과 같다.
　　in conclusion 결론적으로　　　　draw a conclusion 결론을 내리다
　　ex enough information to draw a conclusion 결론을 내리기에 충분한 정보

4 confident는 다음과 같은 형태로 많이 쓰인다.
　　① I am confident that~ ~을 자신(확신)합니다
　　② with a confident manner 자신 있는 태도로
　　③ confidentially located 편리하게 위치한(=confidentially placed)
　　참조 confident(자신있는)과 confidential(비밀의, 기밀의)의 뜻차이를 구별하자.
　　ex keep the (confident, confidential) document in a safe place 안전한 장소에 기밀문서를 보관하다

31 division

[divíʒən]

파 divide 나누다
참 dividend 배당금

명 부서

To make better use of manpower, the sales division encouraged all employees to attend the annual staff workshop. 〈*make use of ~을 활용하다〉

인력을 보다 잘 활용하기 위해서, 영업부는 모든 직원이 연례 직원 연수에 참석할 것을 격려했다.

32 once ❶

[wʌns]

한번
표 once an hour
시간마다 한번

접 일단 ~하면

Our products arrive within 7 days once the customer has placed an order. 〈*place an order 주문하다〉

일단 고객님이 주문하시면, 제품은 7일안에 도착합니다.

33 as scheduled ❷

[skédʒu(:)ld / ʃédju:ld]

파 schedule 일정(잡다)

부 예정된 대로

Despite her absence, the annual investors' conference will begin on time as scheduled. 〈*as scheduled 예정대로〉

그녀가 부재중임에도 불구하고, 연례 투자자 회의는 예정대로 정각에 시작될 것이다.

34 qualified

[kwálifàid / kwɔ́l-]

파 qualification 자격

형 자격을 갖춘, 적격의(eligible)

Qualified workers are scheduled to depart at 8 A.M.

자격을 갖춘 직원들이 8시에 출발하기로 되어있다.

35 impressive

[imprésiv]

파 impress 감동시키다

형 인상적인, 굉장한

Hyundai Motors will launch on impressive new line of 2012 models.

현대자동차는 굉장한 2012년형 신모델을 출시할 예정이다.

36 regulation ❸

[règuléiʃən]

파 regulate 규정하다
참 regularly 정기적으로

명 규정(guideline)

The factory's new safety regulations will be in effect as of next week.

공장의 새로운 안정 규정이 다음주부로 적용된다.

37 accept

[æksépt]

유 approve 승인하다
반 refuse 거절하다

동 받아들이다, 승인하다

I am pleased to accept your offer at a salary of $30,000 per annum.

연봉 3만 달러에 귀하의 제안을 기쁘게 받아들이겠습니다.

38 violation

[vàiəléiʃən]

- 파 violate 위반하다
- 표 traffic violation 교통위반

명 위반, 침해(infringement)

The rate of fine payment for traffic violations rose by 35 percent.

교통위반에 대해 부과된 과징금의 납부율은 35퍼센트로 증가하였다.

39 specific

[spisífik]

- 파 specification 명세서, 내역
  specify ~을 명시하다*

형 구체적인, 특정한(particular)

Can you be more specific about the information you need?

필요한 정보에 대해 좀 더 구체적으로 말씀해주시겠습니까?

40 take place ⁴

- 유 happen, arise 발생하다

동 일어나다, 발생하다(occur)

This show, designed specifically by Jacob, will take place at 8:00 P.M. on July 1 at Carnegie Hall.

Jacob에 의해서 특별히 계획된 공연은 카네기 홀에서 7월 1일 저녁 8시에 개최됩니다.

Tip 여기서 출제된다!   TOEIC 어휘 출제포인트

1 once는 부사뿐만 아니라 접속사로도 쓰일수 있다.
   ex Once you are confident that the company will keep its promises, there will be no trouble in reaching an agreement.
   회사측이 약속을 지킬 것이라고 확신한다면, 합의에 이르는 데는 문제가 없을 것이다.
   참조 once 관련 기타 표현
   at once 즉시, 당장
   ex Do at once what you think is right. 옳다고 생각하는 일은 당장 해라.

2 as scheduled와 같은 많이 쓰이는 관용표현에 주의하자.
   as promised 약속된 대로   as indicated 표시(지시)된 대로   as directed 지시된 대로
   as planned 계획된 대로   as instructed 지시된 대로   as discussed 토론되었듯이
   as mentioned 언급된 대로   as noted above 위에서 언급된 대로   as stated 언급된 대로
   ex We need to finish our news articles as directed. 지시대로 뉴스 기사를 끝내야 한다.
   참조 기타 as관련 표현들
   as usual 평상시대로   as it is 있는 그대로   as I said 내가 말한 대로

3 regulation과 함께 잘 쓰이는 표현들에 주의하자.
   safety regulations 안전 규정   customs regulations 세관 규정   follow regulations 규정을 준수하다

4 take place처럼 불규칙한 동사 변화형에 주의하자.

원형	과거	과거분사	원형	과거	과거분사
blow 불다	blew	blown	forget 잊다	forgot	forgotten
bring 가져오다	brought	brought	hold 개최하다	held	held

□ **at your earliest convenience**
[kənvíːnjəns]

부 형편 닿는 대로 빨리
Please reply at your earliest convenience.
형편 닿는 대로 빨리 답장해 주십시오.

□ **owing to**
[óuiŋ]
참 owe 빚지고 있다

전 ~때문에, ~로 인하여(on account of)
The accident took place owing to poor maintenance.
사고는 열악한 유지관리 때문에 발생했다.

□ **be willing to V**
[wíliŋ]
반 be unwilling toV

동 기꺼이 ~하려하다
They are willing to carry out market studies.
그들은 기꺼이 시장 조사를 수행하려 한다.

□ **be going toV**
[góuiŋ]

동 ~할 예정이다
When is the new branch office going to start?
새로운 지점은 언제 영업을 시작할 예정입니까?

□ **keep track of**
[træk]
참 catch up with 따라잡다

동 ~을 파악하다, 확인하다(↔lose track of)
You can keep track of the status of your order online.
온라인으로 당신의 주문 상태를 확인할 수 있다.

□ **be qualified for**
[kwáləfàid]
표 qualifications for
　~에 대한 자격

동 ~을 위한 자격을 갖추다(qualify for)
Bella is qualified for the sales representative position.
Bella는 판매원직을 위한 자격을 갖추고 있다.

□ **be afraid of**
[əfréid]

동 ~을 두려워하다, 걱정하다
be afraid of speaking to his boss
상사와 이야기하는 것을 두려워하다

□ **put off**
[put]
유 postpone 연기하다

동 미루다, 연기하다(delay)
STM Ltd. put off its board meeting.
STM사는 임원 회의를 연기했다.

□ **be impressed with**
[imprés]
참 impressive 인상적인

동 ~에 감명받다
Her colleagues were deeply impressed with her dedication to the company.
동료들은 회사에 대한 그녀의 헌신에 감명받았다.

□ **set up**
유 arrange, organize
　준비하다

동 세우다, 준비하다
We're impressed with your resume and would like to set up an interview.
당신의 이력서가 굉장히 인상적이라 면접을 보고 싶습니다.

최우선순위 어휘편
1 2 3 4 5 6 7

□ **devise**
[diváiz]
파 device 고안물, 장치

동 고안[궁리]하다(contrive)
The firm finally devised an effective solution to some complex problems.
회사는 마침내 몇몇 복잡한 문제에 대해 효과적인 해결책을 고안했다.

□ **revise**
[riváiz]
참 edit 편집[수정]하다

동 개정하다, 변경하다
It took a long time to revise our proposal.
우리의 제안서를 수정하는데 오랜 시간이 걸렸다.

□ **loose**
[lu:s]
표 come loose 느슨해지다

형 느슨한
ensure the handle doesn' t come loose
손잡이가 느슨해지지 않았는지 확인하다

□ **lose**
[lu:z]
파 loss 손실, 손해

동 잃어버리다
Airline personnel will lose their jobs if the firm closes down. 회사가 문을 닫는다면 항공사 직원들은 직장을 잃을 것이다.

□ **cloth**
[klɔ(:)θ]
표 tablecloth 식탁보

명 천, 직물
He cleaned the computer screen with a dry cloth.
그는 마른 천으로 컴퓨터 스크린을 닦았다.

□ **clothes**
[klouðz]
파 clothe 옷을 입히다

명 옷
Employees are encouraged to wear casual clothes.
직원들은 편한 옷차림을 입을 것을 권장받는다.

□ **lend**
[lend]
파 lending 대출

동 ~을 빌려주다
Could you lend me an umbrella 우산을 빌려줄 수 있으신가요?

□ **rent**
[rent]
임대료
참 lease 임대차 (계약)

동 (집, 차 등을) 빌리다, 임대[임차]하여 쓰다
Semira rented a compact car for business trip.
Semira는 출장을 위해 소형차를 빌렸다.

□ **diploma**
[diplóumə]
참 doctor' s degree
　　박사학위

명 졸업 증서, 학위
receive a diploma in physics 물리학 학위를 받다

□ **diplomat**
[dípləmæt]
파 diplomatic 외교(상)의

명 외교관
Our diplomat does his utmost to promote the nation' s image. 외교관은 국가의 이미지를 홍보하기위해 최선을 다한다.

01 The marketing director has absolute confidence in his team members' abilities and their -------.

(A) renewal　　　　　　(B) productivity
(C) economics　　　　　(D) harvest

02 The government official mentioned that increased tax deductions will be ------- as of August.

(A) challenging　　　　(B) diplomatic
(C) effective　　　　　(D) outstanding

03 Company headquarters are ------- located in the downtown area and surrounded by a variety of department stores.

(A) gradually　　　　　(B) delicately
(C) quickly　　　　　　(D) conveniently

04 ------- you receive my letter concerning the results of customer surveys, please inform me by phone or email.

(A) Due to　　　　　　(B) Since
(C) In that　　　　　　(D) Once

05 I believe I am highly ------- for the managerial position in the accounting field.

(A) successful　　　　　(B) reserved
(C) qualified　　　　　　(D) violated

06 If you can take part in the upcoming training session, please let me know at your earliest -------.

(A) probability　　　　　(B) convenience
(C) requirement　　　　　(D) conclusion

정답 01.(B)　02.(C)　03.(D)　04.(D)　05.(C)　06.(B)

※ 추가 문제 및 보카테스트는 www.toeicvoca.com에서 제공합니다.

최우선순위 어휘편 > 우선순위 어휘편 > 중요 어휘편

DAY 07

1st week

최우선순위 어휘편

진단테스트 토익시험에 꼭 나오는 토익 어휘 리스트
Preview – 오늘 배울 토익보카에 대한 자신의 실력을 테스트해 보세요!

01. ☐ affect	15. ☐ commitment	29. ☐ diverse
02. ☐ statement	16. ☐ development	30. ☐ reveal
03. ☐ audience	17. ☐ funding	31. ☐ illegal
04. ☐ majority	18. ☐ direction	32. ☐ essential
05. ☐ professional	19. ☐ estimate	33. ☐ ceremony
06. ☐ factor	20. ☐ reception	34. ☐ amount
07. ☐ exhibit	21. ☐ reject	35. ☐ feedback
08. ☐ deposit	22. ☐ domestic	36. ☐ on behalf of
09. ☐ intend	23. ☐ popularity	37. ☐ prefer
10. ☐ attract	24. ☐ vehicle	38. ☐ exception
11. ☐ worth	25. ☐ headquarter	39. ☐ temporary
12. ☐ assist	26. ☐ transaction	40. ☐ existing
13. ☐ import	27. ☐ matter	
14. ☐ environmental	28. ☐ personnel	

01 affect
[əfékt]

파 affection 애정
참 effect 효과, 효력

동 ~에 영향을 미치다(influence)

The contract with Maple Nature will not affect employee's job security.

Maple Nature사와의 계약이 직원들의 고용 안정에 영향을 미치지는 않을 것이다.

02 statement ❶
[stéitmənt]

파 state 명시하다; 상태*
참 monthly statement 월간 명세서

명 명세서, 성명(서)

Monthly bank statements will be sent out to the purchasing manager.

월간 은행 거래 명세서가 구매부장에게 발송될 것입니다.
⟨*bank statement 은행 거래 명세서 / financial statement 재무제표⟩

03 audience
[ɔ́:diəns]

참 audio-visual 시청각의
    audit 회계감사(하다)

명 관객

It was reported that the performance impressed the audience greatly.

그 공연은 관객들에게 깊은 인상을 주었다고 보도되었다.

04 majority ❷
[mədʒɔ́(:)rəti]

파 major 주요한, 중대한
반 minor 사소한

명 대다수, 대부분

The majority of people prefer secure investments.
⟨*the majority of 대다수의⟩

대다수의 사람들은 안전한 투자를 선호한다.

05 professional ❸
[prəféʃənəl]

전문가*
파 professionally 전문적으로

형 전문적인

Your professional skills and experience made you stand out from the rests.

당신의 전문기술과 경험으로 다른 이들 가운데에서 눈에 띄게 두드러졌다.

06 factor
[fǽktər]

유 element 요소
혼 sector 부문, 구역*

명 요인, 요소

Inflation was one of major factors that forced the Bank of Korea to increase interest rate. ⟨*interest rate 이자율, 금리⟩

인플레이션은 한국은행이 금리를 올리게하는 주요한 원인 중에 하나였다.

07 exhibit
[igzíbit]

전시품
파 exhibition 전시회

동 전시하다(display)

Beijing Museum will present an exhibition of European painters in the upcoming month.

베이징 박물관은 다가오는 달에 유럽 화가들의 전시회를 선보일 것이다.

08 deposit

[dipázit]

예금, 보증금
훈 **depot** 창고, 저장소

동 **예금하다, 보증금을 내다**

Your check has already been deposited.

당신의 수표는 이미 예탁되었다.

09 intend ④

[inténd]

표 **intention** 의향, 의지
참 **attention** 주의, 주목
intended recipient
해당 수취인

동 **의도하다**

This heating equipment is intended to replace old fireplace.

이 난방장치는 오래된 벽난로를 대신하기위해 의도된 것이다.
⟨*be intended to/for ~위해 의도(예정)되다⟩

10 attract

[ətrǽkt]

파 **attractive** 매력적인
attraction* 명소, 즐길거리

동 **끌다, 매혹시키다(lure)**

SmartPower intends to increase its Chinese business by attracting more investors.

SmartPower는 투자자들을 더 많이 끌어들임으로서 중국 사업을 키우려하고 있다.

Tip 여기서 출제된다!　　　TOEIC 어휘 출제포인트

1 **statement**관련 표현들은 다음과 같은 것들이 있다.
state ① 명시하다 ② 상태
mention ① 언급하다 ② 언급
converse with ~와 대화하다
account for ① 설명하다 ② 차지하다

2 **majority**는 **the majority of** ~의 형태로 많이 쓰인다.
the majority of ~의 대다수(=most of the~)
ex The majority of registered firms are small companies.
　　등록된 회사의 대부분은 소규모 기업들이다.

3 **professional**처럼 형용사뿐만 아니라 다른 품사로도 쓰이는 단어들에 주목하자.
initial 처음의; 첫 글자　　**individual** 개인의; 개인　　**representative** 대표하는; 대표자
objective 객관적인; 목적　　**alternative** 대안의; 대안　　**normal** 보통의; 표준, 평균

4 **intend**처럼 **-tend**어근을 쓰는 단어들을 살펴보자.
　-tend는 '뻗다(**stretch**)' 라는 뜻을 지닌 어근
tend toV ~하는 경향이 있다　　**ex** **tend to lean on the alcohol** 술에 의지하는 경향이 있다
attend 참석하다　　**ex** **attend the awards ceremony** 시상식에 참석하다
attend on 돌보다　　**ex** **attend on the baby** 아이를 돌보다
attend to 주의하다　　**ex** **attend to a lot of details** 세부 사항에 주의를 기울이다
intend 의도하다　　**ex** **intend to study abroad** 해외 유학을 하려고 생각하다

11 worth ❶
[w ə:rθ]
가치
파 worthy 가치있는

형 ~의 가치가 있는
It is worth extending your stay in China so that you can see all of the city' s attractions. ⟨*be worth ~ing ~할 가치가 있다⟩
도시의 명소를 모두 둘러볼 수 있도록 중국 체류 기간을 연장하실 만한 가치가 있습니다.

12 assist
[əsíst]
파 assistance 도움, 지원
　　assistant 보조자, 조교
반 resist 저항하다*

동 돕다, 지원하다
Your assistance will be greatly appreciated, and we are sure that you will also find it an enjoyable experience.
여러분의 도움은 아주 고맙게 생각될 것이며, 여러분께서 이것이 즐거운 경험임을 알게 되실 거라 확신합니다.

13 import
[impɔ́:rt]
반 export 수출하다
혼 important 중요한

동 수입하다
The government should consider raising oil import taxes to support the country' s energy policies. ⟨*support 지지하다, 부양하다⟩
정부는 국가 에너지 정책을 지원하기 위해 석유수입부과세를 인상하는 방안을 고려해야 한다.

14 environmental
[invàirənméntl]
파 environment 환경
참 ecology 자연환경

형 환경의
While there are various environmental problems, the environment has improved bit by bit since 1970s.
다양한 환경 문제가 있지만 1970년대 이후로 환경은 조금씩 개선되었다.

15 commitment ❷
[kəmítmənt]
파 be committed to
　　~에 헌신[전념]하다

명 헌신[전념], 약속
GM Motors has made a strong commitment to their main businesses.
GM 자동차는 회사의 주요 사업에 집중하는데 전념을 다해왔다.

16 development
[divéləpmənt]
파 developer 개발자
　　developed 발전된

명 개발, 발전
The press reported that the group had made an effort to develop its business after the merger. ⟨*press 기자단, 언론⟩
언론은 그 그룹이 합병 후에 사업을 발전시키기위해 노력했다고 보도했다.

17 funding ❸
[fʌ́ndiŋ]
파 fund 자금, 기금
　　fundraising 모금활동

명 자금 제공, 자금 지원
The new mayor raised fuel taxes and increased funding for the public transportation.
새로운 시장은 연료세를 올리고, 대중 교통수단을 위한 자금 제공을 늘렸다.

18 direction

[dirékʃən, dai-]

파 director 부장
directly 직접, 곧바로

명 방향, 지시

The president should be committed to guiding the rest of the government in the right direction.

대통령은 여타 정부 부문을 올바른 방향으로 이끌어 나가야 한다.

19 estimate ④

[éstəmèit]

추정[평가]하다
유 quote 견적(액), 시세

명 견적서, 추정치

The contractors had to submit estimates to the facilities manager by Friday.

계약자는 시설관리자에게 금요일까지 견적서를 제출해야만 했다.

20 reception

[risépʃən]

참 receptionist 접수원
receipt 영수(증)
recipient 수신자

명 환영회, 접수처

I would be so pleased to attend your reception on Monday, March 10.

3월 10일 월요일에 열리는 환영회에 참여하겠습니다.

Tip 여기서 출제된다!　　TOEIC 어휘 출제포인트

1 worth관련 표현과 해석에 주의하자.
be worth ~ing 〈~할 가치가 있다〉　　**be worth+비용** 〈~의 가치가 있다〉
ex The popular local recreation area is worth visiting.
현지의 유명한 유흥 장소는 방문할 가치가 있다.
Having health insurance is worth the expense.
건강 보험에 드는 것은 비용만한 가치가 있다.

2 commitment와 잘 쓰이는 전치사 to에 주목하자.
commitment to ~에 대한 헌신, 전념　　**make a commitment to** ~에 헌신하다, 전념하다
참조 전치사 to를 잘 쓰는 기타 표현들
dedication to work 업무에의 헌신　　**opposition to the postal strike** 우편파업에 대한 반대
contribution to society 사회에의 공헌　　**objection to the dismissal** 해고에 대한 반대

3 funding처럼 명사화 된 동명사와 해당 명사의 뜻차이를 구별하자.

funding 자금지원	fund 자금	advertising 광고업	advertisement 광고
ticketing 발권	ticket 티켓	meaning 의미	means 방법
marketing 마케팅	market 시장	covering 덮개	coverage 보상 범위

4 estimate가 동사로 쓰일 때, 해석에 주의하자.
estimate that ~라고 추정하다　　**it is estimated that** ~라고 추정되다
ex It is estimated that regional economic growth will continue.
지역 경제 성장이 계속될 것으로 추정된다.
기타 last가 동사(지속하다)로 쓰일 때, 해석에 주의하자.
ex The entire reading test will last 75 minutes. 전체 독해 시험은 75분간 지속될 것입니다.

21 reject [1]
[ridʒékt]

동 refuse 거절하다
　　turn down* 거절하다

동 거절하다

I am sorry to inform you that your application has been rejected.

당신의 신청서가 기각된 것을 알려드리게 되어 유감입니다.

22 domestic
[dəméstik]

반 international 국제적인
　　overseas 해외의*

형 국내의

It seems that investors are afraid of weak domestic sales.

투자자들은 저조한 국내 판매를 걱정하는 것처럼 보인다.

23 popularity [2]
[papjulǽrəti / pɔ̀p-]

파 popular 인기좋은
참 population 인구

명 인기, 평판

The rising popularity of imports is a big challenge to the group's domestic business.

수입품의 상승하는 인기는 그 그룹의 국내사업에 큰 도전 과제이다.

24 vehicle
[víːəkəl, víːhi-]

참 automobile 자동차

명 차량

Imported vehicles are still very popular in the domestic market. 국내시장에서 수입 차량은 여전히 매우 인기 있다.
Their vehicles were damaged beyond repair.

그들의 차량은 수리가 불가능할 정도로 망가졌다.

25 headquarter
[hédkwɔ̀ːrtər]

참 head 우두머리; 이끌다
　　branch 지점

명 본부, 본사

The headquarter delayed the opening of the new airport terminal due to several problems with the security system.

본사는 새로운 공항 터미널 개장을 보안 시스템의 몇몇 문제로 연기했다.

26 transaction [3]
[trænsǽkʃən, trænz-]

참 transfer 옮기다, 보내다
　　transition 변화, 추이
혼 translation 번역

명 거래, 업무

For international transaction, we only accept prepayment.

해외 거래에서는 선불만 받아들입니다.

27 matter [4]
[mǽtər]

중요하다

명 사안, 문제

More time is needed for the expert to make a decision on such a business matter.

전문가가 그 사업 사안에 대해 결정을 내리기 위해서는 더 많은 시간이 필요하다.

28 personnel

[pə̀ːrsənél]

표 personnel director 인사부장
혼 personal 개인의*

명 (집합적) 직원, 인원

The law firm is hiring qualified office personnel for the following positions.

그 법률회사는 다음과 같은 자리에 자격을 갖춘 사무직원을 모집합니다.

29 diverse

[dáivəːrs]

파 diversity 다양성
유 various 다양한

형 다양한(a variety of)

The exhibition features a diverse range of audio-visual materials.

전시회는 다양한 시청각 자료를 특징으로 한다.

30 reveal

[rivíːl]

참 discover 발견하다*
disclose 공개하다

동 드러내다(unveil)

The Health Ministry refused the civic group's request to reveal the inspection results.

보건부는 검사 결과를 공개하라는 시민단체의 요구를 거부했다.

Tip 여기서 출제된다!　　　TOEIC 어휘 출제포인트

1 reject처럼 -ject어근을 쓰는 단어들을 살펴보자.

-ject는 '던지다(throw)' 라는 뜻을 지닌 어근

reject 거절[거부]하다　　　subject 주제; ~되기 쉬운(to)
project 계획; 계획하다　　　object 목표, 대상; 반대하다(to)
be subject to ~하기 쉽다, ~의 대상이 되다
ex be subject to change 변하기 쉽다　　be subject to damage 손해 보기 쉽다

2 popularity와 함께 꼭 알아두어야 할 혼동 어휘들에 주목하자.

popularity 인기, 평판　　awareness 인지도　　　be aware of ~을 인지하다
public 대중의　　　　　public favor 대중의 선호　make public 발표하다
publication 출판물, 간행물　publicity 홍보, 평판

3 transaction처럼 trans-접두어를 쓰는 단어들을 살펴보자.

trans-는 '이쪽에서 저쪽으로' 라는 뜻을 지닌 어근

transform 바꾸다, 변화시키다　transplant 옮겨심다　　translate 번역하다
transfer 옮기다, 갈아타다　　transmit 보내다, 전달하다　transportation 운송수단
ex transmit required documents by fax 팩스로 구비 서류를 전송하다

4 matter처럼 명사뿐만 아니라 동사로도 쓰이는 단어들

process 과정; 처리하다　　head 우두머리; 이끌다　　recruit 신입사원; 모집하다
market 시장; 팔다　　　screen 스크린; 가려내다　concern 걱정; ~을 걱정시키다
access 접근; 접근하다　　suspect 용의자; 의심하다　delegate 대표자; 위임하다
ex recruit volunteers for charitable event 자선 행사를 위한 자원 봉사자를 모집하다

31 illegal ❶
[ilíːgəl]

반 legal 합법적인
참 outlaw 불법화하다

형 불법적인

Illegally parked vehicles will be towed away.

불법 주차 차량은 견인될 것입니다.

32 essential ❷
[isénʃəl]

유 necessary 필수적인*
참 necessity 필수품

형 필수적인(vital)

It is essential that detailed instructions be given to all employees in the sales division.

⟨*it is essential that... ...은 필수적이다⟩

상세한 지시사항이 판매부서의 모든 직원들에게 전달되어야합니다.

33 ceremony
[sérəmòuni / -məni]

참 funeral 장례식

명 의식

Anne will attend the director's welcoming ceremony, if possible.

가능하다면, Anne은 이사의 환영식에 참석할 것이다.

34 amount
[əmáunt]

참 abundant 많은

명 양, 액수

It was revealed that a large amount of company funds were illegally transferred. ⟨*illegally 불법적으로 / legal 합법적인, 법률의⟩

상당한 액수의 회사자금이 불법적으로 이체되었다는 것이 드러났다.

35 feedback
[fíːdbæ̀k]

유 opinion 의견
　comment

명 반응, 의견

We will receive customer feedback in seven days.

우리는 7일 후에 고객들의 의견을 받을 것이다.

36 on behalf of
[bihǽf]

유 in place of ~대신해서

전 ~을 대신하여

On behalf of the staff of William Hospital, thank you for your hard work.

William 병원직원을 대표하여 여러분의 노고에 감사드립니다.

37 prefer ❸
[prifə́ːr]

파 preference 선호(도)
　preferred 선호되는

동 선호하다, 더 좋아하다

He selected his preferred means of delivering exports on time.

수출화물을 적기에 운송하기위해 선호되는 수단을 선택했다.

³⁸ exception 🄳

[iksépʃən]

파 exceptional 뛰어난
표 except for ~을 제외하고

명 제외, 예외

There are to be no exceptions to the no smoking rule.

금연 규정에는 예외가 없습니다.

³⁹ temporary

[témpərèri / -rəri]

참 contemporary 동시대의
맨 permanent 영구적인

형 일시적인

All visitors are required to receive a temporary permit from security staff. 〈*visitor 방문자 / visit 방문하다〉

모든 방문객들은 경비원으로부터 임시 주차 허가증을 수령해야 합니다.

⁴⁰ existing

[igzístiŋ]

파 exist 있다, 존재하다

형 기존의

Temporary workers feel that the existing safety regulations are not effective.

비정규직 근로자들은 기존의 안전 규칙들이 효과적이지 않다고 느낀다.

Tip **여기서 출제된다!**　　　　TOEIC 어휘 출제포인트

1 illegal처럼 il-접두어를 쓰는 단어들

il-/in-/im은 '부정(not)' 이라는 뜻을 지닌 어근

illegal 불법적인　　improper 부적당한　　incorrect 부정확한　　incapable 무능한
informal 격식없는　　infinite 무한한　　irrelevant 관계없는　　incomparable 비교할 수 없는
illiterate 문맹의　　insensitive 둔감한　　irregular 비정기적인　　immoral 비도덕적인

2 essential와 같은 '~해야 한다' 는 뜻을 지닌 단어들 다음에는 아래와 같은 구문을 가진다.

의무, 제안의 표현 뒤 that 절에는 '(should)+동사원형'

It is essential that every staff member (should) follow safety procedures.

모든 직원은 안전 절차를 준수해야 합니다.

참조 의무, 제안의 뜻을 지닌 형용사들

essential, necessary, imperative(필수적인), natural(당연한), advisable(권할만한)
urgent(긴급한), desirable(바람직한), obligatory(의무적인), proper(알맞은)

3 prefer의 명사형인 preference와 잘 쓰이는 전치사

a preference for the plan 그 계획에 대한 선호

참조 기타 전치사 for와 잘 쓰이는 명사들

approval for the plan 그 계획의 승인　　　　a candidate for the position 그 자리의 후보자
a replacement for Charles 찰스의 후임자　　responsibility for the project 그 프로젝트에 대한 책임

참조 *prefer A to B　B보다 A를 더 좋아하다

4 exception과 함께 더불어 꼭 알아두어야 할 표현들

with the exception of ~을 제외하고　　　　*except for ~을 제외하고

have yet to V
[jet]

동 아직 ~해야 한다, 아직 ~하고 있지 않다
The cost of rebuilding has yet to be calculated.
재건 비용은 아직 계산되지 않았다.

above all
[əbʌ́v]
윤 especially 특히

부 무엇보다도
He insisted above all that the company install safety facilities. 그는 무엇보다도 회사가 안전 설비를 설치해야 한다고 주장했다.

be committed to
[kəmítid]
윤 be dedicated to

동 ~에 전념하다, 헌신하다(be devoted to)
Jack was committed to meeting the contract terms.
Jack은 계약 조건을 검토하는데 전념했다.

of no value
[vǽljuː]
혼 invaluable 매우 가치있는

형 가치없는(valueless)
Its stock became of no value. 그 주식은 가치가 없어졌습니다.

get along with
[əlɔ́ːŋ / əlɔ́ŋ]
참 along with ~와 함께

동 ~와 사이 좋게 지내다
Above all, you should get along with your colleagues.
무엇보다도 동료들과 사이좋게 지내세요.

come up with

동 생각해내다, 고안해내다
He finally came up with innovative ideas for our new campaign.
그는 마침내 새 캠페인을 위한 혁신적인 아이디어들을 생각해했다.

in detail
[díːteil, ditéil]
파 detailed 상세한

부 상세히, 자세히
describe the features of the new refining process in detail
새로운 정제 공정의 특징을 상세히 설명하다

~ worth of + 물건
[w əːrθ]
참 trustworthy 믿을 수 있는

형 ~가치의 물건
The firm decided to purchase $5,000 worth of equipment.
그 회사는 5,000달러 가치의 장비를 구입하기로 결정했다.

search for
[səːrtʃ]
파 search 탐색(하다)
표 in search of ~을 찾아

동 ~을 찾다(look for)
The police continue to search for any more hidden assets belonging to Mark.
경찰은 Mark가 은닉한 재산이 더 없는지 조사를 계속하고 있다.

at once
참 from now on 지금부터

부 당장
Do it at once and, above all, be punctual.
당장 해라, 그리고 무엇보다도 시간을 지켜라.

최우선순위 어휘편

1 2 3 4 5 6 **7**

□ **accept**
[æksépt]
⊞ approve 승인하다

동 받아들이다, 승인하다
accept my apologies for the delay
지연에 대한 나의 사과를 받아들이다

□ **except**
[iksépt]
표 except for ~을 제외하고

전 ~을 제외하고
The firm decided to cut 100 full time positions except for temporary personnel.
그 회사는 임시직을 제외한 100개의 정규직을 삭감하기로 결정했다.

□ **personnel**
[pə̀:rsənél]
인사부

명 (집합적) 직원, 인원
We had a meeting with the entire personnel.
우리는 전체 직원들과 회의를 가졌다.
Please contact the personnel department for further details. 추가 세부사항을 확인하시려면 인사부로 연락하십시오.

□ **personal**
[pə́:rsənəl]
파 personally 직접

형 개인의
Please be careful not to leave any personal belongings on this flight. 기내에 개인 소지품을 남겨 놓지 않도록 주의하세요.

□ **habitual**
[həbítʃuəl]

형 습관적인
We are concerned about Nelson's habitual smoking.
우리는 Nelson의 습관적 흡연에 대해 걱정하고 있다.

□ **habitat**
[hǽbítæt]

명 (동, 식물의) 서식지
Some of the species rarely survive outside their wild habitat. 몇몇 종은 야생 서식지 밖에서는 거의 살아가지 못한다.

□ **successive**
[səksésiv]
윤 consecutive 연이은

형 연속적인
She finally succeeded in walking 90 kilometers on two successive days. 그녀는 마침내 이틀 연속 90km 걷는데 성공했다.

□ **successful**
[səksésfəl]

형 성공적인
successful candidate 합격자, 당선자
unsuccessful candidate 불합격자, 탈락자

□ **inventory**
[ínvəntɔ̀:ri]
표 out of inventory
재고가 없는

명 재고(품), 재고 목록
improve inventory control and warehouse efficiency.
재고관리와 창고 효율을 개선하다

□ **directory**
[diréktəri]

명 전화번호부, 주소록
find her number in the employee directory
직원 주소록에서 전화번호를 찾다

01 __This year's conference is ------- to focus on developments in online banking technology.

(A) distributed
(B) affected
(C) intended
(D) attracted

02 __The Seoul Design Exhibition is expected to ------- many visitors to the city.

(A) attract
(B) reveal
(C) deposit
(D) capture

03 __According to a report released yesterday, having medical insurance is ------- the expense.

(A) worth
(B) worthy
(C) worthwhile
(D) worthiness

04 __------- behalf of the mayor, I appreciate your generous donation to this charity event

(A) to
(B) at
(C) for
(D) on

05 __The management and labor union finally reached an agreement that will improve the ------- benefits package.

(A) occurring
(B) existing
(C) maintaining
(D) rejecting

06 __James is scheduled to travel to Washington, D.C. next week, but Obama's attendance at the summit has ------- to be confirmed.

(A) until
(B) else
(C) yet
(D) up

정 답 01.(C) 02.(A) 03.(A) 04.(D) 05.(B) 06.(C)

※ 추가 문제 및 보카테스트는 www.toeicvoca.com에서 제공합니다.

Chapter 2
우선순위 어휘편

(📁 DAY 08 - DAY 14)

최우선순위 어휘편 > 우선순위 어휘편 > 중요 어휘편

DAY 08

2nd week
우선순위 어휘편

진단테스트 토익시험에 꼭 나오는 토익 어휘 리스트
Preview – 오늘 배울 토익보카에 대한 자신의 실력을 테스트해 보세요!

01. ☐ address
02. ☐ exclusively
03. ☐ favorable
04. ☐ compensation
05. ☐ regarding
06. ☐ shift
07. ☐ authorized
08. ☐ machinery
09. ☐ appeal
10. ☐ subscription
11. ☐ status
12. ☐ substantial
13. ☐ efficient
14. ☐ inquiry
15. ☐ concentrate on
16. ☐ remove
17. ☐ significant
18. ☐ capacity
19. ☐ session
20. ☐ evaluate
21. ☐ reduce
22. ☐ establish
23. ☐ initially
24. ☐ consistently
25. ☐ advanced
26. ☐ recruit
27. ☐ enroll
28. ☐ promptly
29. ☐ rapidly
30. ☐ confidential
31. ☐ particular
32. ☐ enclosed
33. ☐ cooperation
34. ☐ agenda
35. ☐ urgent
36. ☐ regular
37. ☐ organize
38. ☐ limited
39. ☐ term
40. ☐ volunteer

01 address
[ədrés]

주소, 주소를 쓰다, 보내다
표 deliver an address
연설하다

동 다루다, 연설하다
The online marketing conference will address the latest in content marketing training.

온라인 마케팅 워크숍에서는 최신 정보 마케팅 교육이 강연될 것이다.

02 exclusively ❶
[iksklú:sivli]

파 exclude 제외하다
exclusive 독점적인(sole)

부 독점적으로, 오로지(solely)
They exclusively deal in solutions to creative and attractive advertising strategies. 〈*deal in ~을 취급하다, 장사하다〉

그들은 독창적이고 매력적인 광고 전략을 독점적으로 다룬다.

03 favorable
[féivərəbəl]

혼 favorite 가장 좋아하는
반 unfavorable 불리한, 비판적인

형 호의적인, 유리한
We are hoping for your favorable response.

우리는 긍정적인 응답을 기대하고 있습니다.

04 compensation
[kampənséiʃən / kɔ̀m-]

파 compensate 보상하다
참 make up for 보상하다

명 보상, 보수
Attractive compensation packages including health care will be offered to successful applicants.

합격자에게는 의료보험을 포함한 매력적인 보상제도가 제공됩니다.

05 regarding ❷
[rigá:rdiŋ]

유 concerning ~에 관한*

전 ~에 관한
Please feel free to contact us if you have any questions regarding your work.

업무와 관련해서 궁금하신 점이 있으시면 맘 편히 연락해주세요.

06 shift
[ʃift]

바꾸다, 옮기다
표 nightshift 야간근무(자)

명 교대근무, 변화
Temporary workers must show their identification cards to the shift manager. 〈*shift manager 교대조 책임자〉

임시직원들은 교대조 담당 책임자에게 신분증을 보여주어야 한다.

07 authorized ❸
[ɔ́:θəràizd]

파 authorization 승인, 허가
authority 권한, 당국*

형 공인된, 허가된
If you have any problem with your mobile phone, please bring it to an authorized service center.

휴대전화에 문제가 발생하면, 공인된 서비스 센터로 가져오세요.

08 machinery ④

[məʃí:nəri]

때 machine 기계

명 기계류

Only qualified operators are eligible to use heavy machinery.

자격을 갖춘 사람만 중장비를 사용할 수 있다.

09 appeal

[əpí:l]

호소, 간청
때 appealing 매력적인
혼 appear 나타나다

동 호소하다, 마음을 끌다

Hyundai officials said the model has a variety of features that appeal to women's tastes.

현대차 관계자는 그 모델이 여성 취향에 호소하는 다양한 특징을 갖고 있다고 말했다.

10 subscription

[sʌbskrípʃən]

때 subscribe to~
~을 구독하다

명 구독

According to my monthly statement, my subscription to the magazine expires next month.

월별 명세서에 따르면, 나의 잡지 정기 구독이 다음 달 만기된다.

Tip 여기서 출제된다!　　　TOEIC 어휘 출제포인트

1 exclusively처럼 -clud(닫다)관련 어근을 쓰는 단어들

　-clud/clus는 '닫다(close, shut)' 라는 뜻을 지닌 어근

include 포함하다　　　exclude 제외하다, 배척하다　　　conclude 결론을 내리다
closet 벽장　　　　　disclose 들추어내다, 폭로하다　　　enclose 둘러싸다, 동봉하다
ex Is the handling charge included in the bill? 수수료는 영수증에 포함되어 있나요?

2 regarding처럼 '~관한' 관련 표현들을 다음과 같다.

regarding ~에 관한　　　dispute over ~에 관한 분쟁　　　in reference to ~에 관하여
concerning ~에 관한　　　report on ~에 관한 보고서　　　with reference to ~에 관하여
ex the factory regulation regarding work shifts 작업 근무교대에 관한 공장 규정

3 authorized와 함께 사람명사와 사물명사를 구별하자.

author 작가 – authorization 권한부여　　　illustrator 삽화가 – illustration 삽화
accountant 회계사 – account 회계　　　committee 위원회 – commitment 헌신, 전념
contributor 기부자 – contribution 기부　　　attendant 수행원 – attendance 참석, 출석
ex Unfavorable weather accounts for the low attendance levels.

　　낮은 출석률은 궂은 날씨 때문이다. (← 직역: 궂은 날씨가 낮은 출석률을 설명한다.)

4 machinery처럼 셀 수 있는 것처럼 보이지만 불가산 명사에 포함되는 명사들

machinery 기계류　luggage 수하물　　equipment 장비, 설비　　information 정보
stationary 문구류　weaponry 무기류　clothing 의류　　　　merchandise 상품
참조 (~~a,~~ the) machinery　　셀 수 없는 명사이므로 a나 an을 붙일 수 없다.
　　(~~machineries,~~ machinery) 셀 수 없는 명사이므로 복수형으로 쓸 수 없다.

11 status

[stéitəs, stǽtəs]

표 shipment status 배송상태

명 상황, 상태

You can check the status of your purchases on your Amazon homepage.

여러분의 아마존 계좌에서 구매품의 진행상황을 체크해보실수 있습니다.

12 substantial

[səbstǽnʃəl]

파 substantially 상당히
유 considerable 상당한

형 상당한, 많은

Some of the listed companies spent a substantial amount of funds to buy back their stock.

일부 상장기업들은 자사주 매입에 상당한 돈을 지출했다.

13 efficient

[ifíʃənt]

파 efficiency 효율, 능률

형 효율적인

She has strong leadership and efficient problem solving skills.

그는 강한 리더쉽과 효율적인 문제해결 기술을 가지고 있다.

14 inquiry ❶

[inkw áiəri]

파 inquire 질문[문의]하다
유 question 질문(하다)

명 질문, 문의

We received your e-mail this morning inquiring about the delivery status of your order.

주문품의 배송상태에 관해 문의하는 이메일을 오늘 아침에 받았습니다.

15 concentrate on

[kánsəntrèit / kɔ́n-]

파 concentration 집중

동 ~에 집중하다(focus on)

The scientists are concentrating on developing diverse and useful tools for efficient research.

과학자들은 효과적인 연구를 위한 다양한 수단을 개발하는데 집중하고 있다.

16 remove ❷

[rimú:v]

파 removal 제거
참 move 옮기다, 이사하다

동 제거하다(get rid of)

Why were these desks removed from the office?

왜 이 책상들을 사무실에서 치웠나요?

17 significant ❸

[signífikənt]

유 considerable 상당한
   substantial 상당한

형 상당한, 중요한

As time goes by, people in Korea spend significantly more on telecommunications than people in other countries.

시간이 갈수록, 한국사람들은 다른 나라에 비해 통신에 훨씬 많은 돈을 쓴다.

[18] capacity

[kəpǽsəti]

참 be capable of ~할수있다
유 be able to V ~할수있다

명 수용력, 능력

The manufacturing firm has been operating beyond capacity for several years. 〈*beyond capacity 능력 밖의〉

그 제조회사는 여러 해동안 버겁게 운영되고 있다.

[19] session

[séʃən]

참 semester 학기
표 training session
　교육 과정

명 기간, 과정; 회의

The Ministry of Environment held a special session on the serious problems of air pollution.

환경부는 심각한 대기오염 문제로 특별 회의를 열었다.

[20] evaluate [4]

[ivǽljuèit]

표 performance evaluation
　업무수행 평가

동 평가하다

The government has yet to make a decision, and will evaluate various situations. 〈*have yet to V ~해야 한다〉

정부는 아직 결정은 하지 않았으며, 여러 가지 상황을 고려할 것이다.

Tip 여기서 출제된다!　TOEIC 어휘 출제포인트

1 inquiry처럼 –y가 붙어 명사가 되는 단어들

inquire 질문하다 – inquiry 질문, 문의　　deliver 배달하다 – delivery 배달
injure 부상입히다 – injury 부상　　recover 회복하다 – recovery 회복

2 remove처럼 re-접두어를 쓰는 단어들을 살펴보자.
re-는 '다시(again), 뒤에(back)' 라는 뜻을 지닌 접두어

remove 제거하다, 치우다　　recover 되찾다, 회복하다　　resign 사임하다
resist 저항하다　　relocate 이전하다　　retain 보유하다
recycle 재활용하다　　return 돌아오다; 반품하다　　reform 개혁(하다)
ex relocate the company headquarters to China 본사를 중국으로 이전하다

3 significant처럼 '상당한' 을 의미하는 동의어들

significant　　considerable　　substantial　　huge
immense　　enormous　　tremendous　　vast
ex be faced with the huge budget deficit 막대한 예산 부족에 직면하다

4 evaluate의 명사형 evaluation과 함께 잘 쓰이는 복합명사

course evaluation 강의 평가　　performance evaluation 실적평가　　evaluation form 평가양식
참조 시험에 많이 나오는 복합명사들

pay increase 급여 인상　　marketing strategy 마케팅 전략　　return policy 반품 규정
reference letter 추천서　　insurance coverage 보험 적용범위　　expiration date 유효기간, 만기일
expansion project 확장 계획　insurance policy 보험 증서　　office efficiency 사무 효율성
ex extend coverage to losses not currently covered
　현재 수혜 대상이 아닌 손해까지 보상 범위를 확대하다

21 reduce ❶

[ridjúːs]

표 reduction 감소, 축소
혼 revise 수정하다

동 줄이다(curtail)

Management decided to reduce the annual operation budget.

경영진은 연간 운영 예산을 줄이기로 결정했다.

22 establish

[istǽbliʃ]

표 establishment 설립
　　established 확고한

동 설립하다

Regulations regarding work shifts were established.

작업 교대 근무와 관련된 규정이 세워졌다.

23 initially

[iníʃəli]

표 initiate 시작[착수]하다
　　initiative 발의, 창시

부 처음에(at first)

The reductions were initially scheduled to last for six months.

인하조치는 당초 6개월간 계속될 예정이었다.

24 consistently ❷

[kənsístəntli]

표 consistent 꾸준한, 지속적인
참 inconsistency 불일치

부 꾸준히, 지속적으로

Rose Law Firm has consistently provided helpful responses to tax questions since 2006.

Rose 법률사무서는 2006년부터 세금관련 질문에 도움이 되는 답을 꾸준히 제공해 왔다.

25 advanced

[ədvǽnst]

표 advance 진보, 발전
표 in advance 미리

형 고급의, 상위의; 진보된

The newly devised program helps users conduct advanced searches.

새로 고안된 프로그램은 이용자가 고급 검색을 할 수 있게 도와준다.

26 recruit ❸

[rikrúːt]

신입사원
표 recruiting 모집

동 모집하다(employ)

In Australia, companies are beginning to recruit temporary foreign workers.

호주에서 회사들이 임시 외국인 노동자들을 모집하기 시작한다.

27 enroll

[enróul]

표 enrollment 등록
유 register for 등록하다

동 등록하다(in)

All engineering design staff enrolled in the quality control seminar.

모든 공학 디자인 직원들은 품질관리 세미나에 등록했다.

28 promptly 4

[prámptli]

파 **prompt** 즉각적인
참 **quickly** 빠르게

부 즉시, 신속히

The candidates filled out their applications promptly.

지원자들은 신속히 신청서를 작성했다.

29 rapidly

[rǽpidli]

파 **rapid** 빠른, 신속한

부 빠르게

Consumer prices climbed at a rapid rate due to significantly higher import prices. 〈*customer prices 소비자물가〉

상당한 수입가격 상승으로 인해 소비자 물가가 빠르게 올랐다.

30 confidential

[kanfidénʃəl]

유 **classified** 기밀의, 분류된

형 비밀의, 기밀의

The department heads were asked to keep the auditor's report confidential.

부서장들은 감사 보고서 내용을 기밀로 해달라는 요청을 받았다.

 Tip 여기서 출제된다!　　TOEIC 어휘 출제포인트

1 reduce와 함께 잘 쓰이는 명사들에 주목하자.
reduce costs 비용을 줄이다　　**reduce expenses** 비용을 줄이다
reduce budget 예산을 줄이다　　**reduce tariffs** 관세를 인하하다
ex The original budget was reduced due to financial problems.
　　원래 예산이 재정상의 문제로 인하여 줄어들었다.

2 consistently처럼 -sist어근을 쓰는 단어들
　-sist는 '서다(stand)'라는 뜻을 지닌 어근
consist ~로 구성되다(of)　　**assist** 돕다(aid)　　**resist** 저항하다(withstand), 견디다
insist 주장하다(claim)　　**persist** 지속하다　　**exist** 존재하다, 실재하다
참조 **be consistent with** ~과 일치하다　　**be consistent in** ~하는데 시종 일관되다
　　ex The result was consistent with research. 결과는 조사와 일치했다.

3 recruit처럼 동사뿐만 아니라 명사로도 쓰이는 단어들
request 요청; 요청하다　　**release** 발매; 발표하다　　**respect** 존경; 존경하다
matter 문제; 중요하다　　**rush** 서두름; 서두르다　　**outline** 개요; 요약하다
supplement 보충; 보충하다　　**exhibit** 전시품; 전시하다　　**note** 메모; 주목하다

4 promptly와 함께 구별해야할 단어 **abruptly**
promptly 즉시, 신속히 – 신속하게 대응 할 때 쓰인다.
abruptly 갑자기, 뜻밖에 – 돌발적으로 일어난 상황에 쓰인다.
　　ex respond promptly to questions from clients 고객의 질문에 신속히 답변하다

31 particular
[pərtíkjələr]

파 **particularly** 특히
표 **in particular** 특히*

형 특정한

In **particular**, accountants are required to submit their revised schedules by the end of the week.

특히, 회계사들은 이번 주말까지 수정된 스케줄을 제출해야만 한다.

32 enclosed
[inklóuzd]

파 **enclose** 동봉하다
참 **envelope** 봉투

형 동봉된

Please see the **enclosed** resume for additional information.

추가정보는 동봉된 이력서를 보시면 알 수 있습니다.

33 cooperation ①
[kouapəréiʃən]

참 **collaborate** 협력하다
혼 **corporation** 기업

명 협조, 협력

Thank you for your **cooperation** on this matter.

이 일에 협조해 주셔서 고맙습니다.

34 agenda
[ədʒéndə]

표 **meeting agenda** 회의안건

명 안건, 의제

Some difficulties are expected since the meeting **agenda** also covers sensitive issues.

회의안건에 민감한 이슈가 포함되어 있는 관계로 상당한 어려움이 예상된다.

35 urgent
[ə́:rdʒənt]

파 **urgently** 긴급히
혼 **agent** 대리인

형 긴급한

The manager placed an **urgent** order directly so as to meet the deadline. ⟨*so as to V ～하기 위해서⟩

기한을 맞추기 위해서 매니저는 급히 주문을 했다.

36 regular ②
[régjələr]

단골
반 **irregular** 불규칙적인

형 정기적인, 규칙적인

Out of loyalty to our **regular** customers, we will not be increasing our fares until next year.

단골 고객에 대한 감사로, 저희는 내년까지 운임을 인상하지 않겠습니다.

37 organize
[ɔ́:rgənàiz]

파 **organization** 조직, 단체
표 **organizational skill** 조직력

동 조직하다, 정리하다

Dr. Teller suggested cooperating with another charitable **organization** on a regular basis. ⟨*on a regular basis 규칙적으로⟩

Dr. Teller씨는 다른 자선 단체와 규칙적으로 협력할 것을 제안했다.

38 limited
[límitid]

回 limitation 제한, 한정
回 unlimited 무제한의

형 제한된, 한정된

Access to confidential documents is limited to executive level staff.

기밀문서의 열람은 임원급 직원들만 할 수 있다.

39 term ③
[təːrm]

표 short-term 단기의
　 long-term 장기의

명 기간, 학기, 조건

Please remember that your license must be renewed annually before the term expires.

당신의 허가증은 말료되기전에 매년 갱신되어야 한다는 것을 기억하세요.

40 volunteer ④
[váləntíər]

지원자, 자원봉사자
참 voluntary 자발적인

동 지원하다, 자원봉사하다

Several of us in Human Resources regularly volunteer with this organization.

인사과 직원 중 몇몇은 규칙적으로 이 단체와 자원봉사를 하고 있다.

Tip 여기서 출제된다!　　TOEIC 어휘 출제포인트

1 cooperation과 잘 쓰이는 전치사 with에 주목하자.
cooperation `with` local companies 지역 회사들과의 협조
in cooperaton `with` ~와 협력하여
참조 compliance `with` instructions 지시 사항의 준수

2 regular와 관련된 기타 표현들은 다음과 같다.
regular schedule 정기 스케줄　　　　　regular assessment 정기 평가
on a regular basis 정기적으로　　　　　regular working hours 정규 근무 시간
check IT equipment regularly 정기적으로 IT 장비를 점검하다

3 term은 반드시 알아두어야 할 대표적인 다의어이다.

	단수형 tem	복수형 tems
뜻	기간, 학기, (전문) 용어	조건
예문	long-term 장기간의(↔short-term) a term in office 공직 임기 a summer term 여름 학기 a medical term 의학 용어	the terms of the contract 계약 조건 the terms of the agreement 합의 조건

참조 대표적인 토익 출제 다의어 **figure**
　　① 수치, 숫자　② 그림, 도표　③ (유명) 인사, 인물　**ex** a public figure 유명 인사

4 volunteer와 함께 구별해야할 파생 단어들
volunteer 지원자; 자원봉사하다　　　voluntarily 자발적으로　　　voluntary 자발적인
ex Jenny voluntarily takes care of some plants. Jenny는 자발적으로 화초를 돌본다.

make up for
동 ~을 만회하다, ~을 보상하다
make up for the increasing deficit 증가하는 적자를 만회하다

at a rapid rate
[rǽpid]
윤 rapidly 빠르게

부 빠른 속도로(quickly)
Corporate profits continue to increase at a rapid rate.
회사의 이윤이 빠른 속도로 증가하고 있다.

have difficulty ~ing
[dífikʌ̀lti]
참 difficulty 어려움
  obstacle 난관, 장애물

동 ~하는데 어려움을 겪다(have trouble ~ing)
I'm having difficulty booking our flights.
나는 우리 비행편을 예약하는데 어려움을 겪고 있다.

do one's utmost
[ʌ́tmòust]

동 최선을 다하다(do one's best)
The travel agent did his utmost to make the necessary arrangements. 그 여행사 직원은 필요한 준비를 하는데 최선을 다했다.

as soon as
참 as soon as possible
  되도록 빨리, 가능한 빨리

접 ~하자마자
We will conduct inspections as soon as we receive all the necessary documents.
필요한 서류들을 모두 받는 대로 검사를 행할 것이다.

divide A into B
[diváid]

동 A를 B로 나누다
divide our team into smaller groups
우리 팀을 더 작은 그룹으로 나누다

do business with
[bíznis]
표 run a business
  사업을 운영[경영]하다

동 ~와 거래하다
We hope to keep doing business with you in the future.
앞으로도 계속해서 거래하기를 바랍니다.

conform to
[kənfɔ́ːrm]

동 ~을 따르다, 준수하다(comply with)
conform to the policies of the corporation 기업 방침을 따르다

stick to
[stik]

동 ~을 고수하다, 지키다(adhere to)
We intend to stick to the consistent position of our government.
우리는 우리 정부의 일관된 입장을 고수할 생각이다.

instead of
[instéd]

전 ~하는 것 대신에
Instead of sticking to old formulas, schools worldwide need to update their education techniques.
옛날 방식에 집착하지 말고 전세계의 학교는 교육 방식을 새롭게 바꿀 필요가 있다.

consistent
[kənsístənt]
파 consistently
일관되게, 항상

형 일관된(↔inconsistent)
The President directed his government officials to be consistent in implementing government policies.
대통령은 공무원들에게 정부정책의 실시에 있어 일관성을 유지하라고 지시했다.

persistent
[pə:rsístənt]
파 persistently 끈질기게

형 끈기있는, 계속되는
the government's creative ideas and persistent negotiating efforts 정부의 창의적인 아이디어와 끈기있는 협상 노력

assistant
[əsístənt]
도움을 주는

명 보조자
The new administrative assistant is supposed to take care of general office duties for now. 〈for now 당분간〉
새로운 사무 보조가 당분간 일반적인 사무 업무를 책임지게 되어 있다.

---

tension
[ténʃən]

명 긴장
due to the increasing tension 증가하는 긴장때문에

tendency
[téndənsi]

명 경향
have a tendency to call at night 밤에 전화하는 경향이 있다

---

quite a few
[kwait]
혼 quiet 조용한

부 꽤 많은(plenty of)
Quite a few defective products were recalled.
꽤 많은 불량품이 회수되었다.

not a few

부 꽤 많은
Not a few manufacturers are considering relocating to China. 많은 제조회사가 중국으로 이전하는 것을 고려중이다.

---

excluding
[iksklú:diŋ]
참 exclude 제외시키다

전 ~을 제외하고
Committee members lack confidence excluding the chairman. 회장을 제외하고 위원회 맴버들은 자신감이 결여되어 있다.

including
[inklú:diŋ]

전 ~을 포함하여
be cancelled due to budgetary constraints including workforce 직원수를 포함하여 자금부족으로 취소되다

---

differ
[dífər]
파 different from ~과 다른

동 ~면에서 다르다(in), ~와 다르다(from)
Politicians differ in their views of the economic situation.
정치인들은 경제 상황에 대해 의견에서 달리하고 있다.

defer
[difə:r]
혼 deter 막다, 단념시키다

동 미루다, 연기하다
The executives deferred the final decision.
임원들은 최종결정을 연기했다.

01 __If you have any problems with the lawnmower, please don't hesitate to contact any ------- service center for immediate repair.

(A) sufficient
(B) authorized
(C) enclosed
(D) persistent

02 __A 30% discount is available ------- to all registered guests during the holiday season.

(A) mainly
(B) generously
(C) exclusively
(D) unusually

03 __The strategy was so successful that the company expects its second-half profits to exceed the figure for the first half -------.

(A) politely
(B) confidentially
(C) professionally
(D) substantially

04 __Due to financial problems, management finally decided to cut expenditures by ------- travel costs.

(A) repeating
(B) reducing
(C) resigning
(D) repairing

05 __Government inspectors will ------- monitor that plant's compliance with safety guidelines.

(A) lately
(B) regularly
(C) agreeably
(D) highly

06 __It was just reported that the present CEO of JK Airline would be running for another 3-year -------.

(A) terminal
(B) termed
(C) term
(D) terminology

정 답 01.(B)　02.(C)　03.(D)　04.(B)　05.(B)　06.(C)

※ 추가 문제 및 보카테스트는 www.toeicvoca.com에서 제공합니다.

최우선순위 어휘편 ▷ 우선순위 어휘편 ▷ 중요 어휘편

DAY 09

2nd week
우선순위 어휘편

진단테스트 토익시험에 꼭 나오는 토익 어휘 리스트
Preview – 오늘 배울 토익보카에 대한 자신의 실력을 테스트해 보세요!

01. ☐ extremely	15. ☐ adjust	29. ☐ revenue
02. ☐ destination	16. ☐ invoice	30. ☐ precaution
03. ☐ treat	17. ☐ modify	31. ☐ client
04. ☐ correct	18. ☐ distribute	32. ☐ employment
05. ☐ reflect	19. ☐ accomodate	33. ☐ commercial
06. ☐ demonstrate	20. ☐ extensive	34. ☐ examine
07. ☐ tenant	21. ☐ reward	35. ☐ match
08. ☐ expense	22. ☐ definitely	36. ☐ recover
09. ☐ actually	23. ☐ brochure	37. ☐ assemble
10. ☐ therapy	24. ☐ forecast	38. ☐ closely
11. ☐ grant	25. ☐ component	39. ☐ occupy
12. ☐ prevent	26. ☐ take over	40. ☐ invite
13. ☐ numerous	27. ☐ directly	
14. ☐ loan	28. ☐ entirely	

01 extremely
[ikstríːmli]

폐 extreme 극도의
혼 exclusively 독점적으로

부 극도로

The nation is quickly turning into an aged society with an extremely low birth rate.

극도로 출산율이 낮아지면서 빠른 속도로 고령화 사회로 접어들고 있다.

02 destination
[dèstənéiʃən]

참 attraction 여행명소
destiny 운명

명 목적지

Be sure to confirm your train's departure time and destination.

반드시 열차 출발 시간과 목적지를 확인하세요.

03 treat
[triːt]

폐 treatment 대우, 치료
유 deal with, handle 다루다

동 다루다, 치료하다

Some parents tend to treat their children's plans as suggestions and not commitments.

몇몇 부모는 자녀의 계획을 약속이 아닌 그냥 제안 정도로 취급하는 경향이 있다.

04 correct ❶
[kərékt]

정확한
반 incorrect 부정확한*
혼 collect 수집하다, 모으다

동 정정하다, 수정하다

I'd appreciate your cooperation in immediately correcting this error.

이 오류를 즉시 정정하도록 협력해주시면 감사하겠습니다.

05 reflect ❷
[riflékt]

폐 reflective 반영하는
reflection 반영, 반사

동 반영하다, 숙고하다

The first-quarter figure does not fully reflect current economic conditions.

1분기의 통계 수치는 현재의 경기 상황을 충분히 반영하지 못하고 있다

06 demonstrate
[démənstrèit]

폐 demonstration 설명, 시연

동 설명하다, 시연하다

Jeffries is expected to demonstrate a new product at the conference.

회의에서 Jeffries는 새 제품을 시연할 것입니다.

07 tenant ❸
[ténənt]

반 landlord 집주인
참 realtor 부동산중개업자

명 임차인

The previous tenant treated the apartment well and did not cause any major damage.

이전 임차인은 아파트를 잘 사용했고, 어떠한 심각한 손해도 끼치지 않았다.

08 expense 🔟
[ikspéns]

파 expensive 비싼
expend 지출하다

명 비용, 경비

The manager made an effort to reduce office expenses.

매니저는 사무비용을 줄이기 위해 노력했다.

09 actually
[ǽktʃuəli]

파 actual 실제의
유 factually 사실상

부 실제로, 사실상

Various programs for learning about Chinese culture will be offered at the center, free of charge except for actual expenses.

문화원에서는 중국문화를 배울 수 있는 다양한 프로그램이 실비 외에는 전액 무료로 제공되게 된다.

10 therapy
[θérəpi]

표 physical therapy 물리 치료
참 cure 치료하다(=heal)

명 치료

Our new hormone will be welcomed by users looking for a more effective and convenient therapy.

우리의 새 호르몬은 보다 더 효과적이고 간편한 치료제를 찾는 사용자에게 환영을 받을 것이다.

Tip 여기서 출제된다!   TOEIC 어휘 출제포인트

1 correct처럼 -rect어근을 쓰는 단어들을 살펴보자.

  -rect는 '바르게 이끌다(lead straight)' 라는 뜻을 지닌 어근

correct 바로 잡다; 올바른   direct 지시하다, 지도하다(lead, guide); 직접적인
erect 똑바로 세우다(=set up)   direction 지시, 방향

ex The marketing director had trouble giving directions to new employees.

마케팅 부장은 신입 사원에게 지시하느라 어려움을 겪었다.

2 reflect와 관련된 파생어와 표현에 주의하자.

be reflected on ~에 반영되다   be reflective of ~을 반영하다

ex The increase in our product prices is reflective of high oil prices.

제품가격 상승은 높은 유가를 반영하고 있다.

3 tenant와 관련된 어휘들

landlord 집주인   realtor 부동산 중개업자   lease 임대 계약서
real estate, property 부동산   rental space 임대 공간   rent 임대료

ex If you should decide to extend your lease, feel free to contact us at anytime.

임대 기간을 연장하기로 결정하신다면, 주저말고 언제라도 연락주세요.

4 expense관련 중요 표현들을 알아보자.

incidental expenses 부수적인 비용   expense accounts 지출 계좌   travel expenses 여행 경비
at owner's expense 소유자의 비용으로   cover the expense 비용을 부담하다   expense report 지출 보고서

ex Violator's vehicles will be towed away at the owner's expense.

위반 차량은 위반자의 비용으로 견인될 것이다.

11 grant ❶

[grænt, grɑ:nt]

보조금
표 **government grant**
정부 보조금

동 **주다, 수여하다**

Some farmers have continued to receive government grants which allows them to farm the land by traditional methods.

몇몇 농부들은 전통방식으로 땅을 일구도록 도와주는 정부 보조금을 받아왔다.

12 prevent

[privént]

파 **prevention** 예방
참 **protect** 보호하다*

동 **예방하다, 막다(prohibit)**

We have taken every possible measure to prevent additional losses.

추가 손실을 막기위해서 가능한 모든 조치를 취했다.

13 numerous

[njúːmərəs]

형 **수많은**

Our company has five research centers here, covering numerous areas of heavy industry. 〈*cover 보상하다, 보도하다, 다루다〉

저희 회사는 중공업과 관련된 수많은 분야를 관장하는 다섯 곳의 연구소를 두고 있다.

14 loan

[loun]

대출해주다
참 **rent** (유료로) 임대하다
rental 임대료

명 **대출(금)**

Local banks have reduced their corporate lending to small businesses instead of extending household loans.

국내 은행들이 가계 대출은 늘리고 중소기업 대출은 줄여왔다.

15 adjust ❷

[ədʒʌ́st]

파 **adjustment** 조절, 조정
참 **justify** 정당화하다

동 **조절하다; 적응하다(to)**

I will wait to hear from your supervisor within a week about adjustments to the price.

가격 조정에 대해 1주일 이내로 귀사의 상사로부터 연락이 있기를 기다리겠습니다.

16 invoice ❸

[ínvɔis]

표 **receive an invoice**
송장을 받다

명 **송장**

We will be reissuing our invoice. Please disregard the previous version.

청구서를 재발송하겠습니다. 전에 받으신 것은 무시하시기 바랍니다.

17 modify

[mɑ́difài / mɔ́d-]

파 **modified** 수정된
modification 수정, 변경
유 **amend** 수정하다

동 **수정하다(rectify)**

With just a few modifications, we could dramatically improve productivity and efficiency.

단지 약간의 변경만으로 우리는 생산성과 효율성을 상당히 향상시킬 수 있었다.

¹⁸distribute ④

[distríbjuːt]

파 distribution 유통, 배포
distributor 유통업자

동 유통시키다, 배포하다(hand out)

Our distributor will be happy to demonstrate the new model for you.

저희 유통업체가 여러분들을 위해 새로운 모델을 기꺼이 설명할 것입니다.

¹⁹accomodate

[əkάmədèit / əkɔ́m-]

파 accommodation 숙박(시설)

동 편의를 제공하다, 수용하다

If we make a reservation early, it will be possible to accomodate all the participants at Intercom Hotel.

만약 우리가 일찍 예약한다면, 모든 참가자들을 Intercom 호텔에 숙박시킬 수 있을 것이다. 〈*make a reservation 예약하다〉

²⁰extensive

[iksténsiv]

혼 expensive 비싼
intensive 집중적인
참 expense 지출, 비용

형 폭넓은, 광범위한

I am afraid that I am unable to provide you with the level of extensive information you need.
〈*I am afraid that ~이어서 유감이다〉

유감이지만 당신이 필요로 하는 광범위한 정보를 제공할 수 없습니다.

Tip 여기서 출제된다!　　TOEIC 어휘 출제포인트

1 grant관련 주요 사항들은 다음과 같다.
4형식인 grant가 수동태가 되었을 때 해석에 주의하자.
ex The company will grant Jason a full time job in the shipping department.
　　수동태⇒ Jason will be granted a full time job in the shipping department (by the company).
　　　　Jason은 운송 부서의 정규직을 받게 될 것이다.
take A for granted 〈A를 당연한 것으로 여기다〉
ex We tend to take parent's love for granted.
　　우리는 부모님의 사랑을 당연한 것으로 여기는 경향이 있다.

2 adjust가 이끄는 다음의 어법을 잘 익혀두자.
자동사 **adjust to** 〈~에 적응하다, 맞추다〉
　　ex adjust to the new work environment 새로운 근무 환경에 적응하다
타동사 **adjust A to B** 〈A를 B에 적응시키다, 맞추다〉
　　ex adjust themselves to the rapidly changing financial industry environment
　　　그들 스스로를 급변하는 금융 산업 환경에 적응시키다

3 invoice와 관련된 연계 표현은 다음과 같다.
invoice 송장　　bill 계산서, 청구서　　check 계산서, 수표
receive an invoice 송장을 받다　　Could I have our check? 계산 좀 해주세요.

4 distribute처럼 출시에서 유통되는 과정은 다음과 같다.
launch → order → mass production → convey → distribution
출시　　　주문　　　대량생산　　　운반　　　분배

21 reward ❶

[riwɔ́ːrd]

보답, 보수
파 **rewarding** 보람있는

동 **보답하다**

It provides an efficient way to measure employee progress and reward dedicated employees.

이것은 직원의 진척 상황을 측정하고, 헌신적인 직원에 보상을 해주는 효과적인 방법을 제공하다.

22 definitely

[défənitli]

파 **definite** 분명한, 확실한
유 **surely** 분명히, 꼭

부 **분명히, 확실히**

We are sure that you will definitely find it an enjoyable and rewarding experience. 〈*be sure that~ ~을 확신하다〉

우리는 여러분께서 이것이 즐겁고 보람있는 경험임을 분명히 알게 될것이라 확신합니다.

23 brochure

[brouʃúər, -ʃɔ́ːr]

참 **pamphlet** 팜플렛, 소책자
　　flyer 전단지

명 **브로셔, 소책자(booklet)**

I would like to get a brochure showing detailed information about your product.

귀사의 제품에 관한 자세한 정보를 보여주는 브로셔를 받고 싶습니다.

24 forecast ❷

[fɔ́ːrkæst]

예상하다, 예보하다
참 **foresee** 예견하다

명 **예상, 예보**

According to the weather forecast, it will rain on the anniversary celebration.

일기예보에 따르면 기념일 축하행사때 비가 올 것이다.

25 component

[kəmpóunənt]

파 **compose** 구성하다
참 **oppose** 반대하다

명 **부품, 구성요소(part)**

We need to replace old components to meet new safety standards.

우리는 새로운 안전 기준을 만족시키기위해 오래된 부품을 교체할 필요가 있다.

26 take over

참 **takeover** 인수*
　　takeoff 이륙

동 **인수하다, 떠맡다(undertake)**

Jim White will take over my place and will be responsible for order processing.

Jim White가 후임이 되어 주문 처리를 담당할 것입니다.

27 directly

[diréktli, dai-]

파 **direct** 직접적인;
　　안내[지시]하다

부 **직접, 곧바로**

The information has been forwarded to the purchasing manager, and so you may hear directly from her.

자료는 구매부장에게 넘겨졌고, 그녀로부터 직접 연락을 받게 될수 있겠습니다.

28 entirely
[intáiərli]

패 entire 전체의
유 completely 완전히*

부 전적으로, 완전히

I am afraid I can't entirely agree with your decision.

유감이지만 나는 당신의 결정에 완전히 동의할 수 없습니다.

29 revenue
[révənjù:]

혼 venue 개최지, 발생지

명 수입

Company executives met with an analyst to discuss the total revenue for the year.

그 회사 임원들은 분석가와 연간 총 수입을 논의하기위해 만났다.

30 precaution ❸
[prikɔ́:ʃən]

패 cautious 주의하는*
참 anxious 걱정하는

명 조심, 예방조치

We recommend that you take safety precautions to protect your property. 〈*take safety precautions 안전예방조치를 취하다〉

여러분의 재산을 보호하도록 안전 예방 조치를 취하시길 권고합니다.

Tip 여기서 출제된다!　TOEIC 어휘 출제포인트

1 reward관련 표현들은 다음과 같은 것들이 있다.

give rewards 상을 주다　　　　　considerable rewards 상당한 보수
offer a big reward 큰 보상을 주다　　rewarding 보람있는

ex We hope that you will find participation in this program an rewarding experience.

여러분께서 이 프로그램에 참여하는 것이 보람있는 경험임을 알게 되실 거라 확신합니다.

2 forecast처럼 fore-접두어를 쓰는 단어들을 살펴보자.

fore-는 '이전의, 앞의' 라는 뜻을 지닌 접두어

foreman 주임, 책임자　　forehead 이마(brow)　　　foremost 선두의, 최고의(first)
foretell 예언하다　　　　foresee 예견하다(predict)　　foreseeable 예견할 수 있는

ex Kelly was a night shift foreman during the construction of the train station.

Kelly는 기차역 공사 동안에 야간 교대 주임이었다.

3 precaution처럼 함께 잘 쓰이는 복합명사들에 익숙해지자.

safety precaution 안전 예방조치　safety procedure 안전 절차　profit margin 수익, 이윤
production figures 생산 실적　　　production facilities 생산시설　reference letter 추천서

참조 pre-는 '이전의, 앞의' 라는 뜻을 지닌 접두어

precaution 예방　　　　predict 예측하다　　prescribe 처방하다
preface 머리말(foreword)　prepare 준비하다　　previous 이전의(former)
prevent 예방하다, 막다　　preserve 보존하다　　precede ~보다 앞서다, 선행하다

ex They launched efforts to preserve wild plants for next generation.

다음 세대를 위해 야생 식물을 보존하려는 노력을 시작했다.

31 client ❶

[kláiənt]

윤 customer 고객

명 고객

TNA Consulting has been offering research and consulting services to both domestic and overseas clients for many years.

TNA 컨설팅회사는 오랫동안 리서치와 컨설팅 서비스를 국내외 고객에게 제공했다.

32 employment

[implɔ́imənt]

반 unemployment 실업
표 employment agency 직업소개소

명 고용

The increase in employment figures is considered a positive sign for the country's economy.

고용 수치의 증가는 국가 경제에 긍정적인 표시로 간주된다.

33 commercial ❷

[kəmə́:rʃəl]

광고
파 commerce 상업, 교역
혼 commence 시작하다

형 상업적인

Commercial banks are interested in the commercial property.

상업 은행은 상업용 부지에 관심을 두고 있다.

34 examine

[igzǽmin]

파 examination 조사

동 조사하다

Carefully examine the costs and features that are available across several different contracts.

각각의 계약에서 가능한 가격과 특징을 자세히 조사하세요.

35 match

[mætʃ]

윤 suit 맞다, 어울리다
fit (칫수가) 맞다

동 ~와 맞다, 어울리다

Current standards match those of the United States, according to the technicians.

기술자들에 따르면 현재의 표시기준은 미국의 표준에 따르고 있다고 한다.

36 recover

[rikʌ́vər]

파 recovery 회복, 쾌유
참 restore 복구하다

동 회복하다

I do hope you will take good care of yourself and recover soon. 당신이 몸을 잘 돌보아 곧 회복되기를 간절히 희망합니다.
⟨*take care of ~을 잘 돌보다, 잘 지내다⟩

37 assemble

[əsémbəl]

파 assembly 조립

동 조립하다

Last week the maintenance team repaired a lot of equipment on the assembly line. ⟨*a lot of 많은(=lots of)⟩

지난주 유지보수팀은 조립라인의 많은 장비를 수리했다.

38 closely ③

[klóusli]

참 closure 폐쇄*
   disclose 공개하다

부 면밀히

The network administrator has closely examined the attached document.

네트워크 관리자는 첨부된 문서를 면밀히 검토했다.

39 occupy ④

[ákjəpài]

파 occupation 직업, 점령
   occupied 사용중인
   occupant 점유자

동 차지하다, 종사하다

About 70 percent of office buildings are occupied at the moment.

사무빌딩은 약 70퍼센트가 현재 입주된 상태다. 〈*at the moment 현재〉

40 invite ⑤

[inváit]

파 invitation 초대(장)
표 be invited toV *
   ~하라고 권유받다

동 초대하다

You are cordially invited to a party to be held on Monday, June 20. 6월 20일 월요일에 열리는 파티에 당신을 초대합니다.

They were cordially invited to attend the Welcome Reception on Friday night.

그들은 금요일 밤에 열리는 환영 리셉션에 참석하길 권유 받았다.

Tip 여기서 출제된다!　　　TOEIC 어휘 출제포인트

1 client와 같은 각종 '고객' 관련 어휘들
client (변호사나 은행 등의) 고객　　customer (물품을 구입하는) 고객
ex Sales clerks responded promptly to questions from customers.
판매 직원들은 고객의 질문에 신속히 답변했다.

2 commercial은 '광고(advertisement)' 라는 뜻으로도 많이 쓰인다.
television commercial 텔레비전 광고　　commercial message 광고 방송(CM)
ex Stay tuned for more updates on traffic and weather for this week after this short commercial break.
짧은 광고 후에 교통과 이번 주 날씨에 관한 최신 업데이트가 있으니 채널을 고정 해주세요.

3 closely와 함께 잘 쓰이는 표현들
closely + examine
      + inspect　　〈면밀히 조사하다〉
*closely는 주로 '조사하다, 살피다' 라는 단어들과 잘 쓰인다.

4 occupy처럼 함께 잘 쓰이는 복합명사들에 익숙해지자.
occupancy rate 점유율　　consumer loan 소비자 대출　　attendance record 출석률
delivery company 운송 회사　　exchange rate 환율　　application form 지원서
unemployment rates 실업률

5 invite의 수동태 표현인 be invited to에 주의하자.
be invited to ~에 초대되다　　**ex** be invited to the graduation ceremony 졸업식에 초대되다
be invited toV ~하라고 권유받다　　**ex** be invited to board the plane 비행기에 탑승하라고 권유받다

be granted ~
[græntid]

동 ~을 받다
You will be granted a full time job if you do well during the internship. 수습기간동안 잘하면 정규직을 부여받게 될 것입니다.

those who ~
[ðouz]

명 ~하는 사람들(those of you)
Those who participated in this survey were granted extra incentives.
이 설문 조사에 참여한 사람들은 추가 장려금을 받았다.

run short
[ʃɔːrt]
참 be short of ~이 부족하다

동 부족해지다
The stock is running short. 재고가 얼마 없다.

as a result of ~
[rizʌlt]
참 as a result 결과적으로

전 ~의 결과로써
as a result of lower domestic demand and slower export growth 저조한 국내 수요와 수출 성장세 둔화의 결과로써

not only A but also B

접 A뿐만 아니라 B도
The stock markets reflect not only the future value of a firm, but also their business ethics.
주식시장은 기업의 미래가치뿐만 아니라 기업윤리도 반영한다.

take account of ~
[əkáunt]

동 ~을 고려하다(take ~ into account)
Investors are advised to take account of this factor.
투자자들은 이런 점을 감안하는 것이 바람직하다

run a business

동 사업을 운영하다, 경영하다
GE Enterprise runs businesses in more than 50 countries.
GE 기업은 50개가 넘는 국가에서 사업을 운영하고 있다.

as a whole
[houl]
참 wholesale 도매(↔retail)

부 전체적으로(on the whole)
As a whole, Gomez is a valued and dedicated employee.
전체적으로, Gomez는 소중하고 헌신적인 직원이다.

take off
[teik]
참 board 탑승하다; 이사회

동 이륙하다(↔touch down, land)
The plane will take off soon. 비행기가 곧 이륙할 겁니다.

without a doubt
[daut]
유 assuredly 확실히
참 It is no wonder(that)
~은 당연하다

부 의심할 바 없이(undoubtedly)
Without a doubt, a company's success depends on its marketing expertise.
의심할 바 없이, 회사의 성공은 마케팅 기술에 달려 있다.

draw a check
[drɔ:]
참 withdraw 인출[철회]하다

동 수표를 발행하다
The bank refuses to allow customers to draw a check without an ID. 신분증 없으면 은행은 수표를 발행하는 것을 거부한다.

draw up
[drɔ:]

동 (문서를) 작성하다
draw up a new agreement 새 계약서를 작성하다

draw on
유 count on ~에 의지하다

동 ~에 의지하다(=depend on), ~을 이용하다
The assignment asked us to draw on our experiences.
그 과제는 우리의 경험을 이용할 것을 요구한다.

---

replacement
[ripléismənt]
유 substitute 대체품(자); 대체하다

명 교체(품), 대체자, 후임자*
Smith has assumed the duties of manager temporarily, until a replacement can be found.
Smith는 후임자를 찾을 때까지 일시적으로 매니저직을 맡았다.

agreement
[əgrí:mənt]
참 appointment 약속

명 동의, 계약(서)
The rental agreement has been signed by both parties.
임대 계약서는 쌍방에 의해 서명되었다.

---

figure
[fígjər]
계산하다

명 ① 수치, 숫자 ② 그림 ③ (유명한) 인물, 인사
The leading figure made big losses as a result of the failure. 그 지도적인 인물은 사업실패의 결과로 많은 손해를 입었다.

feature
[fí:tʃər]
특징, 특색

동 ~을 특징으로 하다
This symposium features discussions with leading figures. 이번 심포지엄은 지도적인 인물들과의 토론을 특징으로 한다.

---

on schedule
[skédʒu(:)l / ʃédju:l]
참 on arrival 도착하자마자

부 예정대로, 시간표대로
The construction is progressing on schedule.
공사는 예정대로 진행되고 있다.

on duty
[djú:ti]

부 근무 중
The security officer is on duty. 그 경비원은 근무 중이다.

---

high
[hai]

형 높은
Our country's reliance on imported oil is very high.
우리나라의 수입석유 의존도는 매우 높다.

highly
[háili]

부 매우, 몹시
highly regarded people in the field
그 분야에서 매우 인정받는 사람들

01 _Due to the rising price of raw materials, products have become more ------- overall.

(a) expend
(b) expense
(c) expensive
(d) expenditure

02 _As last quarter's sales figures were excellent, the firm ------- sales representatives additional incentives.

(A) donated
(B) granted
(C) required
(D) modified

03 _All board members were ------- disappointed to learn that domestic sales have recently begun to drop.

(A) costly
(B) orderly
(C) timely
(D) extremely

04 _It is no wonder that corporate profits are usually ------- of marketing techniques.

(A) thoughtful
(B) managerial
(C) reflective
(D) actual

05 _After correcting system failure, technicians have taken the necessary steps to ------- another problem.

(A) compose
(B) prevent
(C) grant
(D) distribute

06 _All employees in the ------- center are responsible for prompt delivery of our products.

(A) distribution
(B) recovery
(C) repetition
(D) exception

정 답 01.(C)　02.(B)　03.(D)　04.(C)　05.(B)　06.(A)

※ 추가 문제 및 보카테스트는 www.toeicvoca.com에서 제공합니다.

최우선순위 어휘편 > 우선순위 어휘편 > 중요 어휘편

DAY 10

2nd week
우선순위 어휘편

진단테스트 Preview 토익시험에 꼭 나오는 토익 어휘 리스트
– 오늘 배울 토익보카에 대한 자신의 실력을 테스트해 보세요!

01. ☐ costly	15. ☐ section	29. ☐ needs
02. ☐ remarkable	16. ☐ protective	30. ☐ purpose
03. ☐ handle	17. ☐ exactly	31. ☐ lease
04. ☐ involve	18. ☐ permanent	32. ☐ celebration
05. ☐ appraisal	19. ☐ lower	33. ☐ advantage
06. ☐ donate	20. ☐ electrical	34. ☐ region
07. ☐ enhance	21. ☐ institute	35. ☐ gather
08. ☐ negotiate	22. ☐ associate	36. ☐ banquet
09. ☐ lasting	23. ☐ separately	37. ☐ securely
10. ☐ potential	24. ☐ priority	38. ☐ collection
11. ☐ obtain	25. ☐ occur	39. ☐ publication
12. ☐ right	26. ☐ appropriate	40. ☐ recognize
13. ☐ probable	27. ☐ customs	
14. ☐ growth	28. ☐ certificate	

01 costly ❶
[kɔ́:stli / kɔ́st-]

㉤ expensive
㉫ cheap 값싼, 저렴한

[형] 비싼

It is costly to run an air conditioner all day.

하루 종일 에어컨을 가동하면 비용이 많이 든다.

02 remarkable
[rimá:rkəbəl]

㉤ remark 발언(하다)
㉠ marked 눈에띄는, 현저한

[형] 눈에 띄는, 뛰어난(noticeable)

Despite their remarkable performance, local companies say it is too soon to predict a full economic recovery.

이들 업체의 뛰어난 실적에도 불구하고 국내 기업들은 완전한 경기회복을 전망하기에는 너무 이르다고 말한다.

03 handle
[hǽndl]

㉤ deal with 다루다
㉠ cope with ~에 대처하다

[동] 다루다(take care of)

All questions will be handled by experienced experts in the upcoming seminar.

모든 질문은 곧있을 세미나에서 경험많은 전문가들에 의해 다뤄질 것이다.

04 involve ❷
[inválv]

㉤ involved 관계된, 연루된
㉠ concerned 관계된

[동] 관련시키다, 연루시키다

John McCain is deeply involved in the company's current plans. John McCain은 회사의 최근 계획에 깊이 관련되어 있다.

05 appraisal ❸
[əpréizəl]

㉤ appraise 평가하다
㉪ apprise 알리다

[명] 평가(assessment)

Our team has just received a disappointing final performance appraisal.

우리 팀은 방금 실망스런 최종 업무평가를 받았다.

06 donate
[dóuneit]

㉤ donation 기부, 기증
donor 기부자, 기증자

[동] 기부하다, 기여하다

Under the program, employees donate 1 percent of their paychecks to local charitable organizations.
〈*charitable organization 자선단체〉

이 프로그램에 따라 직원들은 급여의 1퍼센트를 지역자선단체에 성금으로 낸다.

07 enhance
[inhǽns]

㉤ improve 향상시키다

[동] 강화하다, 향상시키다

The former president concentrated on enhancing existing structures.

전임 회장은 기존 조직을 강화시키는 것에 집중했다. 〈*former 이전의〉

08 negotiate
[nigóuʃièit]

표 negotiation 협상, 협의

동 협상하다, 협의하다

We have to discuss how to make substantial progress in the negotiations with China.

협상에서 실질적 진전 방안을 중국과 논의해야한다.

09 lasting
[læstiŋ]

표 last 지속[계속]하다*
long-lasting 오래 지속하는

형 오래가는, 지속적인

Rising interest rates are expected to have a lasting effect on the Korean economy.

금리인상이 한국경제에 지속적인 영향을 미치게될 것으로 예상된다.

10 potential ④
[pətén∫əl]

잠재력, 가능성
표 potential clients 잠재고객

형 잠재적인

Internet marketing is expected to raise brand awareness among existing and potential consumers.

인터넷 마케팅은 기존고객과 잠재고객들에게 브랜드 인지도를 높일 수 있을 것으로 기대된다. 〈*potential customer 잠재 고객〉

Tip 여기서 출제된다!   TOEIC 어휘 출제포인트

1 costly처럼 -ly가 붙었지만 형용사로도 쓰이는 단어들

elderly(나이가 지긋한)	friendly(친절한)	orderly(정연한)
timely시기적절한	hourly(매시간의)	yearly(매년의=annual)
quarterly(분기별의)	chilly(쌀쌀한)	likely(~할 것 같은↔unlikely)
lively(활기찬)	early(이른)	deadly 치명적인

ex user-friendly(사용자 친화적인) / environmentally friendly 환경 친화적인

2 involve가 수동태로 쓰였을 때의 모습과 해석에 주의하자.

be involved in 〈~에 관련[관련]되다〉   A(명사) + involved 〈관련된 A(명사)〉

ex Some senior executives are involved in the case. 몇몇 고위 간부들이 이 사건에 관련되어있다.

3 appraisal처럼 함께 잘 쓰이는 복합명사를 익혀두자.

performance appraisal 업무 수행 평가	installment payment 할부금
convenience goods 일상 용품	quality requirement 품질 요구사항
heating equipment 난방 기구	maternity leave 출산 휴가

참조 '평가' 관련 단어정리

	appraise			appraisal
평가하다	evaluate	⇒	평가	evaluation
	assess			assessment

4 potential처럼 –al로 끝나는 주요 명사들

capital 자금, 자본	approval 승인	periodical 정기 간행물	individual 개인
official 공무원	disposal 처분, 폐기	withdrawal 인출, 철회	dismissal 해고

ex All of the officials registered upon arrival. 공무원 모두는 도착하자마자 등록했다.

---

11 obtain ①
[əbtéin]
㊌ gain* 얻다; 수익
㊎ attain (목표를) 달성하다

동 얻다, 획득하다
The problem is that young users are able to obtain authorization for mobile adult content.
문제는 청소년 가입자가 모바일 성인물에 대한 승인을 받을 수 있다는 것이다.

12 right ②
[rait]
올바른
표 human rights 인권

명 권한, 권리
Clean Seiko obtained exclusive rights to export and market natural gas. 〈*obtain/reserve the right toV ~할 권리를 가지다〉
Clean Seiko는 천연가스를 수출하고 팔 수 있는 독점권을 획득했다.

13 probable
[prábəbl / prɔ́b-]
파 probably 아마도
㊌ likely

형 가망성 있는, 유망한
I consider it probable that sales won't rebound in the third quarter.
나는 3분기에도 판매가 회복되지 못할 것으로 생각한다.

14 growth ③
[grouθ]
파 grow 성장[발전]하다

명 성장, 발전
The government forecast earlier this year that export growth would probably slow to 12 percent in 2011.
올해 초 정부는 2011년 수출 증가율이 12%로 둔화될 거라고 전망했다.

15 section
[sékʃən]
㊌ segment 부분, 조각

명 부분
The third section examines the Korean workplace across a wide variety of fields.
3부에서는 다양한 분야의 국내 직업분야를 소개하고 있다.

16 protective ④
[prətéktiv]
파 protect 보호하다

형 보호하는, 보호용의
It is suggested that the staff put on protective gear at all times. 직원들은 항상 보호 장비를 입도록 권고 된다.

17 exactly
[igzǽktli]
파 exact 정확한

부 정확히
He couldn't tell me exactly what the sales figures meant.
그는 그 판매수치가 무엇을 의미하는지 내게 정확히 말하지 못했다.

18 permanent
[pə́:rmənənt]

® temporary 임시의

형 영구적인, 영원한

These permanent jobs usually have strict requirements.

이러한 정규직은 보통 엄격한 자격요건을 가진다.

19 lower
[lóuər]

더 낮은
참 lessen 줄이다(abate)

동 낮추다

The Bank of Korea lowered its GDP growth target to 4 percent from 5 percent.

화요일에 한국은행은 GDP 성장목표를 5퍼센트에서 4퍼센트로 낮추었다.

20 electrical
[iléktrikəl]

표 electrical goods
전기 제품
파 electricity 전기, 전력

형 전기의

When leaving a room, please turn off the lights and any electrical appliances that are not in use.
⟨*electrical appliance 전기 제품⟩

방을 나갈 때에는 사용하지 않는 전등과 전기 제품은 꺼주세요.

Tip 여기서 출제된다!　　TOEIC 어휘 출제포인트

1 obtain과 함께 꼭 알아두어야 할 단어 gain

gain ① 수익 ② 얻다, 획득하다

ex Hyundai Motors has posted consistent sales gains in overseas markets.

현대차는 해외 시장에서 지속적인 판매수익을 기록하고 있다.

2 right(권리)관련한 다양한 기타 표현들은 다음과 같다.

intellectual property 지적 재산권　　　copyright 저작권
exercise one's right 권리를 행사하다　　defend human rights 인권을 지키다
ex right to claim refund 환불을 요구할 권리
You have the right to remain silent. 당신은 묵비권을 행사할 권리가 있습니다.

3 growth관련 주요 표현들로는 다음과 같은 것들이 있다.

economic growth 경제 성장　　　annual growth rate 연간 성장률
high sales growth 고매출 성장　　growth potential 성장 잠재력
기타 growth와 더불어 형용사형인 growing(증가하는)도 주목하자.
growing demand 증가하는 수요　　　growing population 증가하는 인구
growing pressure 증가하는 압박[압력]　growing popularity 증가하는 인기
growing concern 증가하는 걱정　　　growing dissatisfaction 증가하는 불만

4 protective와 함께 알아두어야 할 기출 표현

protective gear 보호 장비　　　protective containers 보호 컨테이너
ex Employees on construction sites must wear protective gear.
공사현장의 직원들은 보호 장비를 착용해야 한다.

☐ permanent ☐ lower ☐ electrical　　　　

21 institute
[ínstətjù:t]

만들다, 확립하다
파 institution 기관

명 협회, 기관
According to the revision, the board will institute a new return policy.
개정안에 따르면 위원회는 새로운 반품 규정을 도입할 예정입니다.

22 associate ❶
[əsóuʃièit]
[əsóuʃiət] 동료, 제휴자
파 association 단체, 협회
associated 관련된

동 관련시키다
The risks associated with the price-cutting campaign do not appear to be significant. 〈*be associated with ~와 관련되다〉
가격인하 캠페인과 관련된 위험이 커 보이지 않는다.

23 separately
[sépərətli]

표 separately from
~와는 별개로

부 따로따로, 별개로
Environmental problems should not be considered separately, but as a whole. 〈*as a whole 전체적으로〉
환경문제는 개별적이 아닌 전체로 고려되어야 한다.

24 priority
[praió(:)rəti]

파 prior to ~이전에*

명 최우선, 우선 사항
Please remember that our first priority should be to meet consumer needs.
우리의 최우선 사항은 소비자의 욕구를 충족시키는 것이라는 점을 기억하세요.

25 occur
[əkə́:r]

유 take place, happen

동 발생하다
If something unexpected occurs, be sure to contact us immediately.
예상치 못한 일이 발생하면, 우리에게 즉시 연락해주세요.

26 appropriate
[əpróuprièit]

유 proper 적절한
참 accurate 정확한

형 적절한, 적합한(to the point)
The maintenance team has taken appropriate measures to prevent similar occurrences.
유지보수팀은 유사한 일을 방지하기 위해 적절한 조치를 취했다.

27 customs ❷
[kʌ́stəmz]

참 customer 고객
consumer 소비자

명 세관(*복수형에 주의)
The customs officer conducted the test on a passenger's bag against regulations.
세관원은 규정에 어긋나는 승객의 가방을 검사했다.

우선순위 어휘표

8 9 10 11 12 13 14

28 certificate

[sərtífikət]

증명하다

파 certification 증명

표 gift certificate 상품권

명 증명서, 자격증

Employees who put in more than 50 hours of individual volunteer work will receive a certificate from management.

개인 자원봉사활동을 50시간 이상 하는 종업원에게는 경영진으로부터 증명서가 주어지게 된다.

29 needs ❸

[niːdz]

표 meet the needs*
요구사항을 충족시키다

명 요구사항

We are trying to meet the specific needs of preferred customers.

우수 고객들의 특별한 요구사항을 충족시키기 위해 노력하고 있다.

30 purpose

[pə́ːrpəs]

유 objective 목적*

명 목적(end)

The main purpose of the upcoming workshop is to find more effective ways to provide convenience to customers.

곧 있을 워크숍의 주목적은 고객들에게 편의를 제공할 수 있는 효과적인 방법을 찾는 것이다.

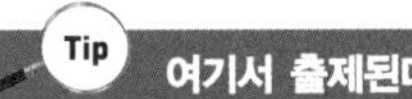

TOEIC 어휘 출제포인트

1 associate과 잘 쓰이는 전치사 with

be associated |with| ~와 관련되다(=be concerned with)

association |with| the charity 자선 단체와의 협력

in association |with| ~와 제휴하여

ex The company declined to disclose the marketing costs associated with the price-cutting campaign. 그 회사는 가격인하 캠페인과 관련된 마케팅 비용 공개를 거절했다.

참조 agreement |with| her supervisor 그녀의 상관에 대한 동의

in comparison |with| ~와 비교해 볼 때

ex in comparison with the previous quarter 지난 분기와 비교해 볼 때

2 customs와 관련된 표현은 반드시 알아 두자.

customs regulations 세관 규정   customs office 세관 사무소

customs officials 세관 직원   customs duties 관세

clear customs 세관을 통과하다(=go through customs)

customs clearance 세관 통과(수속)   notify customs officials 세관 직원에게 신고하다

3 needs처럼 복수형으로 더 많이 쓰이는 단어들

customs 세관   refreshment 다과, 간식   expenses 경비   economics 경제학

supplies 공급품, 물품   earnings 소득   means 수단   valuables 귀중품

goods 제품   belongings 소지품   surroundings 환경   facilities 시설

ex Refreshments will be served after the meeting. 모임 후에 간단한 다과가 제공될 것입니다.

□ certificate □ needs □ purpose

31 lease
[liːs]

임대차(계약)
혼 leave 남겨놓고 떠나다

동 임대하다

The builders will lease the facilities from the government for a certain period of time.

건설회사가 일정 기간 동안 그 시설을 정부에 임대할 것이다.

32 celebration ❶
[sèləbréiʃən]

파 celebrate 축하하다
참 celebrity 유명인사

명 축하

His personal assistant will be able to attend the retirement celebration.

그의 개인 비서는 퇴직 기념 연회에 참석할 수 있을 것이다.

33 advantage ❷
[ədvǽntidʒ]

파 advantageous 유리한
반 disadvantage 불이익

명 이점, 강점

The GM Group took advantage of its high-performance security system.

GM그룹은 고성능 안전 시스템을 이용했다.

34 region
[ríːdʒən]

유 area 분야, 지역
　 district 지역, 구역

명 지역

Businesses will be allowed to extend existing facilities in the region as early as next year.

이르면 내년에 기업들은 이 지역에 기존의 시설을 확장할 수 있게 된다.

35 gather
[gǽðər]

표 gathering space
　 모임 장소

동 모이다, 모으다

The people from the volunteer group are gathered at a table for a meal.

자원봉사단체에 속한 사람들이 식사를 하기위해 식탁 앞에 모여 있다.

36 banquet
[bǽŋkwit]

표 banquet hall 연회장

명 연회

Ms. Collins is making the arrangements for the celebration banquet.

Collins씨가 축하연을 준비하고 있습니다.

37 securely
[sikjúərli]

파 secure 안전한;
　 보호[보장]하다
　 security* 보안, 안전

부 안전하게, 확실히

E-Tech Corp. is dedicated to finding a way to ensure a secure e-trade environment. ⟨*be dedicated to ~에 헌신적이다⟩

E—Tech사는 안전한 전자무역 환경을 위한 방안을 찾는데 헌신적이다.

38 collection ❸
[kəlékʃən]

파 collect 수집하다, 모으다
collective 축척된

명 수집(물), 수금
The upcoming exhibition features an extensive collection of paintings by Vermeer.
곧 있을 전시회는 Vermeer의 다양한 회화 소장품을 특징으로 한다.

39 publication
[pʌ̀blikéiʃən]

파 publish 출판하다
참 publicize 광고[발표]하다

명 출판(물)
No part of this publication may be reproduced without the prior written permission of the publisher.
출판사의 사전 서면승인 없이는 이 책의 어떤 부분도 복제를 불허합니다.

40 recognize ❹
[rékəgnàiz]

파 recognition 인식, 인정
유 perceive 인식하다

동 알아보다, 인식하다
We recognize the inconvenience that this delay has caused. 지연으로 끼친 불편함을 잘 알고 있습니다.

Tip 여기서 출제된다!   TOEIC 어휘 출제포인트

1 celebration과 관련된 기타 표현들

in celebration of ~을 축하하여   celebrated 유명한   celebratory 기념하는, 축하하는

ex in celebration of its 30th company anniversary 30주년 회사 창립 기념일을 축하하여

2 advantage와 관련된 중요 표현들은 다음과 같은 것들이 있다.

take advantage of ~을 이용하다(=utilize)

ex Let us take advantage of express delivery this time. 이번에는 빠른 우편을 이용합시다.

disadvantage 불이익

ex cause a big disadvantage for them to compete in the fast-changing global markets
빠르게 변하고 있는 글로벌 시장에서 경쟁하는 데 커다란 불이익을 야기하다

3 collection처럼 -lect어근을 쓰는 단어들을 살펴보자.

-lect는 '모으다(gather), 선택하다(choose)' 라는 뜻을 지닌 어근

collect 수집하다, 모으다   recollect 회상하다, 생각해내다   elect 선출하다, 채택하다
neglect 무시하다   select 선택하다, 고르다   intellect 지성, 지력

기타 collection과 함께 잘 쓰이는 표현들

coin collection 동전 수집품   toll collection 요금 징수

ex the money to expand the library book collection 도서관 보유 도서를 늘리기위한 돈

4 recognize처럼 '인지도' 관련 표현들은 다음과 같다.

product recognition 제품 인지도   popularity 인기   publicity 홍보, 평판
in recognition of ~을 인정하여   market awareness 시장 인지도

ex consumer awareness of new brands 새 브랜드에 대한 소비자 인지도

□ **come into effect**
[ifékt]
⑧ go into effect

동 효력이 발생하다, 실시되다
The new smoking guideline will come into effect tomorrow.
새로운 흡연지침이 내일 발효될 것입니다.

□ **take advantage of ~**
[ədvǽntidʒ, -vάːns-, əd-]
참 advance 전진, 진보

동 ~을 이용하다
take advantage of advanced IT infrastructure as a major tool
주요 도구로써 진보된 IT 인프라를 이용하다

□ **to the point**
[pɔint]
참 point out 지적하다

형 적절한
His speech was persuasive and to the point.
그의 연설은 설득력있고 적절했다.

□ **make it a rule to V**
⑧ make it a point to V

동 ~하는 것을 규칙으로 삼다
We make it a rule to recycle copy paper whenever possible.
우리는 가능할때 마다 복사 용지를 재활용 하는 것을 규칙으로 한다.

□ **in case of ~**
⑧ in the event of
　　in the event that절

전 ~의 경우에
The flight might be delayed in case of snow.
눈이 올 경우에 비행기는 지연 될 수 있다.

□ **at the latest**
[léitist]

부 늦어도(↔at the earliest)
Applications must be turned in by February 20 at the latest.
신청서는 늦어도 2월 20일까지는 제출되어야 한다.

□ **cope with ~**
[koup]
혼 scope 범위, 영역

동 ~에 대처하다(deal with)
cope with the economic downturn 경기 침체에 대처하다

□ **thanks to ~**
[θæŋks]

전 ~덕분에
thanks to the public relations director 홍보부 부장님 덕분에

□ **at all times**
[taimz]
참 occasionally 가끔

부 항상(consistently, always)
All staff members should carry their identification cards at all times. 모든 직원들은 항상 신분증을 소지해야 합니다.

□ **be likely to V**
[láikli]
⑧ be liable to V

동 ~할 것 같다(be likely that절)
The competition is likely to force other domestic banks to improve their management.
경쟁이 심해짐에 따라 다른 국내은행들의 경영 향상을 강요하게 될 것이다.

□ **simultaneous**
[sàiməltéiniəs]
파 **simultaneously** 동시에

형 동시의
There is a commercial for our new product simultaneous on TV and radio.
우리 신제품에 대한 광고 방송이 TV와 라디오에 동시에 나온다.

□ **spontaneous**
[spantéiniəs]
파 **spontaneously** 자발적으로

형 자발적인
There was a spontaneous movement of citizens to help one another. 서로 도우려는 시민들의 자발적인 움직임이 있었다.

□ **customs**
[kʌ́stəmz]
참 **custom** 관습

명 세관
The travelers cleared airport customs.
여행객들이 공항 세관을 통과했다.

□ **costume**
[kʌ́stjuːm]
유 **apparel, garment** 의상

명 의상, 복장
The customers had a chance to dress up in traditional costume. 고객들은 전통 의상을 입어볼 수 있는 기회를 가졌다.

□ **explore**
[ikspló:r]

동 탐험하다, 구경하며 돌아다니다
You're welcome to explore the famous restaurants in this area. 여러분은 이 지역의 유명한 식당을 돌아 다니셔도 됩니다.

□ **explode**
[iksplóud]
파 **explosion** 폭발

동 폭발하다(blow up)
The bomb exploded in the aircraft cabin. 기내에서 폭탄이 폭발했다.

□ **commerce**
[kámə:rs]
파 **commercial** 상업적인; 광고

명 상업, 교역
international commerce and commercial law
국제무역과 상법

□ **commence**
[kəméns]
파 **commencement** 시작

동 시작되다
The special course will commence from next week.
특별 강좌는 다음 주부터 시작된다.

□ **polish**
[pális]

동 ~을 닦다, 광택내다(shine)
The floor was polished to shine prior to your arrival.
당신이 도착하기 전에 바닥은 반짝이도록 닦여졌다.

□ **punish**
[pánis]
파 **punishment** 처벌

동 처벌하다
punish the driver for drunk driving
기사를 음주운전으로 처벌하다

01 __ Many employees expect new customs regulations to go into ------- starting next year.

(A) progress
(B) beginning
(C) effect
(D) certificate

02 __ Please make sure that you always keep confidential files in a ------- place.

(A) strict
(B) probable
(C) potential
(D) secure

03 __ Marketing team members are expected to participate in the ------- being held in honor of Mr. Thompson's promotion.

(A) arrival
(B) celebration
(C) approval
(D) priority

04 __ It turned out that the marketing costs were closely ------- with the annual budget.

(A) associate
(B) associated
(C) association
(D) associative

05 __ It is assumed that the newly-merged firm will be unable to maintain its present rate of -------.

(A) grow
(B) growing
(C) grown
(D) growth

06 __ The chief of human resources finally ------- authorization to access the confidential documents.

(A) gathered
(B) restricted
(C) obtained
(D) instituted

정 답 01.(C) 02.(D) 03.(B) 04.(B) 05.(D) 06.(C)

※ 추가 문제 및 보카테스트는 www.toeicvoca.com에서 제공합니다.

최우선순위 어휘편 > 우선순위 어휘편 > 중요 어휘편

DAY 11

2nd week

우선순위 어휘편

진단테스트 토익시험에 꼭 나오는 토익 어휘 리스트
Preview – 오늘 배울 토익보카에 대한 자신의 실력을 테스트해 보세요!

01. □ contain
02. □ patient
03. □ nevertheless
04. □ acquire
05. □ missing
06. □ choose
07. □ achieve
08. □ proceed
09. □ mechanical
10. □ stable
11. □ nearly
12. □ opposite
13. □ conscious
14. □ amazing

15. □ entry
16. □ beverage
17. □ sufficient
18. □ obligation
19. □ unload
20. □ complex
21. □ aim
22. □ critic
23. □ support
24. □ income
25. □ eager
26. □ seek
27. □ leading
28. □ anticipate

29. □ activity
30. □ emergency
31. □ resign
32. □ automated
33. □ record
34. □ accident
35. □ suffer
36. □ catering
37. □ edition
38. □ attempt
39. □ distance
40. □ especially

01 contain ❶
[kəntéin]

팩 container 컨테이너, 용기

동 ~을 담고 있다, 포함하다

The textbooks appeared to contain materials and views that are not recognized within the academic world.

교과서에는 학계에서 인정을 받지 못 하는 내용과 견해가 담겨있는 것으로 드러났다.

02 patient
[péiʃənt]

인내심있는
만 inpatient 인내심없는

명 환자

We are committed to protecting patients' personal records.

저희는 환자들의 개인 정보를 보호하는데 전념하고 있습니다.

03 nevertheless ❷
[nèvərðəlés]

참 otherwise 그렇지 않다면

부 그럼에도 불구하고

Nevertheless, the company is aiming at a domestic market share of 25 percent.

그럼에도 불구하고 회사는 25%의 내수시장 점유율을 목표로하고 있다.

04 acquire ❸
[əkwáiər]

팩 acquisition 취득; 습득

동 얻다, 습득하다

Individuals are not allowed to acquire overseas property for an investment purpose.

개인이 투자 목적의 해외부동산 취득은 허용되지 않는다.

05 missing
[mísiŋ]

팩 miss 놓치다, 그리워하다

형 잃어버린, 행방불명된

The secretary could not account for either the missing funds or damage.

비서는 없어진 자금과 손해에 대해 설명하지 못했다.

06 choose
[tʃuːz]

유 select 선택하다
참 collect 모으다, 수집하다

동 고르다, 선택하다

The journalist was asked to choose between the two offers.

그 기자는 두 가지 제안 중에서 하나를 선택하도록 요구받았다.
〈*be asked toV ~하도록 요구받다〉

07 achieve
[ətʃíːv]

팩 achievement 업적, 성취
유 accomplish 성취하다
　 attain 성취하다

동 얻다, 성취하다

Mr. Lawrence finally achieved his personal sales goals.

Lawrence씨는 마침내 그의 개인적인 판매 목표를 달성했다.

08 proceed

[prəsíːd]

- 윤 progress 진보(하다)*
- 혼 precede ~에 선행하다

동 나아가다, 진척되다

Please choose what you wish to look at first, before proceeding to the next destination.

다음 목적지로 가기 전에 무엇을 먼저 관람할지 선택해 주십시오.

09 mechanical

[məkǽnikəl]

- 혼 mechanic 수리공
  medical 의학의

형 기술적인

Because of mechanical problems, the escalators in Grand Shopping Center will be closed until further notice.

기계적인 문제로, 추후 통지가 있을때까지 Grand 쇼핑센터의 에스컬레이터 운행이 중단될 것입니다.

10 stable

[stéibl]

- 파 stability 안정
- 반 unstable 불안정한*
- 참 stagnant 침체된

형 안정적인

Companies with a stable credit rating will be permitted to obtain loans without government permission.

〈*be permitted toV ~을 허락받다〉

안정된 신용등급을 보유한 기업들이 정부 허가 없이 대출을 받을 수 있도록 허용할 것이다.

Tip 여기서 출제된다!　　　TOEIC 어휘 출제포인트

1 contain처럼 -tain어근을 쓰는 단어들

　-tain은 '가지다, 잡다(hold)'라는 뜻을 지닌 어근

attain 성취[달성]하다　　　obtain 얻다, 획득하다　　　sustain 지탱하다, 떠받치다
retain 보유하다, 유지하다　　maintain 유지하다　　　entertain 즐겁게 해주다

ex China will be able to sustain a relatively strong growth rate.

　　중국은 비교적으로 높은 성장률을 지속할 것이다.

2 nevertheless처럼 시험에 자주 등장하는 접속부사들

however 그러나　　　　　moreover 게다가, 더욱이
therefore 그러므로, 따라서　furthermore 게다가, 더욱이

ex We have a growing population. Therefore we need more food. 접속부사

　　우리는 인구가 증가하고 있다. 그러므로 우리는 더 많은 식량이 필요하다

→ Because we have a growing population, we need more food. 접속사

※ 접속사는 두 문장을 결합시켜 하나의 문장을 만들지만, 접속부사는 해석상 '접속'의 의미가 들어있을뿐, 구조적으로는 접속사와 달라서 두 문장을 결합시키지 못한다.

3 acquire처럼 -quire어근을 쓰는 단어들

　-quire은 '묻다, 구하다(seek)'라는 뜻을 지닌 어근

acquire 얻다, 습득하다　　require 요구하다　　　inquire 묻다, 조사하다
acquisition 획득, 습득　　requirement 필요조건　　inquiry 질문, 문의

ex The company raised the capital for M&A(merger and acquisition).

　　회사는 인수 합병을 위해 자금을 조달했다.

11 nearly
[níərli]

유 approximately 거의
참 proximity 가까움

부 거의, 약

Since February, Genon 's share price has fallen nearly 7 percent due to unfavorable market conditions.

2월부터 Genon의 주가는 시장 악재로 인해 거의 7% 정도 하락했다.

12 opposite
[ápəzit]

반대의

전 ~의 반대편에

The assembly plant is opposite the ticket outlet.

조립공장은 매표소 반대편에 있다.

13 conscious
[kánʃəs]

표 be conscious of
~을 인지하다[신경쓰다]

형 인지하고 있는(of)

The mayor urged residents to be more energy conscious.

시장은 지역주민들에게 에너지 절약에 대해 더 신경써줄 것을 촉구했다.

14 amazing ❶
[əméiziŋ]

파 amaze 놀라게하다
amazed 놀란

형 놀라운

For the past 10 years, there has been amazing progress in cancer research and treatment in China.

지난 10년 동안 중국은 암 연구와 치료에 놀라운 발전을 이루었다.

15 entry ❷
[éntri]

파 entrance 입구
enter 들어가다, 입장하다
표 late entries 최근의 출품작

명 참가(자), 입력

Once registered, each participant pays a small entry fee per race.

일단 등록하면, 각 참가자들은 매 경기마다 약간의 참가비를 지불하게 됩니다.

16 beverage
[bévəridʒ]

명 음료수

The television commercials will help to increase sales of non-alcoholic beverages by appealing to the younger generations.

그 텔레비전 광고는 젊은 세대에 어필함으로써 무알코올 음료 판매 증가에 도움을 줄 것이다.

17 sufficient
[səfíʃənt]

파 sufficiently 충분히
반 insufficient 불충분한

형 충분한(↔deficient)

The book launching event is aimed at achieving sufficient numbers of readers.

출간 이벤트는 충분한 수의 독자를 얻기 위한 것이다.

18 obligation ❸

[abligéiʃən]

- 파 oblige 강요하다
- 표 be obliged to V ~해야 한다

명 의무

All visitors to the village are given English names and obliged to speak only in English during their stay.

마을에 방문한 사람들은 영어식 이름을 받으며, 머무르는 동안 오로지 영어만을 사용해야 한다.

19 unload ❹

[ʌnlóud]

- 반 load 싣다, 장전하다
- 참 download 다운로드

동 (짐을) 내리다

The storeroom employees had to unload all the merchandise from the truck.

창고직원들은 모든 상품들을 트럭에서 내려야만 했다.

20 complex

[kəmpléks]

복합시설, 단지
- 표 sports complex
　스포츠 복합시설

형 복잡한(complicated)

The construction of sports complexes for the Olympic Games is currently underway. 〈*be underway 진행 중인〉

올림픽게임을 위한 스포츠 복합시설들이 현재 지어지고 있다.

Tip 여기서 출제된다!　　TOEIC 어휘 출제포인트

1 amazing처럼 시험에 잘 나오는 감정 유발 동사들

amaze 놀라게 하다(alarm)	discourage 낙담시키다(↔encourage)	exhaust 소모시키다
amuse 재미있게 하다	depress 낙담시키다	frustrate 좌절시키다
delight 기쁘게 하다	disturb 혼란시키다	confuse 당황하게 하다
bewilder 당황하게 하다	annoy 성가시게 굴다	embarrass 난처하게 하다

2 entry와 entrance처럼 형태는 비슷하지만 의미가 다른 명사들

objective 목표	objectivity 객관성	interests 이익	interest 관심
permit 허가증	permission 허가	certificate 증명서	certification 증명
likeness 유사성	likelihood 가능성	product 생산품	production 생산

ex When the second factory opens this quarter, our (~~product~~, production) capacity will be doubled. 이번 분기에 두 번째 공장이 문을 열면, 우리 생산력은 두 배가 될 것이다.

3 obligation의 동사형 oblige에 주의하자.

oblige A to V 〈A가 ~하게 하다〉　The CEO obliged staff to smoke outside the building.
　　　　　　　　　　　　　　　　CEO는 직원들이 건물 밖에서 담배피도록 했다.

be obliged to V 〈~해야 하다〉　Staff were obliged to smoke outside the building.
　　　　　　　　　　　　　　　　직원들은 건물 밖에서 담배를 피워야 했다.

4 unload처럼 un-접두어를 쓰는 단어들

un-은 '부정(not), 반대(opposite)' 라는 뜻을 지닌 접두어

unlock 자물쇠를 열다	unfortunately 안타깝게도	unfair 불공평한	unusual 비정상적인
unemployment 실업	unavailable 이용할 수 없는	unlimited 무제한의	unstable 불안정한
unnecessary 불필요한	unauthorized 인가받지 않은	uncertain 불확실한	undoubtedly 틀림없이

21 aim [1]

[éim]

표 be aimed at~
~을 겨냥(목표)하다

명 목적, 목표(target)

The aim of the seminar is to enhance the marketing skills of employees.

세미나의 목적은 직원들의 마케팅 능력을 향상시키는 것이다.

22 critic [2]

[krítik]

파 critical 비판적인; 중대한
criticism 비평
criticise 비난[비평]하다

명 비평가, 평론가

Most critics agreed that Handerson's performance at the concert was disappointing.

대부분의 비평가들은 콘서트에서 Handerson의 공연이 실망스러웠다는 것에 동의했다.

23 support

[səpɔ́:rt]

지지, 지원
유 uphold 지지하다

동 지지하다, 부양하다

The technical support staff will install an anti-virus program.

기술 지원 직원이 바이러스 백신 프로그램을 설치할 것이다.

24 income

[ínkʌm]

표 net income 순수입
gross income 총소득
참 wage 급여

명 소득

Before the bank manager decides to approve a loan, he is supposed to take a customer's income into consideration.

은행 담당자가 대출승인을 결정하기 전에, 고객의 소득을 고려하기로 되어 있다.
〈*take A into consideration A를 고려하다〉

25 eager

[í:gər]

표 be eager to V
~하기를 열망하다

형 열망하는

Sales personnel are eager to make customers more aware of the difference.

판매직원들은 고객들이 차이점을 더 알게 하기위해 몹시 열망하고 있다.

26 seek

[si:k]

표 job seeker 구직자
유 search for 찾다, 구하다

동 찾다, 구하다(look for)

We are currently seeking employees to take part in an upcoming marketing survey for Simpson Associates.

우리는 Simpson Associates를 위해 곧 실시될 마케팅 조사에 참여할 직원들을 현재 구하고 있다.

27 leading [3]

[lí:diŋ]

참 misleading 잘못이끄는
leadership 지도력

형 선두의, 주요한

Foxcom Technology is one of the leading manufacturers and has taken a key role in the region.

Foxcom Technology은 주요 선두 제조업체중 하나이며 이 지역에서 주도적인 역할을 맡고 있다.

28 anticipate

[æntísəpèit]

㊤ expect 예상[기대]하다

동 예상하다, 기대하다(hope for)

The recruits achieved profits over and above what they had anticipated.

신입사원들은 그들이 예상했던 이상의 이익을 달성했다.

29 activity

[æktívəti]

파 active 활발한, 적극적인
참 interactive 쌍방향의

명 활동

Some loan officers were involved in serious illegal activities.

몇몇 대출 담당자들이 심각한 불법 행위에 연관되었다.

30 emergency

[imə́:rdʒənsi]

참 emerge 나타나다
　emerging 신생의

명 비상사태, 긴급

In case of emergency, break glass and press the button.

비상사태시에는 유리를 깨고 버튼을 눌러주세요.

Tip　여기서 출제된다!　　TOEIC 어휘 출제포인트

1 aim과 관련된 기타 중요 표현들
aimed at ~을 목적[목표]으로 하는　　　aim to V ~할 작정이다
with the aims of ~ing ~할 목적으로
ex A promotion campaign aimed at young consumers will begin next month.
　젊은 소비자들을 목표로 하는 판촉 캠페인이 다음 달에 시작될 것이다.

2 critic(비평가)와 critical(비판적인, 중대한)을 혼동하지 마세요.
Many experts are (c̶r̶i̶t̶i̶c̶, critical) of the present exam system. 〈비판적인〉
많은 전문가들은 현재의 시험 시스템에 비판적이다.
A reliable manager is a (c̶r̶i̶t̶i̶c̶, critical) factor in the success. 〈중대한, 결정적인〉
믿을 만한 매니저는 성공의 중요한 요소이다.
I regret to say that the patient is in (c̶r̶i̶t̶i̶c̶, critical) condition. 〈위독한, 위기의〉
유감스럽게도 그 환자는 현재 위독한 상태이다.
참조 -tic로 끝나는 명사들
　antibiotic 항생제　　characteristic 특징, 특성　　tactic 전략

3 leading처럼 -ing모양의 분사 표현들에 주의하자.
leading commercial company 일류 광고회사　　missing luggage 분실된 수하물
remaining tasks 남은 일　　　　　　　　　　opposing opinion 반대되는 의견
opening remarks 개회사　　　　　　　　　　lasting impact 지속되는 영향
promising graduates 유망한 졸업생　　　　　discerning 통찰력이 있는
ex replace the existing machine with a new one
　기존 기계를 새 것으로 교체하다

31 resign ❶
[rizáin]

파 resignation 사임
참 retire 은퇴하다

동 사임하다

Since her resignation from Galaxy Electronics, Jessica has been devoting more time to her volunteer activities.

Galaxy Electronics에서 사임한 이래로 Jessica는 자원봉사 활동에 더 많은 시간을 바쳤다.

32 automated
[ɔ́:təmèitid]

파 automate 자동화하다

형 자동화된, 자동의

The existing packaging system will be replaced with an automated process.

기존의 포장 방식이 자동 처리식으로 교체될 것입니다.

33 record
[rékərd / -kɔːrd]

기록하다
참 accord 일치[조화]하다

명 기록

Several clients' account records were sent to our branch.

몇몇 고객의 계좌기록이 우리 지점으로 보내졌다.

34 accident
[ǽksidənt]

파 accidently 우연히, 실수로
참 incidental 부수적인

명 사고

The sales manager decided to change the sales strategy after the accident occurred.

사고가 발생한 후에, 영업부장은 영업 전략을 바꾸기로 결정했다.

35 suffer ❷
[sʌ́fər]

표 suffer from~
~로부터 고통받다

동 (고통 등을) 겪다, 경험하다(undergo)

More and more employees suffer from overwork and work-related stress.

점점 더 많은 직원들이 과로와 업무관련 스트레스로 고통을 받고 있다.

36 catering ❸
[kéitəriŋ]

파 caterer 출장요리업자
혼 courier 택배

명 출장요리

Our catering service does not take individual orders.

우리의 출장 연회 서비스는 개인 주문은 받지 않습니다.

37 edition
[idíʃən]

파 edit 편집[교정]하다
표 limited edition 한정판

명 (출판물의) 판, 에디션

This month's weekly investment reviews should be much more useful to our investors than previous editions have been. 이번 달의 주간 투자평론은 이전 판보다 투자자들에게 훨씬 유용할 것이다.

38 attempt
[ətémpt]
시도

동 시도하다, 노력하다

Market analysts are attempting to conduct a survey of consumer preferences.

시장 전문가들은 고객선호도에 대한 설문조사를 실시하려고 노력한다.

39 distance 
[dístəns]

표 long distance call
장거리 전화
혼 district 지역, 지구

명 거리

I'm calling to inquire about an ad for long distance call rates. 장거리 전화 요금 광고에 대해 문의하려고 전화 드렸습니다.

40 especially
[ispéʃəli]

유 in particular 특히

부 특히(particularly)

South Korea has been suffering from a high unemployment rate especially among the younger generation.

한국은 특히 청년층을 비롯해서 높은 실업률을 겪고 있다.

Tip 여기서 출제된다!　　TOEIC 어휘 출제포인트

1 resign처럼 -sign어근을 쓰는 단어들
> -sign은 '표시(sign, mark)'라는 뜻을 지닌 어근

signature 서명, 싸인　　signify 나타내다　　significant 중요한, 의미심장한
resign 사임하다　　assign 할당[배당하다]　　assignment 할당; 임무
ex resign from the advisory committee 자문 위원회에서 사임하다

2 suffer를 암기할 때는 전치사 from도 꼭 함께 외워두세요.
suffer from ~로 인해 고생하다(=undergo)
ex Japanese people suffered from hunger and air pollution after the earthquake.
지진이후에 일본 사람들은 굶주림과 공기 오염으로 고통 받았다.
Many air passengers suffer from jet lag. 많은 비행기 승객들이 시차 피로로 고생을 한다.

3 catering과 관련된 주요 표현들
catering 출장 요리, 음식 공급　　caterer 출장요리사
cater to ~의 요구를 만족시키다
ex Overlooking the ocean, banquetting and conference facilities cater to business meetings and family parties of all sizes.
바다가 내려다보이는 연회장과 회의장은 모든 규모의 업무회의나 가족행사의 요구를 만족시킨다.

4 distance관련 주요 표현에는 다음과 같은 것들이 있다.
long distance call 장거리 전화　　walking distance 걸어 갈 수 있는 거리
into the distance 멀리, 멀리서　　long distance rate 장거리 전화 요금
ex The road curves into the distance. 도로가 멀리서 휘어진다.

□ **in compliance with**
[kəmpláiəns]
참 comply with ~을 준수하다

부 ~을 준수하여
The company paid taxes to the government in compliance with regulations. 회사는 규정을 준수하여 정부에 세금을 납부하였다.

□ **be aimed at**
[eim]
파 aim 목표; ~을 겨누다(at)

동 ~을 겨냥하다, 대상으로 하다(aim at)
This promotional campaign is aimed at senior citizens.
이 판촉 캠페인은 노인들을 대상으로 한다.

□ **cater to**
[kéitər]

동 ~의 요구를 만족시키다
The company aims to cater to the diverse needs of next-generation consumers.
그 회사는 차세대 소비자의 다양한 요구를 만족시키려 하고 있다.

□ **be obliged to V**
[əbláidʒd]
파 oblige 강요하다

동 ~해야 하다
We are obliged to pay taxes. 우리는 세금을 납부할 의무가 있다.

□ **at the same time**
[seim]

부 동시에(simultaneously)
The server crashed due to a flood of people trying to connect at the same time.
동시에 접속자가 폭주하는 바람에 서버가 다운되었다.

□ **I am writing to V**
[ráitiŋ]
참 I am calling to V
　～하기위해 전화하다

동 ~하려고 편지쓰다
I am writing to propose a business opportunity to you.
사업 제안을 드리려고 이메일을 보냅니다.

□ **given**
[gívən]
유 considering

전 ~을 고려하면, ~을 감안하면
given the stagnant domestic economy 경기 침체를 감안할 때

□ **liable for**
[láiəbəl]
파 liability 책임, 채무
참 liable to V ~하기 쉬운

형 ~에 책임져야 하는
We are not liable for any damage caused by the customer's carelessness.
저희는 고객의 부주의로 인한 손상에 대해서는 책임을 지지 않습니다.

□ **have no choice but toV**
[tʃɔis]
유 can't help but~

동 ~할 수 밖에 없다
have no choice but to postpone the meeting
회의를 연기해야만 하다

□ **take ~ seriously**
[síəriəsli]
파 serious 심각한, 신중한

동 ~을 진지하게 받아들이다(↔take ~ lightly)
take several complications seriously
몇 가지 복잡한 문제를 진지하게 받아들이다

equitable
[ékwətəbəl]
파 equity 공평, 공정

형 공평한, 공정한
They shared the profits with equity.
그들은 공평하게 수익금을 나눴다.

equivalent
[ikwívələnt]

형 동등한, 상응하는
Merchandise can be exchanged for one of equivalent value. 상품은 동등한 가격의 다른 것으로 교환될 수 있습니다.

---

common
[kámən]
참 in common
공통적으로, 보통으로

형 공통의, 보통의
We have nothing in common with each other.
우리는 서로 공통점이 없다.

commonplace
[kámənplèis]
평범한 일, 흔한 일

형 평범한, 흔한
become commonplace 흔하게 되다

---

liquid
[líkwid]
파 liquidity 유동성

형 유동성의, 액체의
snacks and liquid refreshments 스낵과 음료 다과

solid
[sálid]
파 solidarity 강화, 연대

형 단단한, 건실한
a solid and long-standing commitment
건실하고 오랜 헌신

---

premise
[prémis]
혼 promise 약속(하다)

명 구내, 건물
All visitors must show at least one form of identification to the security guard before entering the premises.
모든 방문객들은 구내로 들어가기 전에 적어도 한가지 형태의 신분증을 보안요원에게 제시해야 한다.

premium
[prí:miəm]
고급의, 고가의

명 할증금, 보험료, 프리미엄
I am willing to pay a premium for express delivery.
특급배송에 대한 할증 요금을 지불하게습니다.

---

may well

동 ~하는 게 당연하다
The management may well accept reasonable demands.
경영진이 합리적인 요구를 받아들이는 것이 당연하다.

may as well
참 had better+동사원형
~하는 편이 낫다

동 ~하는 편이 더 좋다(might as well)
You might as well read a book instead of sitting there doing nothing.
아무것도 안 하며 앉아 있는 것보다 책을 읽는 것이 낫겠다.

01 _ The mechanic has replaced the generator G10 wih G12, which ------- all the same features plus durability and reduced weight.

(A) contains   (B) seeks
(C) unloads   (D) suffer

02 _ According to the revised law, interested parties are ------- to file a claim no later than the quarter's end.

(A) amazed   (B) charged
(C) obliged   (D) acquired

03 _ Discussion of the delicate issues between the two parties are ------- very well.

(A) gathering   (B) certificating
(C) proceeding   (D) obtaining

04 _ Those of you who have difficulty ------- out potential clients are asked to participate in the upcoming marketing seminar.

(A) seeking   (B) resigning
(C) catering   (D) attempting

05 _ The customer service center made ------- to handle customer complaints appropriately.

(A) distance   (B) characteristics
(C) emergency   (D) attempts

06 _ Due to unfavorable weather conditions, we had no ------- but to postpone the event to next week.

(A) exception   (B) intention
(C) choice   (D) guarantee

정 답 01.(A) 02.(C) 03.(C) 04.(A) 05.(D) 06.(C)

※ 추가 문제 및 보카테스트는 www.toeicvoca.com에서 제공합니다.

최우선순위 어휘편 › 우선순위 어휘편 › 중요 어휘편

DAY 12

2nd week

우선순위 어휘편

진단테스트
Preview
토익시험에 꼭 나오는 토익 어휘 리스트
– 오늘 배울 토익보카에 대한 자신의 실력을 테스트해 보세요!

01. ☐ audit	15. ☐ affordable	29. ☐ exceed
02. ☐ specialize in	16. ☐ timely	30. ☐ innovative
03. ☐ commute	17. ☐ strike	31. ☐ valuable
04. ☐ bid	18. ☐ circumstance	32. ☐ delegate
05. ☐ verify	19. ☐ accomplish	33. ☐ normally
06. ☐ sincere	20. ☐ a series of	34. ☐ widespread
07. ☐ credit	21. ☐ approximately	35. ☐ respectfully
08. ☐ await	22. ☐ refuse	36. ☐ laboratory
09. ☐ patron	23. ☐ comment	37. ☐ fairly
10. ☐ accurate	24. ☐ method	38. ☐ retail
11. ☐ avoid	25. ☐ original	39. ☐ unique
12. ☐ reasonable	26. ☐ acknowledge	40. ☐ connect
13. ☐ medication	27. ☐ rare	
14. ☐ overall	28. ☐ contend with	

01 audit
[ɔ́:dit]

(회계)감사하다
파 auditor 감사원

명 (회계)감사

We already have a regular audit system that reviews the company's financial records.

회사의 재무기록을 검토하는 정기적인 감사시스템을 이미 가지고 있다.

02 specialize in
[spéʃəlàiz]

파 specialized 전문화된
유 major in

동 ~을 전문으로 하다

Flavo Corporation specializes in catering for corporate events and exhibition openings.

Flavo사는 회사 행사나 전시회 오프닝을 위한 출장요리를 전문으로 한다.

03 commute
[kəmjú:t]

파 commuter 통근자

동 통근[통학]하다

Most of the local residents commute to work by public transportation.

대부분의 지역 주민들은 대중교통 수단으로 통근한다.

04 bid ❶
[bid]

입찰하다, 값을 부르다
유 put in a bid 입찰하다

명 입찰(가)

Publix Builders Inc's bid for the new highway system has been reviewed and approved by the financial manager.

새로운 고속도로 시스템을 위한 Publix Builders사의 입찰은 검토되었고, 재정담당자에 의해서 승인되었다.

05 verify ❷
[vérifài]

표 as verified 증명된대로

동 증명하다, 확인하다

The leading travel agency is continuing the process of verifying every last detail.

그 유명 여행사는 모든 세부사항을 입증하는 절차를 지속하고 있다.

06 sincere
[sinsíər]

파 sincerely 진심으로

형 진심의

Large companies have made sincere efforts to increase their industrial competitiveness in the global market.

대기업은 국제시장에서 산업경쟁력을 높이기위해 진지한 노력을 하고 있다.

07 credit ❸
[krédit]

파 creditor 채권자
creditable 훌륭한
표 store credit 매장적립금

명 신용, 포인트

You need to bring a sales receipt to get a cash refund. Otherwise, we can only offer an exchange or store credit.

현금 환불을 받으시려면 영수증을 가지고 오셔야 합니다. 그렇지 않으면, 교환이나 매장적립금만 드릴 수 있습니다.

08 await

[əwéit]

위 wait for 기다리다

동 기다리다

We await the results of the bid to take over the company.

그 회사를 인수하기위한 입찰 결과를 기다리고 있다.

09 patron 4

[péitrən]

패 patronage 단골거래, 후원
　patronize 후원하다
위 sponsor 후원자

명 후원자, 단골고객

The awards have been granted to 10 outstanding art patrons worldwide annually since 2002.

이 상은 2002년 이래로 매년 전세계에서 뛰어난 예술 후원자 10명에게 수여되어 왔다.

10 accurate

[ǽkjurət]

반 inaccuracy 부정확
　inaccurate 부정확한

형 정확한, 정밀한(precise)

Although some of the documents contain errors and inaccuracies, they have significant historical value.

몇몇 문서에는 오류와 부정확한 것도 있지만 귀중한 역사적 가치가 있다.

Tip　여기서 출제된다!　TOEIC 어휘 출제포인트

1 bid관련 주요 표현들은 다음과 같은 것들이 있다.
　make a bid for ~에 입찰하다　　accept a bid 입찰을 승인하다
　put in a bid for ~에 입찰하다　　bid for ~에 입찰하다
　ex put in a bid for the construction of the building 건물 건설에 입찰하다
　The Chinese company submitted its final bid for Nexturn to the creditors last week.
　그 중국회사는 지난 주 Nexturn사에 대한 최종 입찰서를 채권단에 제출했다.

2 verify처럼 -fy로 끝나는 동사들
notify 통보하다	satisfy 만족시키다	simplify 단순화하다	diversify 다양화하다
modify 수정하다	classify 분류하다	clarify 명백히 하다	certify 증명[보증]하다
fortify 강화하다	specify 명시[상술]하다	defy 거부[도전]하다	identify 확인[증명]하다
justify 정당화하다	qualify 자격을 주다	purify 맑게 하다	exemplify 예증하다

　*이런 동사들의 변화형(-fied)에 주의하자.
　Fred is highly qualified for the job. Fred는 그 일에 충분히 자격이 있다.

3 credit과 관련된 기타 중요 표현들
credit card 신용카드	credit history 신용 기록	store credit 가게 적립금
a letter of credit 신용장	credit limit 신용대출 한도(액)	creditable 훌륭한

4 patron(고객)과 관련된 기타 표현들
　regular customer 단골 고객　client (변호사나 은행 등의) 고객　patronage 후원, 애용
　ex We sincerely appreciate your continued patronage.
　저희는 지속적인 후원에 진심으로 감사드립니다.

11 avoid
[əvɔ́id]

- 파 **avoidable** 피할수있는
- 참 **inevitable** 피할수없는

동 피하다

Companies have to avoid getting involved in unnecessary disputes that can damage exports. 〈*dispute 논쟁, 분쟁〉

수출에 피해를 줄 수 있는 불필요한 분쟁에 관련되는 것을 피해야 한다.

12 reasonable
[rí:zənəbəl]

- 파 **reasonably**
- 유 **rational** 합리적인

형 합리적인, 저렴한

We're dedicated to supplying products of the highest quality yet at a reasonable price for worldwide customer satisfaction.

우리는 전세계 고객 만족을 위해 최고의 품질을 가진 제품을 합리적 가격에 공급하기 위해 전념하고 있다.

13 medication
[mèdəkéiʃən]

- 파 **medicine** 약

명 약물(치료)

Researchers found that the medication is helpful for many patients with high blood pressure.

연구자들은 이 약이 고혈압을 가진 많은 환자들에게 도움이 된다는 것을 발견했다.

14 overall
[óuvərɔ̀:l]

전반적으로

형 전반적인, 포괄적인(comprehensive)

The management team wants to know some more details about our overall financial stability.

관리팀은 전반적인 재정 안정성에 대해 보다 세부사항들을 알고 싶어한다.

15 affordable ❶
[əfɔ́:rdəbəl]

- 파 **afford** ~할 여유가있다

형 적절한, 저렴한

Outlets supply a wide variety of items at affordable prices.

할인매장은 다양한 제품을 적당한 요금에 제공한다.

16 timely
[táimli]

시기적절하게

형 시기적절한

The construction project was completed in a timely manner.

건설 프로젝트는 때맞춰 완성되었다. 〈in a timely manner 제때에, 때맞춰〉

17 strike
[straik]

파업하다, 충돌하다
- 표 **on strike** 파업 중인
  postal strike 우편파업

명 파업(walkout)

There were few workers in the processing plant who went on strike.

가공 공장에서는 파업을 한 근로자들이 거의 없었다.

[18] circumstance [2]

[sə́:rkəmstæns]

윤 situation 상황*
surroundings 환경

명 상황, 환경

Given the exceptional circumstances, the unemployment rate will increase considerably this quarter.
〈*given ~을 고려해볼때〉
특별한 상황을 고려해 볼때, 실업률이 이번 분기에 꽤 상승할 것이다.

[19] accomplish

[əkámpliʃ]

파 accomplishment 성취
혼 accompany 동행하다

동 성취하다(achieve)

They planned very carefully how they would accomplish their sales goals.

그들은 어떻게 판매목표를 완수할 것인 지에 대해 주의 깊게 계획했다.

[20] a series of [3]

[síəri:z]

윤 a range of 일련의

형 일련의, 다양한(a variety of)

The product development team is liable for a series of defective products.

제품개발 팀은 일련의 결함있는 제품에 책임이 있다.

Tip 여기서 출제된다!　　　TOEIC 어휘 출제포인트

1 affordable관련 파생 표현들에 주목하자.

can afford toV ~할 여유가 있다　　at an affordable price 저렴한 가격에

ex Denny cannot afford to buy a compact car on his small salary.

Denny는 적은 급여로 차를 살 형편이 안된다.

affordable은 '저렴한' 이란 뜻으로 종종 쓰인다.

값싼, 저렴한	cheap	inexpensive	⇔	비싼	costly	expensive
	affordable	reasonable			luxury	at a high price

ex They sell a wide variety of products at a reasonable price.

그들은 다양한 제품을 저렴한 가격에 판매한다.

2 circumstance(상황)과 관련된 기타 표현들

circumstances 상황, 환경	It was the right decision under the present circumstances. 현재의 상황 하에서 그것은 올바른 결정이었다.
state 상황, 상태	the current state of the economy 경제의 현 상태
situation 상황, 이치	the serious financial situation 심각한 재정상황
status 상황, 지위	the status of the real estate 부동산 시장 상황

ex under no circumstances 어떤 경우에도 ~아니다

3 a series of(일련의, 다양한)관련 유사 표현들

다양한	a variety of	a range of	an assortment of
	various	diverse	diversified

ex Property prices have continued to fall due to a wide range of government measures. 부동산 가격은 정부의 일련의 폭넓은 조치로 인해 내림세를 지속하고 있다.

21 approximately
[əpráksəmətli]

- 윤 nearly 거의
- 참 proximity 근접

부 거의, 대략(roughly)

The cost is expected to reach approximately $14 billion, or about 7 percent of the annual budget.

비용은 약 140억불 또는 연간 예산의 약 7퍼센트에 달할 것으로 예상된다.

22 refuse ❶
[rifjúːz]

- 윤 reject 거절하다
- 참 refute 반박하다

동 거절하다(turn down)

The bank teller refused to cash the check without photo ID.

은행 출납원은 사진이 있는 신분증이 없는 경우 수표를 현금화 해 주기를 거부했다.

23 comment
[kámənt]

논평, 의견
- 파 commentator 해설자
- 혼 commence 시작하다

동 말하다, 논평하다

Officials at the company's Tokyo headquarters declined to comment on the possibility of additional rate increases.

이 회사의 도쿄 본사에 있는 간부들은 추가 인상 가능성에 대해 언급을 회피했다.

24 method
[méθəd]

- 윤 means 방법

명 방법

In order to save energy, the automaker has found a more efficient manufacturing method.

그 자동차 회사는 에너지를 줄이는 보다 효과적인 제조 방법을 개발했다.

25 original ❷
[ərídʒənəl]

원본
- 파 originally 원래, 처음에
- 참 genuine 진짜의, 진품의

형 원래의, 처음의

Customers are urged to keep their original receipts for refunds. 환불을 위해 고객들은 원본 영수증을 챙겨둘 것을 권유받는다.

26 acknowledge
[æknálidʒ]

- 파 knowledgeable 박식한

동 인정하다, (받았음을) 알리다

I am writing to acknowledge receipt of your document.

당신의 서류를 수령하였습니다.

27 rare ❸
[rɛər]

- 파 rarely 거의 ~않다*
- 혼 rear 뒤
  bare 텅 빈, 벌거벗은

형 드문, 희귀한

The jazz festival features free outdoor events and a rare opportunity to see rising stars.

이번 영화 페스티벌은 무료 야외 행사와 떠오르는 스타를 볼 수 있는 귀한 기회를 특징으로 한다.

28 contend with ④
[kənténd]

참 contents 내용, 만족한

동 ~에 대처하다, 싸우다

When contending with customer complaints, telephone representatives value perfection the most.

전화 상담원은 고객 불만을 처리할 때, 완벽을 가장 중요하게 여깁니다.

29 exceed ⑤
[iksí:d]

파 excessive 과도한*
excess 초과(량)

동 (수나 양을) 넘다, 능가하다(=surpass)

The actual cost substantially exceeded original estimates.

실제 비용은 원래의 견적을 상당히 초과했다.

30 innovative
[ínəvèitiv]

파 innovation 혁신
참 revolutionary 혁명적인*

형 혁신적인

The new hybrid car makes use of innovative technologies to provide excellent fuel efficiency.

새로운 하이브리드 자동차는 높은 연비를 제공할 수 있는 혁신적인 기술을 사용한다.

Tip 여기서 출제된다!　　　TOEIC 어휘 출제포인트

❶ refuse(거절하다)의 동의어를 알아보자.

거절하다	refuse, reject, decline	⇔	인정하다 승인하다	accept, admit, permit
	turn down			approve, allow

❷ original처럼 **-al**로 끝나는 주요 명사들

normal 표준	memorial 기념물	professional 전문가	renewal 갱신, 재개발
serial 일련번호	initial 첫글자	proposal 제안(서)	rival 경쟁자

ex Joel is a famous professional in the field of public health advertising
Joel은 공공 의료 광고 분야에서 유명한 전문가이다.

❸ rare의 파생어 **rarely**의 해석에 주의하자.

거의 ~하지 않다, 좀처럼 ~하지 않다	rarely, barely, hardly, scarcely, seldom

ex There has been hardly any foreign investment or competition.
외국인 투자나 경쟁이 거의 없었다.

❹ contend with와 혼동되는 **content with**을 알아두자.

contend with ~에 대처하다, 싸우다　　**ex** The airline has to contend with soaring fuel costs.
항공사는 치솟는 유가에 대처해야 한다.

be content with ~에 만족하다　　**ex** She is not content with her present job and salary.
그녀는 현재의 직장과 급여에 만족하지 않는다.

❺ exceed처럼 **-ceed**어근을 쓰는 단어들
-ceed는 '가다(go)'라는 뜻을 지닌 어근

exceed 초과하다	proceed 나아가다, 계속하다	succeed 성공하다; 뒤를 잇다
recede 물러가다	precede ~보다 앞서다, 선행하다	

□ contend with □ exceed □ innovative　　　　

31 valuable [1]
[vǽljuːəbəl]

참 **valuables** 귀중품
윤 **valued** 귀중한

형 **가치있는, 귀중한**

Participants will be able to obtain valuable experiences by participating in the international volunteering program.

참가자들은 이 프로그램을 통해 국제적인 봉사활동에 참가함으로써 귀중한 경험을 얻을 수 있을 것이다.

32 delegate
[déligət]

대표자, 파견인
윤 **representative** 대표

동 **위임하다, 파견하다**

The delegates are all aware of the importance of the incident. 대표자들은 그 사건의 중요성을 모두 알고 있다.

33 normally
[nɔ́ːrməli]

파 **normal** 정상, 표준
반 **abnormal** 비정상(적인)*

부 **보통, 정상적으로**

Steven Musical Theater can accommodate 1200 people in total, and approximately 900 during normal operation.

Steven 뮤지컬 극장은 총 1200명을 수용할 수 있으며, 정상영업 중에는 대략 900명을 수용한다.

34 widespread
[wáidsprèd]

파 **spread** 퍼뜨리다, 펴다
참 **widely** 널리

형 **널리 퍼진, 광범위한**

Market conditions were against them, so they failed to gain widespread popularity.

시장상황이 그들에게 반대였기때문에, 폭넓은 인기를 얻는데 실패했다.

35 respectfully [2]
[rispéktfəli]

파 **respectable** 존경할만한
혼 **respective** 각각의

부 **정중하게, 존중하면서**

She respectfully declined to address the delegates.

그녀는 대표자들 앞에서 연설하는 것을 정중히 거절했다.

36 laboratory
[lǽbərətɔ̀ːri]

명 **실험실, 연구실**

The laboratory workers must wear protective gear in compliance with its safety regulations.

실험실 연구원들은 안전 규정을 준수하여 보호 장비를 착용해야 한다.

37 fairly [3]
[fɛ́ərli]

파 **fair** 공정한; 박람회
윤 **highly** 매우
　　heavily

부 **꽤, 상당히; 공정히**

The evaluation form is lengthy and fairly complicated.

평가양식은 길고 상당히 복잡하다.

38 retail ④

[rí:teil]

파 retailer 소매업자

명 소매(↔wholesale)

Retailers anticipate that sales will increase in the upcoming third quarter.

소매업자들은 다음 3분기에 판매가 증가할 것으로 예상하고 있다.

39 unique

[juːníːk]

유 unusual, special 특별한

형 독특한, 흔하지 않은

The annual event will present unique and valuable pieces gathered from Asia at affordable prices.

이번 연례행사에는 아시아에서 수집된 독특하고 귀중한 물건들이 저렴한 가격에 판매된다.

40 connect

[kənékt]

파 connection 연결, 접속
참 contact 연락하다

동 연결하다

The employment agency connects job seekers with employers. 직업 소개소는 구직자들과 고용주를 서로 연결시켜준다.

Tip 여기서 출제된다!   TOEIC 어휘 출제포인트

1 valuable과 혼동을 일으키는 단어 **invaluable**

가치있는, 귀중한	valuable, invaluable worthy priceless, precious	⇔	가치없는, 하찮은	valueless worthless trivial

ex You are an invaluable company asset. 당신은 회사의 매우 귀중한 자산입니다.
Since we move priceless paintings, safety is our top priority.

귀중한 그림들을 옮기기 때문에 안전이 최우선 과제이다.

2 respectfully와 관련된 중요 표현들은 다음과 같다.

단어	respect	respected	respectful	respectable	respective
뜻	존중하다, 존경하다 존중, 존경; 사항	존중받는, 높이 평가되는	공손한, 정중한	존중할만한 만족스러운	각각의

ex Our manager always treats everyone he meets in a respectful manner.

우리 매니저는 그가 만나는 모든 사람에게 공손한 태도로 대우한다.

3 fairly와 더불어 시험에 빈출되는 부사표현들을 몇 가지

unfairly raise the rent 불공정하게 집세를 올리다   **shortly after the accident** 사고 후에 바로(직후에)
available exclusively to members 맴버들에게만 적용되는   **accidentally discover** 우연히 발견하다
respectively decline his order 주문을 정중히 거절하다   **consistently provide** 변함없이 제공하다

4 retail처럼 함께 잘 쓰이는 복합명사들에 익숙해지자.

retail sales 소매 판매   **energy efficiency** 에너지 효율성   **assembly plant** 조립공장
product availability 제품 이용   **consumer awareness** 소비자 인지도   **savings account** 예금 계좌

□ **be subject to**
[sʌ́bdʒikt]
파 subjective 주관적인

[동] ~당하기 쉽다, ~에 종속적이다
This agreement is subject to the approval of the government.
이 협정은 정부의 승인을 받아야 한다.

□ **run out of**
참 run short of ~이 부족하다

[동] ~을 다 쓰다
We ran out of working capital. 우리는 운영자금을 다 썼다.

□ **cannot help ~ing**

[동] ~하지 않을 수 없다
cannot help worrying about security-related issues
보안 관련 사안들에 대해 걱정하지 않을 수 없다

□ **in a timely manner**
[mǽnər]
참 manner 방식, 태도

[부] 적절한 때에, 때 맞춰
They handled customer complaints systematically and in a timely manner. 그들은 고객의 불만을 체계적이고 때 맞춰 처리했다.

□ **defy description**
[difái]
참 defy 저항[거부]하다

[동] 형언할 수 없다, 말로 표현할 수 없다
The live performance defied all description.
라이브 공연은 형언할 수 없을 만큼 훌륭했다.

□ **turn down**
[təːrn]
유 refuse 거절하다

[동] 거절하다(reject)
turn down the union's demand for wage increases
노조의 임금 인상 요구를 거절하다

□ **be likely that ~**
[láikli]
유 be likely to V

[동] ~할 것 같다
It is likely that oil prices will continue to rise due to the unstable supply in the global market.
유가는 국제시장에서의 공급 불안 때문에 계속해서 상승할 것으로 보인다.

□ **take action**
유 take a measure

[동] 조치를 취하다
Other countries are likely to take the same action as the United States.
다른 나라들도 미국과 동일한 조치를 취할 것으로 보인다.

□ **can afford to V**
[əfɔ́ːrd]

[동] ~할 여유가 있다
They can not afford to wait for market conditions to improve.
그들은 시장상황이 좋아지기를 기다릴 여유가 없다.

□ **be noted for**
[nóutid]
파 note 주목(언급)하다
유 be known for 유명하다

[동] ~로 유명하다(=be famous for)
The library is especially noted for its variety of audio-visual materials.
그 도서관은 특히 다양한 시청각 자료로 유명하다.

□ **respectable**
[rispéktəbəl]
파 respectful 공손한(polite)

형 존경할만한, 좋은, 만족스러운
make respectable profits 만족스러운 수익을 올리다

□ **respective**
[rispéktiv]

형 각각의
Five companies were given best company awards in their respective sectors. 5개 기업이 각각의 분야에서 최우수 기업 상을 받았다.

□ **be known as+자격**
[noun]
참 be known for+이유

동 ~로써 알려져 있다
Carter is known as a highly respected photographer.
Carter는 매우 높이 평가되는 사진작가로써 알려져 있다.

□ **be known to+대상**
[noun]

동 ~에게 알려져 있다
He is known to everybody. 그는 모든 사람에게 알려져 있다.

□ **submit**
[səbmít]

동 제출하다
submit an applicant's resume 지원자의 이력서를 제출하다

□ **summit**
[sʌ́mit]

명 정상, 정상 회담
reach the summit of her career 직업의 정상[정점]에 달하다

□ **priceless**
[práislis]

형 가치있는, 귀중한
priceless moments in my life 내 삶의 귀중한 순간들

□ **valueless**
[vǽljuːlis]
유 trivial

형 가치없는, 하찮은
The land is commercially valueless. 그 땅은 상업적으로 가치가 없다.

□ **invaluable**
[invǽljuəbəl]

형 매우 가치있는
invaluable assets of our company 우리 회사의 매우 가치있는 자산

□ **heal**
[hiːl]

동 치료하다(cure)
Time heals all sorrows. 시간은 모든 슬픔을 치료한다.

□ **heel**
[hiːl]

명 뒤꿈치
the heel of a shoe 구두의 뒤꿈치

□ **chef**
[ʃef]

명 주방장
the head chef of the restaurant 식당의 수석 주방장

□ **shelf**
[ʃelf]
참 bookshelf 책꽂이

명 선반
A woman is putting a box on the shelf.
한 여성이 선반에 박스를 놓고 있다.

01 __The employment agency asked job seekers to submit their resumes to the personnel manager in a ------- manner.

(A) fortunate
(B) timely
(C) seasonal
(D) managerial

02 __ Many of the customers eagerly ------- the opening of the new branch in China next month.

(A) gather
(B) lower
(C) await
(D) recover

03 __The division head strongly recommended Johnson for his ability to analyze retail sales figures -------.

(A) accidently
(B) accurately
(C) abruptly
(D) approximately

04 __Reports say EMC shipping company ------- in the shipment of frozen food products.

(A) specific
(B) special
(C) specializes
(D) specification

05 __ The cafeteria attracts many customers by offering flavorful food at an ------- price.

(A) overall
(B) avoidable
(C) editorial
(D) affordable

06 __I am writing to ------- the arrival of the requested documents, but I am afraid to say that they do not match my records.

(A) suggest
(B) acknowledge
(C) commute
(D) remark

정 답 01.(B) 02.(C) 03.(B) 04.(C) 05.(D) 06.(B)

※ 추가 문제 및 보카테스트는 www.toeicvoca.com에서 제공합니다.

최우선순위 어휘편 〉 우선순위 어휘편 〉 중요 어휘편

DAY 13

2nd week

우선순위 어휘편

진단테스트 토익시험에 꼭 나오는 토익 어휘 리스트
Preview – 오늘 배울 토익보카에 대한 자신의 실력을 테스트해 보세요!

01. ☐ gratitude	15. ☐ coordinate	29. ☐ lay off
02. ☐ eliminate	16. ☐ deny	30. ☐ oversee
03. ☐ compatible	17. ☐ undergo	31. ☐ appliance
04. ☐ precise	18. ☐ promising	32. ☐ opening
05. ☐ entitle	19. ☐ atmosphere	33. ☐ exceptional
06. ☐ frequent	20. ☐ diagnosis	34. ☐ practice
07. ☐ absolute	21. ☐ assume	35. ☐ failure
08. ☐ admission	22. ☐ briefly	36. ☐ objective
09. ☐ bankrupt	23. ☐ summary	37. ☐ pharmacy
10. ☐ injury	24. ☐ applaud	38. ☐ influence
11. ☐ discontinue	25. ☐ enthusiastically	39. ☐ aspect
12. ☐ administration	26. ☐ motivate	40. ☐ primarily
13. ☐ prescription	27. ☐ suitable	
14. ☐ huge	28. ☐ superior to	

01 gratitude ❶
[grǽtətjùːd]
- 파 grateful 감사하는*
- 혼 gratuity 팁

명 감사

On behalf of the charity organization, I want to show gratitude for the patronage.

자선 단체를 대신하여 후원에 감사를 표합니다.

02 eliminate
[ilímənèit]
- 유 eradicate 뿌리뽑다
  trim 잘라내다, 없애다

동 제거하다(get rid of)

With higher tax revenues, the government has been able to eliminate or reduce deficits.

정부는 높은 세금으로 예산적자를 제거하거나 축소해왔다.

03 compatible ❷
[kəmpǽtəbəl]
- 표 compatible with
  ~와 호환가능한

형 함께 사용할 수 있는, 호환 가능한

Read the instructions to make sure that the spray is compatible with the material in the shoe.

스프레이가 신발 소재와 함께 사용가능한지 확인하기위해 설명서를 읽으세요.

04 precise
[prisáis]
- 혼 species 종류, 종(種)

형 정밀한(accurate)

Our new accounting program is accurate and precise.

저희의 새로운 회계 프로그램은 정확하고 정밀하다.

05 entitle ❸
[intáitl]
- 표 be entitled to V
  ~할 자격이 주어지다

동 자격을 주다

Regular customers will be entitled to participate in upcoming special events. 〈regular customer 단골 고객〉

단골 고객들에게는 곧 있을 특별행사에 참가할 자격이 주어질 것이다.

06 frequent
[fríːkwənt]
- 파 frequently 빈번히

형 잦은, 빈번한

Many car companies have suffered frequent strikes for nearly two decades.

거의 20년 동안 많은 자동차회사들은 잦은 파업을 겪어 왔다.

07 absolute
[ǽbsəlùːt]
- 파 absolutely 완전히, 아주
- 첨 fully 충분히, 아주

형 완전한, 철저한(utter)

Intel will not be affected by any other company because of its absolute lead in technologies.

Intel사는 절대적인 기술 우위덕분에 다른 기업에 영향받지 않을 것이다.

⁰⁸ admission
[ædmíʃən]

파 admit 인정[허락]하다
참 entry 참가(자), 입력

명 입장(료), 승인

The admission fee is ninety cents for adults which includes access to the park and various exhibits.

어른들은 90센트의 입장료를 내야하며, 이 금액은 공원과 다양한 전시회 입장이 포함되어 있습니다.

⁰⁹ bankrupt
[bǽŋkrʌpt]

파 bankruptcy 파산

형 파산한

Due to the serious financial situation, the company is likely to go bankrupt soon.

심각한 재정 상태로 인해, 그 회사는 곧 파산할 것 같다.

¹⁰ injury
[índʒəri]

파 injure 부상 입히다
참 damaged 파손된, 손상된

명 부상

While the heavy rains caused some damage and flooding, no deaths or serious injuries were reported.

폭우로 인한 일부 피해와 홍수가 있었지만 사망자나 크게 다친 사람은 없는 것으로 알려졌다.

Tip 여기서 출제된다!   TOEIC 어휘 출제포인트

1 gratitude와 함께 '감사' 관련 표현들을 정리하자.

~에 감사하다	be grateful for	I am grateful to you for your kind offer. 당신의 호의에 감사드립니다.
	be obliged for	We are obliged for your help. 당신의 도움에 감사드립니다.
	appreciate	I really appreciate your donations. 여러분의 후원에 진심으로 감사드립니다.

2 compatible처럼 전치사 with를 잘 쓰는 표현들
be familiar with ~에 익숙하다   be concerned with ~와 관계가 있다
be consistent with ~과 일치하다   be content with ~에 만족하다
ex This software is compatible with our current programs.
이 소프트웨어는 현재의 프로그램과 호환이 된다.

3 entitle의 수동태 표현에 주의하자.
be entitled to+명사 〈~에 대한 자격이 주어지다〉   **ex** be entitled to government subsidies
정부 지원금을 받을 자격이 있다

be entitled to V   〈~할 자격이 주어지다〉   **ex** be entitled to jump into negotiations
협상에 뛰어들 자격을 가지다

기타 to부정사와 함께 사용하는 형용사들
be entitled to V =be eligible to V ~할 자격이 있다   be able to V = be capable of ~할 수 있다
be likely to V = be liable to V ~할 것 같다   be ready to V = be ready for ~할 준비가 되어 있다
be willing to V 기꺼이 ~하다(↔be unwilling to V)

11 discontinue ❶

[dìskəntínjuː]

판 continue 계속하다
참 continuous 계속되는

동 중단하다(quit)

It is likely that the factory will discontinue manufacturing aircraft parts due to a shortage of raw materials.

원자재 부족으로 인해 공장은 비행기부품 생산을 중단할 것 같다.

12 administration

[ædmìnəstréiʃən]

파 administrative 행정상의
administrator 행정관

명 경영, 행정

The executive board is responsible for handling a variety of the administrative tasks of the association.

이사회 임원은 협회의 다양한 행정업무를 처리할 책임을 지고 있다.

13 prescription ❷

[priskrípʃən]

파 prescribe 처방하다
혼 precipitation 강수량

명 처방전

James got his doctor's prescription in order to receive the medication.

James는 약을 받기 위해서 담당 의사의 처방전을 받았다.

14 huge

[hjuːdʒ]

유 tremendous 거대한
enormous

형 거대한(immense)

Once the advertising campaign is launched, Robinson Chinese Restaurant is expected to make a huge profit.

일단 광고 캠페인이 나가고나면, Robinson 중국 식당은 큰 이익을 낼 것으로 기대된다.

15 coordinate

[kouɔ́ːrdənət, -nèit]

파 coordination 조정
참 cooperate 협조하다

동 조정하다, 조절하다

The new control division has been launched to coordinate both investments and research and development strategy.

투자와 연구개발 전략을 조정하기위해 새로운 관리부서가 출범되었다.

16 deny

[dinái]

파 denial 부인; 거절
유 refuse 거부하다

동 부인하다; 거부하다(↔admit)

Under the current system, foreign executives could deny responsibility for damage caused by their mismanagement.

현재의 시스템 하에서는 외국인 임원은 경영 부실로 인한 손실에 대한 책임을 부인할 수 있다.

17 undergo ❸

[ʌ̀ndərgóu]

파 undergoing 진행중인
유 go through

동 겪다, 경험하다

In short, the economic conditions need to undergo huge changes. 간단히 말하자면, 경제 상황은 커다란 변화를 필요로 하고 있다.

¹⁸ promising

[prάmisiŋ / prɔ́m-]

📚 promise 약속(하다)
　compromise 타협, 화합

형 유망한, 가망이 있는

Russia is certainly one of the most promising markets; it has great growth potential.

러시아는 분명히 성장 잠재력이 큰 가장 유망한 시장 중 하나이다.

¹⁹ atmosphere

[ǽtməsfìər]

참 mood 기분, 분위기

명 분위기

Egypt played a leading role in creating a positive atmosphere.

이집트는 긍정적인 분위기 창출에 주도적인 역할을 했다.

²⁰ diagnosis

[dàiəgnóusis]

📚 diagnose 진단하다
참 analysis 분석

명 진단

Two weeks after the diagnosis, Joe was hospitalized for treatment.

진단을 받은 지 2주 후에 Joe는 치료를 위하여 입원했다.

Tip 여기서 출제된다!　　TOEIC 어휘 출제포인트

1 discontinue처럼 dis-접두어를 쓰는 단어들을 살펴보자.

| dis-는 '분리(away), 부정(not), 반대(opposite)'라는 뜻을 지닌 접두어 |

dishonest 부정직한　　disclose 공개하다　　discharge 방출시키다, 짐을 내리다
disregard 무시하다　　disperse 흩어지다　　dissipate 흩뜨리다; 낭비하다
distress 근심(하게 하다)　　discern 분간하다　　distract (주의를) 흩뜨리다
disagree 반대하다(object)　　discord 불일치　　discourage 낙담시키다
　ex Passengers dispersed immediately upon arrival. 승객들은 도착 즉시 흩어졌다.

2 prescription관련 표현들은 다음과 같은 것들이 있다.

fill a prescription 처방전을 조제하다　　prescribe medicine 약을 처방하다

| 기타 | -scribe는 '쓰다(write)'라는 뜻을 지닌 어근 |

prescribe 처방하다　　script 스크립트, 대본　　manuscript 원고
describe 설명하다　　subscribe 구독하다　　circumscribe ~을 제한하다, 속박하다
　ex job description 직무 내용 / renew subscription 구독을 갱신하다

3 undergo처럼 변화형에 주의해야 할 단어들

*불규칙한 동사 변화형에 주의하라.

원형	과거	과거분사	원형	과거	과거분사
undergo 겪다	underwent	undergone	spend 소비하다	spent	spent
overcome 극복하다	overcame	overcome	withdraw 인출하다	withdrew	withdrawn
grow 자라다	grew	grown	lend 빌려주다	lent	lent

　ex She withdrew and spent all the money he lent her.
　그녀는 그가 빌려준 모든 돈을 인출하여 써버렸다.

21 assume ❶
[əsjúːm]

표 It is assumed that~
~라고 추정되다

동 추정하다, 떠맡다

It is assumed that the world's climate will significantly change because of pollution.

〈*it is assumed that ~라고 가정(추정)되다〉

오염으로 인해 세계 기후가 상당히 변할 것으로 추정된다.

22 briefly
[bríːfli]

파 brief 간결한;
간결히 설명하다

부 간결히, 잠시만

Olivia, who assumed the job early last year, made a brief statement to experessing her intention to resign.

작년 초에 일을 맡았던 Olivia는 간단하게 사퇴 의사를 밝혔다.

23 summary
[sʌ́məri]

파 summarize 요약하다
유 abbreviate 요약[단축]하다
표 in summary 요약하면

명 요약(서)

The health professional gave a brief summary of the major issues.

보건 전문가는 주요 사안을 간단히 요약했다.

24 applaud
[əplɔ́ːd]

유 compliment 칭찬하다

동 박수치다, 칭찬하다(praise)

Industry analysts applaud GM`s continued efforts to improve its productivity and profitability.

업계 전문가들은 생산성과 수익성 향상을 위한 GM의 지속적인 노력에 박수를 보냈다.

25 enthusiastically
[enθúːziæ̀stikəli]

파 enthusiastic 열정적인
enthusiasm 열정

부 열정적으로, 열광적으로

The audience enthusiastically applauded the decision that taxes would be cut.

청중은 세금을 줄이겠다는 결정에 열광적으로 박수를 보냈다.

26 motivate
[móutəvèit]

파 motivated 의욕넘치는
표 self-motivation
자기동기부여

동 동기부여하다

In a brief statement, Amanda expressed her sincere gratitude to all the people for having motivated and supported her.

Amanda는 짧은 성명서에서 격려해주고 지지해준 모든 국민께 진심어린 감사의 뜻을 표했다.

27 suitable ❷
[súːtəbəl]

파 suit ~와 적합하다
참 match ~에 어울리다

형 적합한, 적격의

It is assumed that the family sized car is the most suitable vehicle for realizing our plans.

가족용차가 우리 계획을 이루는데 가장 적합한 차량이라고 생각된다.

28 superior to ❸

[supíəriər]

🔄 inferior to ~보다 열등한
참 superb 뛰어난, 최고의

형 ~보다 뛰어난, 우수한

He is definitely superior to the other volunteers.

그는 다른 지원자들보다 단연 뛰어나다. 〈*volunteer 지원봉사자; 자원하다〉

29 lay off

[lei]

파 layoff 해고
참 layout 배치, 지면배정

동 해고하다(dismiss)

The firm decided to lay off 30 full time workers.

그 회사는 30명의 정규노동자들을 해고하기로 결정했다.

30 oversee

[ðuvərsí:]

파 overseer 감독관
혼 overlook 내려다보다
    overseas 해외의

동 감독하다

The maintenance staff thoroughly oversee the manufacturing facilities every day.

시설 관리부 직원들은 매일 제조시설을 철저하게 검사한다.

Tip · 여기서 출제된다!   TOEIC 어휘 출제포인트

1 assume은 다음과 같이 수동태로도 많이 쓰이니 해석에 주의하자.

It is assumed that~	~라고 가정되다(=it is estimated that~)
It is thought that~	~라고 생각되다
It is reported that~	~라고 보도되다

ex It was reported that thousands of children are suffering in wars.

수많은 어린이들이 전쟁으로 고통을 겪고 있다고 보고되었다.

2 suitable과 관련된 유사표현들

The new shirt becomes/suits/fits you. 〈어울리다/맞다(fit)〉
I don't think she is becoming/suitable/fit for this position. 〈적합한, 알맞은〉
The product matches the needs of customers.

그 제품은 소비자 요구에 부합한다.

3 superior는 '~보다 뛰어난'이란 뜻으로 쓰일 때에는 전치사 to를 쓴다.

than이 아닌 전치사 to와 함께 잘 쓰이는 비교급 표현

be superior to ~보다 우수하다 ↔ inferior to ~보다 더 열등한
senior to ~보다 더 나이가 든 ↔ junior to ~보다 더 나이 어린
prior to ~보다 더 일찍

ex Our competitor's products are not superior to ours.

경쟁사의 제품들이 우리 제품들보다 뛰어나지 않다.

기타 전치사 to를 쓰는 중요 표현들

be adjacent to ~에 인접하다   be irrelevant to ~과 무관하다   similar to ~과 유사한
be committed to ~에 전념하다   be contrary to ~과 반대되다

---

31 appliance
[əpláiəns]

혼 application 신청(서), 적용

명 전자제품
The guarantee on the electrical appliance will expire after 2 years. 가전제품의 보증은 2년 후에 만료됩니다.

32 opening ①
[óupəniŋ]

오프닝, 개업[개시]
유 vacancy 공석, 빈자리

명 빈자리, 공석
Kevin was able to apply immediately after he found the job opening in the accounts department.
Kevin은 회계부서에 공석을 발견했을 때 바로 지원할 수가 있었다.

33 exceptional
[iksépʃənəl]

파 exception 예외

형 뛰어난, 예외적인
The music fans enthusiastically applauded the exceptional performer.
음악 팬들은 뛰어난 연주자에게 열정적으로 박수를 보냈다.

34 practice
[præktis]

파 practical 실질[실용]적인
표 business practice
　사업 관행

명 관행, 연습
The new accountant was very cautious about following the company accounting practices.
⟨*be cautious about ~에 주의(조심)하다⟩
새로운 회계사는 회사의 회계관행을 따르는 것에 매우 조심스러워했다.

35 failure
[féiljər]

참 faulty 결함있는
　flawed 결함있는

명 고장, 실패
Nearly 10,000 houses were blacked out for two hours on Sunday night by a power failure caused by a thunderstorm.
약 1만가구가 천둥번개로 인한 정전으로 일요일 밤 두시간 동안 암흑천지였다.
⟨*power failure 정전(blackout)⟩

36 objective ②
[əbdʒéktiv]

객관적인
반 subjective 주관적인

명 목표, 목적
The major strategic objective is to eliminate the defects of the previous model.
주요 전략 목표는 이전 모델의 결함을 없애는 것이다.

37 pharmacy
[fáːrməsi]

참 pharmaceutical 제약의

명 약국
Please take this prescription to the pharmacy.
이 처방전을 약국으로 가져가세요.

38 influence ❸
[ínfluəns]

~에 영향을 주다(affect)
㉤ influential 영향력있는

명 영향(력)

The financial report had an extensive influence on company planning.

재정보고서는 회사 기획에 폭넓은 영향을 미쳤다.

39 aspect
[æspekt]

혼 accept 승인하다

명 관점, 측면(respect)

Talks over the merger will cover all aspects of important issues.

합병 회담은 중요한 문제에 대한 모든 측면을 다루게 될 것이다.

40 primarily ❹
[praimérəli]

㉤ primary 주요한
   prime 주요한, 최고의
참 priority 최우선

부 주로

The CEO's visit was primarily aimed at creating a positive atmosphere for the annual event. 〈*be aimed at ~을 목적으로 하다〉

최고경영자의 방문은 주로 연례행사에 긍정적인 분위기를 주기 위한 것이었다.

Tip 여기서 출제된다!　　TOEIC 어휘 출제포인트

❶ opening처럼 명사화 된 동명사와 해당 명사의 뜻차이를 구별하자.

opening 공석 - open 야외　　　　housing 숙소, 주거 - house 집
seating 좌석배치 - seat 좌석　　　spending 지출 - spend 지출액, 비용
funding 자금지원 - fund 자금　　　meaning 의미 - means 수단, 방법
ticketing 발권 - ticket 티켓　　　marketing 마케팅 - market 시장

ex Avid Appliances has several job (openings, ~~open~~) for administrative assistants.
Avid Appliances사는 행정 보조직에 일자리 몇 개가 있다.

❷ objective와 관련된 혼동어휘 정리

objective	목표, 목적	be aware of the major strategic objective 주요 전략 목표을 인지하다
objection	반대	despite objections to the policy 정책에 대한 반대에도 불구하고
objectivity	객관성	in order to ensure objectivity 객관성을 보장하기 위해서

❸ influence는 다음과 같은 표현으로 종종 쓰인다.

have an	influence	on~	~에 영향을 끼치다
	effect		
	impact		

ex It is estimated that the lower birth rate will have a considerable influence on tax revenues.
낮은 출산율은 세수(세금 수입)에 상당한 영향을 끼칠 것으로 추정된다.

❹ primarily와 더불어 시험에 빈출되는 부사표현들을 몇 가지

be cordially invited to ~에 정중히 초대되다　　　be distributed equally 균등하게 배포되다
immediately upon arriving 도착하자마자 즉시　　　increase markedly 현저히 증가하다
far too expensive for the quality 품질에 비해 너무 비싼　　fully appreciate 매우 감사하다

go through
[θruː]
*변화형에 주의

동 겪다, 경험하다(undergo); 통과하다
The research firm went through bankruptcy 2 years ago.
그 리서치 회사는 2년 전에 파산을 겪었다.

sold out
[sould]
참 sell-sold-sold 판매하다

형 매진된
The tickets are already sold out. 표는 이미 매진되었습니다.

no later than ~
[léitər]
참 citizen 시민, 국민

부 늦어도 ~까지
Citizens have to report their income no later than March.
늦어도 3월까지는 소득을 신고해야 한다.

come close to
[klouz]

동 ~에 가깝다, ~에 근접하다
come close to last quarter's sales figures
지난 분기 판매 수치에 근접하다

be suited for[to]
[súːtid]
파 suited 적합한, 어울리는

동 ~에 적합하다
We need to decide which applicant is better suited to the
position. 우리는 어떤 지원자가 그 직책에 더 적합한지를 결정해야 한다.

no matter how
[mǽtər]
참 no matter what ~
　　아무리 ~일지라도

부명 아무리 ~해도
No matter how hard I try, I can't get used to living without
you. 아무리 노력해도, 당신 없이는 못살겠어.

deserve to V
[dizə́ːrv]
참 observe 준수하다

동 ~할 가치가 있다, ~할 자격이 있다
They deserve to be praised for their achievement.
그들은 실적에 대해 칭찬받아 마땅하다.

in the red
[red]

부 적자 상태인(↔in the black)
The CEO announced that the company is $80 million in the
red. CEO는 회사가 8천만 달러의 적자를 내고 있다고 발표했다.

in honor of
[ánər]
파 honor 존경(을 표하다)

부 ~을 기념하여, ~에게 경의를 표하여
There will be a banquet held in honor of Carrie on Monday.
월요일에 Carrie를 위한 연회가 열릴 예정입니다.

there is no doubt ~
[daut]
유 it is no doubt that~

동 의심할 바 없이 ~하다
There is no doubt that she deserves to get promoted.
의심할 바 없이 그녀는 승진될 자격이 있다.

ambitious
[æmbíʃəs]

형 야심적인, 열망하는
All new employees are hardworking and ambitious.
모든 신입사원들은 근면하고 의욕적이다.

ambiguous
[æmbígjuəs]
참 indirect 간접적인

형 애매한(vague)
The response to clients' requests was ambiguous.
고객의 요구에 대한 대응이 애매했다.

---

critical
[krítikəl]
참 critic 비평가, 평론가

형 비판적인, 중대한
Most of the customers were critical of the new advertisement. 대부분의 고객들은 새 광고에 대해 비판적이었다.

crucial
[krú:ʃəl]

형 중요한, 결정적인(decisive)
Employee benefits are becoming a crucial factor these days. 요즈음 직원 복리 후생은 중요한 요소가 되어가고 있다.

---

ban
[bæn]
금지

동 금지하다(prohibit)
They launched an active campaign to ban smoking in the building. 그들은 건물 내의 흡연을 금지하기 위해 적극적인 캠페인을 시작했다.

van
[væn]

명 (차량) 밴, 화물차
Denny cannot afford to buy a van on his small salary.
Denny는 적은 급여로 소형차를 살 형편이 안된다.

---

bulk
[bʌlk]

형 대량의
We offer a 30% discount for bulk orders.
우리는 대량 주문에 대해 30퍼센트의 할인을 제공해 드립니다.

volume
[válju:m]

명 양; (소리) 크기; 책
Erickson ordered the first volume of the Ancient History of Korea. Erickson은 한국의 고대 역사 제1권을 주문했다.

---

no matter what ~
[mǽtər]

부동 아무리 ~일지라도, 비록 ~할지라도
No matter what difficulties you face, never give up.
어떠한 어려움에 직면하더라도 포기하지 마세요.

somewhat
[sʌ́mwʌt]

부 다소
The connecting flight will be somewhat delayed due to bad weather conditions.
연결 항공편이 악천후 때문에 다소 지연될 것이다.

01 __Studies indicate that consumers prefer simple and ------- accounting software.

(A) precise
(B) frequent
(C) charitable
(D) reluctant

02 __The user manual indicates that batteries ------- with this type of camcorder should be used.

(A) huge
(B) objective
(C) primary
(D) compatible

03 __Buyers are ------- to repair services free of charge for two years under warranty.

(A) entitled
(B) undergone
(C) equipped
(D) faced

04 __Keep in mind that you need to get your doctor's signature on the ------- in order to receive the medication you want.

(A) description
(B) inscription
(C) prescription
(D) subscription

05 __The most ------- temporary workers will be given full time positions at the end of the next quarter.

(A) opposing
(B) promising
(C) demanding
(D) existing

06 __The article states that New Futures Financial's decision to merge with AMC Powers will be ------- by the likelihood of bankruptcy.

(A) influenced
(B) practiced
(C) respected
(D) authorized

정 답 01.(A) 02.(D) 03.(A) 04.(C) 05.(B) 06.(A)

※ 추가 문제 및 보카테스트는 www.toeicvoca.com에서 제공합니다.

최우선순위 어휘편 〉 우선순위 어휘편 〉 중요 어휘편

DAY 14

2nd week

우선순위 어휘편

진단테스트 토익시험에 꼭 나오는 토익 어휘 리스트
Preview – 오늘 배울 토익보카에 대한 자신의 실력을 테스트해 보세요!

01. ☐ comprehensive
02. ☐ strict
03. ☐ prohibit
04. ☐ consent
05. ☐ quit
06. ☐ portion
07. ☐ former
08. ☐ output
09. ☐ mandatory
10. ☐ designated
11. ☐ empty
12. ☐ dominate
13. ☐ broadcast
14. ☐ instrument

15. ☐ compose
16. ☐ pleasant
17. ☐ rest
18. ☐ similar to
19. ☐ aid
20. ☐ duty
21. ☐ sponsor
22. ☐ dismiss
23. ☐ complement
24. ☐ regrettably
25. ☐ seasonal
26. ☐ capital
27. ☐ settle
28. ☐ shortage

29. ☐ distinguish
30. ☐ screen
31. ☐ advisable
32. ☐ repeatedly
33. ☐ unfortunately
34. ☐ declare
35. ☐ chemical
36. ☐ expose
37. ☐ urban
38. ☐ heavily
39. ☐ furthermore
40. ☐ plenty of

01 comprehensive

[kámprihénsiv]

파 comprehension
참 apprehensive 걱정되는

형 포괄적인, 종합적인

The auditors are scheduled to present their final comprehensive report on 10 November.

회계 감사원들은 11월 10일에 그들의 최종 종합보고서를 제시하기로 되어 있다.

02 strict

[strikt]

유 stringent 엄격한*
반 lenient 관대한

형 엄격한(rigid)

Stricter safety precautions are required in order to prevent workplace accidents.

작업장 사고를 예방하기위해 보다 엄격한 안전 예방 조치가 요구된다.

03 prohibit

[prouhíbit]

유 forbid 금지하다*

동 금지하다(ban)

Smoking is strictly prohibited throughout the subway station. 흡연은 지하철 전 지역에서 엄격히 금지되어 있습니다.

04 consent ❶

[kənsént]

동의하다(agree)
표 written consent 서면동의

명 동의

The accountant found that some money has been automatically taken from its bank account without CEO's consent.

회계사는 돈의 일부가 최고경영자의 승낙없이 은행계좌에서 자동이체 되었다는 것을 발견했다.

05 quit ❷

[kwit]

혼 quite 꽤, 상당히
quiet 조용한

동 그만두다, 중지하다(discontinue)

When her baby came, she was forced to quit her job.

아기가 태어났을 때, 그녀는 직장을 그만두어야 했다

06 portion

[pɔ́:rʃən]

분배[분할]하다
참 proportion* 부분, 몫

명 부분

Overall, a large portion of the advertising budget was spent on television commercials.

전반적으로, 광고 예산의 많은 부분이 텔레비전광고에 쓰였다.

07 former

[fɔ́:rmər]

유 previous 이전의

형 이전의(↔subsequent)

Our former colleague managed the overseas branch effectively. 전 직장동료는 해외 지사를 효과적으로 관리했다.

☐ comprehensive ☐ strict ☐ prohibit ☐ consent ☐ quit ☐ portion ☐ former

08 output
[áutpùt]

참 outcome 결과

명 생산(량), 산출

We are scheduled to increase factory output for the purpose of realizing the marketing strategy.
⟨*be scheduled toV ~할 예정이다⟩

마케팅 전략을 실현시키기 위해 우리는 공장 생산량을 늘릴 예정이다.

09 mandatory
[mǽndətɔ̀ːri]

유 compulsory 의무적인*

형 강제적인, 의무적인

It is mandatory to pay all traffic fines by the due date.

모든 교통 법칙금을 정한 날짜까지 의무적으로 납부해야 한다.

10 designated
[dézignèitid]

파 designate 지정하다
참 designed 고안된
　　assigned 할당된

형 지정된

Keep in mind that smoking is allowed only in designated areas. 흡연은 지정된 장소에서만 허용된다는 것을 명심해주세요.

Tip 여기서 출제된다!　　TOEIC 어휘 출제포인트

1 consent와 관련된 주요 표현들
　　without the consent of ~의 동의 없이　　written consent 서면동의
　　ex without the written consent of each resident 각 거주자의 서면동의 없이
　　기타 without(~없이, 없다면)과 관련된 표현들
　　without exception 예외없이　　　　without permission 허락없이
　　without a doubt 의심할 바 없이　　without further notice 더 이상의 공지가 없으면
　　without a licence 면허없이　　　　without further delay 더 이상의 지연 없이
　　without charge 무료로　　　　　　without an advance reservation 사전 예약 없이
　　ex They submitted reports with very few exceptions. 거의 예외 없이 보고서를 제출했다.

2 quit처럼 동명사를 목적어로 취하는 동사들
　　동사 + doing : 주로 과거의 행위, 습관적 행위를 나타내는 동사들

quit[discontinue] doing ~하는 것을 그만두다	finish doing ~하는 것을 끝내다
consider doing ~하는 것을 고려하다	postpone[delay] doing ~하는 것을 미루다
suggest doing ~하는 것을 제안하다	recommend doing ~하는 것을 권하다
avoid doing ~하는 것을 피하다	give up[abandon] doing ~하는 것을 포기하다

　　ex The administrative assistant considered buying a new car.
　　　行정 보조원은 새 차를 사는 것을 고려했다.

☐ output　☐ mandatory　☐ designated

11 empty
[émti]

윤 vacant 빈, 공허한
unoccupied 빈

형 빈, 공허한
We are considering hiring 50 more employees to fill the empty positions.
우리는 빈자리를 채우기 위해 50명 이상의 직원을 채용할 것을 고려하고 있다.

12 dominate
[dámənèit / dɔ́m-]

파 dominant 지배적인
혼 nominate 지명하다

동 지배하다, 좌우하다
There is no doubt that China is the dominant player in manufacturing. ⟨*there is no doubt that~ 의심할 바 없이 ~하다⟩
의심할 바 없이 제조업 부문에서는 중국이 주도적 지위를 갖고 있다.

13 broadcast
[brɔ́:dkæst]

방송

동 방송하다
Margaret was transferred to the broadcasting company.
Margaret은 그 방송사로 전근되었다.

14 instrument ❶
[ínstrəmənt]

표 musical instrument 악기
참 tool 도구

명 기구, 악기
Our sales representative will demonstrate how to use the measuring instrument.
저희 영업사원이 측량기기 사용법을 설명할 것입니다.

15 compose ❷
[kəmpóuz]

파 composition 구성, 작곡
표 be composed of*
~로 구성되다

동 구성하다, 작곡하다
The organization is composed of delegates from various corporations.
그 단체는 다양한 기업에서 온 대표자들로 구성되어 있다.

16 pleasant
[plézənt]

파 pleasure 즐거움
혼 present

형 즐거운, 유쾌한
It's my great pleasure to present this year's Best Employee Award to Jim White. ⟨*best employee award 우수직원상⟩
올해의 우수직원상을 Jim White씨에게 수여하게 되어서 진심으로 기쁩니다.

17 rest ❸
[rest]

내려놓다, 놓여져 있다
표 the rest of ~의 나머지

명 나머지, 휴식
The sales team hired reliable temporary personnel to execute the rest of the assigned tasks.
영업팀은 나머지 할당된 업무를 처리하기위해서 믿을만한 임시직원을 고용했다.

¹⁸ similar to

[símələr]

[형] ~과 유사한

Similar to the situation in Korea, Japan has also been facing a tough challenge creating more jobs.

한국의 상황과 비슷하게 일본 역시 일자리 창출이라는 어려운 도전에 직면해 왔다.

¹⁹ aid

[eid]

원조하다, 지원하다
[표] first aid 응급 처치
[혼] bid 입찰하다; 입찰

[명] 원조, 지원

Officials say the financial aid is designed to help farmers damaged by last week's flood.

관리들은 금융지원이 지난주 홍수로 피해를 입은 농가를 돕기 위해 계획된 것이라고 말한다.

²⁰ duty ④

[djú:ti]

[파] responsibility 책임, 업무*
[표] duty-free 면세의

[명] 세금, 의무

Is there anything you want to buy at the duty-free shop?

면세점에서 사고 싶은 것이 있니?

Tip　여기서 출제된다!　　TOEIC 어휘 출제포인트

❶ instrument와 함께 각종 '도구' 관련 표현들

도구	tool	instrument	implement
	utensil	appliance	gadget

ex musical instrument 악기 / cooking utensils 조리용 기구(cookware)
　　a gadget for peeling potatoes 감자 깍는 기구

❷ compose와 함께 '구성하다' 관련 동의어를 정리해보자.

compose ~을 구성하다　　　make up ~을 구성하다　　　constitute ~을 구성하다
be composed of ~으로 구성되다　　be made up of ~으로 구성되다(=consist of)

❸ rest라는 단어에는 '휴식' 이란 뜻도 가지고 있다.
take a rest 휴식을 취하다　　take a break 잠깐 쉬다
ex The director recommended that his assistant take a rest for a while.
　　부장은 그의 조수에게 잠시 동안 휴식을 취할 것을 권했다.

❹ duty에 **free**라는 단어가 붙으면 어떤 뜻이 될까?
free는 '~이 없는' 이란 뜻을 가지고 있다.
stress-free 스트레스없는　　caffeine-free 카페인없는　　wrinkle-free 주름없는(않생기는)
sugar-free 무설탕　　　salt-free 소금을 첨가하지 않은　　pesticide-free 무농약의
ex eco-friendly and pesticide-free vegetables 친환경적인 무농약 야채
기타 proof는 '막아주는' 의 뜻을 가지고 있다
waterproof 방수의　　foolproof 누구나 할 수 있는　　weatherproof 비바람에 견디는
windproof 방풍의　　fireproof 내화성의　　　soundproof 방음의

21 sponsor
[spánsər]
후원자

동 후원하다
The China Cultural Center will sponsor various exhibitions and performances.
중국문화원은 다양한 전시회와 공연을 후원할 계획이다.

22 dismiss
[dismís]
파 dismissal 해고
유 layoff 해고

동 해고하다(lay off)
The company dismissed almost one-fourth of its top executives to reduce costs and improve performance.
〈*top executives 최고임원진〉
회사는 비용 절감과 실적 개선을 위해 최고 임원진의 약 4분의 1을 해고했다.

23 complement ❶
[kámplimənt]
보완물, 보충물
파 complementary 보완적인
혼 complimentary 무료의

동 보완하다, 보충하다
Two teams were originally built to complement each other.
두 팀은 원래 서로를 보완하기 위해서 만들어졌다.

24 regrettably ❷
[rigrétəbəli]
파 regret 유감스럽게 생각하다
참 unfortunately 안타깝게

부 유감스럽게도
It is a matter of great regret that such accidents occur so frequently.
그러한 사고가 너무 빈번히 발생하는 것은 참으로 유감스러운 일이다.

25 seasonal
[síːzənəl]
참 seasoning 양념
seasoned 양념된, 숙련된

형 계절적인
Mega-Mart employs a high number of temporary workers over the Christmas period to deal with seasonal high demand for meat products.
Mega 마트는 크리스마스 기간 동안에 육류제품에 대한 계절적으로 높은 수요를 처리하기 위해서 많은 수의 임시직 근로자를 고용한다.

26 capital
[kǽpitl]
참 capitalize on 이용하다

명 자금, 자본
Small enterprises find it difficult to raise capital from leading commercial banks. 〈*enterprise 기업, 사업〉
중소기업들은 주요 상업은행들로부터 자금을 조달하는데 어려움을 겪고 있다.

27 settle
[sétl]
파 settlement 해결, 화해
유 solve, deal with

동 해결하다, 처리하다
Please take immediate action to settle this matter.
이 문제를 해결하도록 조속한 조치를 취해주세요.

28 shortage
[ʃɔ́ːrtidʒ]

윤 deficit* 부족, 적자
참 shortly 곧, 머지않아

명 부족, 결핍

Many countries including North Korea are suffering from food shortages.

북한을 포함하여 많은 나라가 식량부족으로 고통을 겪고 있다.

29 distinguish ❸
[distíŋgwiʃ]

파 distinguished 뛰어난

동 구별하다

It's really hard to distinguish the original from the copy.

원본과 사본을 구별하기가 정말 어렵다.
⟨*distinguish A from B A와 B를 구별하다⟩

30 screen
[skriːn]

스크린
파 screening 자격심사
참 censorship 검열

동 가려내다, 심사하다

Funding is subject to screening by the financial department.

자금 조달은 재정부서에 의한 심사에 달려있다.

 **Tip** **여기서 출제된다!**   TOEIC 어휘 출제포인트

❶ complement와 혼동되는 단어들을 살펴보자.

complement 보완물; 보완[보충]하다	**implement** 도구; 이행하다, 시행하다
compliment 칭찬; 칭찬하다(praise)	**supplement** 보충물; 보충[보완]하다
accomplishment 성취, 실적	**completion** 완성, 완료

ex The sales clerk deserves a compliment. 판매 점원은 칭찬을 받을 만하다.

❷ regrettably와 더불어 시험에 빈출되는 부사표현들을 몇 가지

remarkably 눈에 띄게	**primarily** 주로, 본래, 원래	**precisely** 정확히
particularly 특히, 특별히	**largely** 대체로	**partially** 어느 정도, 부분적으로
fundamentally 근본적으로	**accordingly** 따라서	**actually** 사실상
dramatically 극적으로	**formerly** 이전에	**cautiously** 조심스럽게

ex Interest rates are expected to increase dramatically.

이자율이 급상승할 것으로 예상됩니다.

❸ distinguish에 -ed를 붙이면 어떤 뜻이 될까?

일반적으로 동사에 **-ed**를 붙이면 '~이 된, ~되는' 이란 뜻이 된다.

distinguished 구별되는, 뛰어난	**seasoned** 양념된; 숙련된
automated 자동화된	**experienced** 숙련된(↔inexperienced)
exposed 노출된	**injured** 부상당한
outdated 오래된(obsolete), 구식의	**finished** 완성된
curved 구부러진	**certified** 인증된, 자격증이 있는(=licensed)

31 advisable
[ædváizəvəl]

- 파 advise 조언하다
- 표 advisory committee 자문 위원회

형 권할만한, 바람직한

It is advisable to read the recipe thoroughly before proceeding. 〈*recipe 조리법〉

진행하기 전에 조리법을 꼼꼼히 읽어보는 것이 바람직하다.

32 repeatedly
[ripíːtidli]

- 파 repeat 반복하다
  repetitious 되풀이하는

부 반복적으로

The Foreign Ministry has repeatedly confirmed that the summit will go on as scheduled. 〈*summit 정상회담〉

외교부는 정상회담이 예정대로 진행될 것임을 거듭 확인했다.

33 unfortunately
[ʌnfɔ́ːrtʃənətli]

- 판 fortunately 다행히

부 안타깝게도

Unfortunately, the publisher only has the second volume of the series in stock. 〈*in stock 재고가 있는(↔ out of stock)〉

안타깝게도 출판사에는 그 시리즈의 2권만 있습니다.

34 declare
[diklέər]

- 파 declaration 신고, 선언

동 신고하다, 선언하다

Make sure that you declare these items before going through security.

검색대를 통과하기 전에 이 물품들을 꼭 신고하도록 하세요.

35 chemical
[kémikəl]

화학의
- 파 chemistry 화학

명 화학(제품)

We must wear safety glasses and masks when working with dangerous chemicals.

위험한 화학제품을 가지고 작업 할 때에는 안전 안경과 마스크를 착용해야 한다.

36 expose ❶
[ikspóuz]

- 파 exposed 노출된
  exposure 노출

동 노출시키다

North Korea refused to allow its citizens to be exposed to outside visitors.

북한은 자국민들이 외부 방문자들에게 노출되는 것을 거절했다.

37 urban
[áːrbən]

- 파 suburban 교외의
- 판 rural 시골의

형 도시의

Various plans for urban renewal are currently underway.

도시 개발을 위한 다양한 계획이 현재 진행 중이다.

38 heavily ❷
[hévili]

부 심하게, 지나치게

The steel industry heavily relies on raw materials purchased abroad.

철강산업은 해외에서 구입해오는 원자재에 매우 의존적이다.

39 furthermore ❸
[fə́:rðərmɔ̀:r]

유 moreover 게다가

부 게다가

Furthermore, Japan's largest automaker plans to set up a production line with annual capacity for 300,000 hybrid cars.

게다가 일본 최대의 자동차회사는 연간 30만대의 하이브리드 자동차 생산 라인을 건설할 계획에 있다. 〈*set up 세우다, 정하다〉

40 plenty of
[plénti]

유 lots of 많은

참 ample 충분한, 광대한
　　 bulk 대량의

형 많은

Plenty of research conducted by leading hospitals contributes to improvements in diagnostics and the treatment of disease.

주요 병원들에 의해 이루어진 많은 조사가 질병학과 치료에 크게 기여한다.

 **Tip** **여기서 출제된다!**　　TOEIC 어휘 출제포인트

1 expose처럼 ex-접두어를 쓰는 단어들을 살펴보자.

> ex-는 '밖에(out)' 라는 뜻을 지닌 접두어

expose 노출시키다　　except ~을 제외하고　　exclude ~을 제외시키다
expand 확장하다　　extinguish 끄다(put off)　　exhaust 다 써버리다, 지치게 하다
ex Passengers are completely exhausted from the long flight.
　　승객들은 장시간의 비행으로 완전히 기진맥진해 있다.

기타 extra-도 '밖의(outside)' 라는 의미를 지닌 접두어이다.
extra 추가의, 여분의　　extraordinary 이례적인; 임시의, 훌륭한(↔ordinary 보통의, 평범한)
extracurricular 과외의　　extravagance 낭비; 사치품
ex make extraordinary economic and political progress
　　이례적인 경제 및 정치적인 발전을 이룩하다

2 heavily와 잘 쓰이는 표현들을 알아보자.
heavily depend on ~에 지나치게 의존하다
ex South Korea depends heavily on imported energy[parts].
　　한국은 수입 에너지[부품] 의존도가 매우 높다.

3 furthermore처럼 문장의 흐름을 돕는 기타 부사들
therefore 따라서　　thus 그러므로　　then 그리고 나서
however 그러나　　otherwise 그렇지 않다면　　meantime 그러는 동안에(=meanwhile)
ex I think you should rent another car in the meantime.
　　그 동안에 다른 차를 렌트하시는 것이 좋을 것 같습니다.

□ **in front of**

동 ~앞에, ~앞쪽에
All sample merchandise is placed in front of the store.
샘플 상품은 모두 가게 앞쪽에 놓여져 있습니다.

□ **out of print**
[print]
참 out of stock 재고없는

부 절판된; 절판되어
Unfortunately, the book is currently out of print.
아쉽게도 그 책은 현재 절판된 상태입니다.

□ **get through**
[θru:]
참 go through 겪다

동 통과하다, 이겨내다
a promise to make every effort to get through the hard times
어려움을 이겨내기 위해 모든 노력을 기울이겠다는 약속

□ **in favor of**
[féivər]
참 favor 호의(를 보내다)

부 ~에 이익이 되도록, ~에 찬성하여
The union members were in favor of the proposal.
노조원들은 그 제안에 찬성했다.

□ **ask for**
[æsk, ɑːsk]

동 요청[요구]하다(request)
ask for faster delivery of her order
그녀가 한 주문의 좀 더 빠른 배송을 요구하다

□ **experience in**
[ikspíəriəns]

명 ~분야에 경험
Our floor manager has 10 years of experience in a related field. 우리 매장 감독은 관련 분야에서 10년의 경험을 가지고 있다.

□ **be anxious to V**
[ǽŋʃəs]

동 몹시 ~하고 싶다
He is anxious to know the result of the performance evaluation. 그는 실적평가의 결과를 몹시 알고 싶어 한다.

□ **in front of**
[frʌnt]

전 ~앞에, 앞쪽에
Bicycles are in front of the store.
자전거들이 가게 앞에 있다.

□ **be made of**
[meid]

동 ~로 만들어지다
Many people object to wearing coats made of animal fur.
많은 사람들이 동물의 모피로 만든 코트를 입는 것에 반대한다.

□ **aside from**
[əsáid]

전 ~을 제외하고(apart from), ~와 별도로
Aside from a bonus, you are eligible for paid holidays.
보너스와 별도로 당신은 휴가를 받을 자격이 있다.

□ **complement**
[kámplimənt]
보완(물)
파 complementary 보완적인

동 보완하다
Two features definitely complement each other.
두 가지 특징은 서로서로 매우 잘 보완해 준다.

□ **compliment**
[kámplimənt]
찬사를 보내다
파 complimentary 무료의*

명 찬사, 인사말
A variety of complimentary beverages will be provided.
다양한 무료 음료가 제공될 것입니다.

□ **in line with**

전 ~에 맞추어, ~에 따라
Profit margins tend to rise in line with the increasing popularity. 상승하는 인기에 따라 수익이 증가하는 경향이 있다..

□ **be lined up**
참 new line of~
새로운 ~품목[제품]

동 줄을 서다
People are lined up in a row. 사람들은 한 줄로 줄을 서있다.
a new line of vacuum cleaners 새 진공 청소기 품목(제품)

□ **maximize**
[mǽksimàiz]
파 maximum 최대

동 극대화하다, 최대한 활용하다
maximize office efficiency and staff productivity
사무 효율성과 직원 생산성을 극대화하다

□ **minimize**
[mínimàiz]
파 minimum 최소

동 최소화하다
minimize the risk of bankruptcy 파산의 위험을 최소화하다

□ **convention**
[kənvénʃən]
파 convene 모이다
참 conventional 전통적인

명 회의, 관습
Our bus is parked in front of the convention center.
컨벤션 센터 앞에 우리 버스가 주차되어 있다.

□ **council**
[káunsəl]
표 committee 위원회

명 의회, 이사회
The city council decided to conduct a survey on environmental issues.
시의회는 환경 문제에 대해 설문 조사를 실시하기로 결정했다.

□ **chronic**
[kránik]

형 만성적인(↔acute 급성의, 심한)
He is suffering from chronic lung disease.
그는 만성적인 폐질환으로 고통 받고 있다.

□ **chronological**
[krɑnəládʒikəl]

형 시간 순의, 연대순의
All of the facts are presented in chronological order
모든 사실들이 시간 순으로 제시되어 있다.

01 __ You should never reproduce the product without the developer's written -------.

(A) appliance   (B) denial
(C) gratitude   (D) consent

02 __ Due to the risk of injury, it is ------- for employees on construction sites to wear protective gear.

(A) temporary   (B) mandatory
(C) illegal   (D) unlikely

03 __ James Laboratory spent a large ------- of revenue studying the chemical's effect on the environment.

(A) selection   (B) proportion
(C) corporation   (D) caution

04 __ After three unsatisfactory performance evaluations, incompetent employees were quickly -------.

(A) promoted   (B) upgraded
(C) dismissed   (D) occurred

05 __ The researchers are seeking new methods to ------- the existing heating system.

(A) complement   (B) compliment
(C) complementary   (D) complimentary

06 __ The personnel manager found it difficult to ------- out poor candidates from over a thousand resumes.

(A) lay off   (B) expose
(C) screen   (D) emerge

정답 01.(D) 02.(B) 03.(B) 04.(C) 05.(A) 06.(C)

※ 추가 문제 및 보카테스트는 www.toeicvoca.com에서 제공합니다.

Chapter 3
중요 어휘편

(DAY 15 - DAY 21)

최우선순위 어휘편 〉 우선순위 어휘편 〉 중요 어휘편

DAY 15

3rd week

중요 어휘편

진단테스트 토익시험에 꼭 나오는 토익 어휘 리스트
Preview – 오늘 배울 토익보카에 대한 자신의 실력을 테스트해 보세요!

01. □ pollution	15. □ comfortable	29. □ skilled
02. □ constant	16. □ adequate	30. □ courier
03. □ obstruct	17. □ career	31. □ contrary
04. □ experiment	18. □ counsel	32. □ debate
05. □ utility	19. □ degree	33. □ possess
06. □ resolve	20. □ fiscal	34. □ depressed
07. □ prospective	21. □ complimentary	35. □ conflict
08. □ conserve	22. □ election	36. □ payroll
09. □ enforce	23. □ suspend	37. □ convey
10. □ acquisition	24. □ allowance	38. □ dealership
11. □ clarify	25. □ reputation	39. □ stack
12. □ calculate	26. □ currency	40. □ device
13. □ gradually	27. □ principle	
14. □ highlight	28. □ pension	

01 pollution ❶

[pəlúːʃən]

파 **pollutant** 오염물질
참 **contaminate** 오염시키다

명 **오염, 공해**

The government implements special programmes to monitor and prevent environmental pollution.

정부는 환경오염을 감시하고 예방하기위해 특별프로그램을 이행하고 있다.

02 constant

[kánstənt]

유 **continuous**

형 **지속적인**

The customer service department receives constant inquiries about products.

고객서비스 부서는 고객으로부터 상품에 대해 지속적인 문의를 받는다.

03 obstruct

[əbstrʌ́kt]

파 **obstruction** 방해(물)
참 **intercept** 가로막다

동 **막다, 방해하다**

Do not hold your sign up constantly because it obstructs the view of the people sitting behind you.

뒤에 앉은 사람들의 시야를 가리기 때문에 푯말을 계속해서 들어올리지 마세요.

04 experiment

[ikspérimənt]

실험, 시험
파 **experimental** 실험의

동 **실험하다, 시험하다**

Korea is considered an ideal market in which to experiment with advanced technologies and solutions.

한국은 첨단 기술과 솔루션을 실험해 볼 이상적인 시장으로 여겨지고 있다.

05 utility ❷

[juːtíləti]

파 **utility bill** 공과금
참 **utilize** 이용[활용]하다*

명 **공공 요금, 공공 시설(-ies)**

The residents are standing in line to pay their utility bills.

거주자들은 공공요금[공과금]을 납부하기위해 줄서서 기다리고 있다.

〈*utility는 복수형 utilities의 모양으로 더 자주 출제된다.〉

06 resolve

[rizálv]

파 **resolution** 결의, 해결책

동 **해결하다, 결심하다**

They could resolve the difference of opinion between the two parties at the advisory committee meeting.

그들은 자문 위원회 회의에서 두 정당의 의견 차이를 해결할 수 있었다.

07 prospective

[prəspéktiv]

유 **prospective client**
　　예상되는 고객

형 **장래의, 기대되는**

We should respond promptly to questions from prospective clients.

우리는 잠재 고객에게서 온 문의에 즉시 답변해야 한다.

08 conserve ③
[kənsə́ːrv]

피 conservation 보존, 보호
conservative 보수적인

동 보존하다, 유지하다

To conserve energy resources, the division implements programmes to maximize recycling.

에너지를 보존하기위해 그 부서는 재활용을 극대화하는 프로그램을 실행한다.

09 enforce
[infɔ́ːrs]

참 force 강요하다
enable ~할수 있게하다

동 시행하다, 강요하다

As a result, safety regulations are strictly enforced in all our branches.

결과적으로, 안전 규정이 모든 지점에서 강력하게 실시되고 있다.

10 acquisition
[æ̀kwəzíʃən]

피 acquire 인수하다
유 takeover 인수

명 인수, 습득

We hope that employees of firms undergoing mergers and acquisitions are being compensated for their efforts.

인수합병을 겪는 기업 종업원들이 자신들의 노력에 정당한 보상을 받게 되기를 바란다. 〈*mergers and acquisitions(M&A) 인수 합병〉

Tip 여기서 출제된다!　　TOEIC 어휘 출제포인트

1 pollution과 관련된 동의어는 다음과 같다.

오염시키다	pollute	contaminate	
오염 물질	pollutant	contaminant	taint

ex If we contaminate our water any further, it may not be possible for the planet to recover. 우리가 물을 더 이상 오염시킨다면, 지구가 회복되는 것은 불가능할 지도 모른다.

2 utility관련 주요 표현들에 익숙해지자.

utility ① (전기, 수도 등의) 공공시설 ② (또는 위에 해당하는) 공공요금

관련표현 utilities tax (전기, 수도세 등) 공공요금　　utility fees 공과금(=utility bills)
utility price increase 공공요금 인상　　utility firm 공공설비 업체
utility room 다용도실

ex Please be prompt in paying your utility bills.
공과금을 내는 것에 있어 시간을 지켜 주세요.

3 conserve처럼 -serve어근을 쓰는 단어들

-serve는 '지키다(keep)' 라는 뜻을 지닌 어근

conserve 보존하다　　reserve 예약하다(=book)　　reserved 예약된
observe 준수[관찰]하다　　preserve 보호[보존]하다　　preserved 보존된

ex They resolved to preserve the environment. 그들은 환경을 보호하기로 결심했다.
Please observe the expiration date. 마감일을 준수하여 주세요.

11 clarify ❶

[klǽrəfài]

파 clarified 분명한, 명백한
clarification 해명, 정화

동 분명히 하다, 명백하게 하다

The police is trying to clarify the cause of the train accident.

경찰은 열차사고 원인을 해명하려고 애쓰고 있다.

12 calculate

[kǽlkjəlèit]

파 calculation 계산

동 계산하다

It is difficult to calculate how much is likely to be spent on television commercials at the time.

텔레비전 광고에 얼마가 들어갈지 계산하기는 어렵다.

13 gradually

[grǽdʒuəli]

파 gradual 점진적인
혼 gladly 기꺼이

부 점진적으로

It is believed that residential property is gradually decreasing in value. 〈*It is believed that~ ~라고 믿어지다〉

주거용 부동산 가치가 점진적으로 하락할 것으로 믿어진다.

14 highlight

[háilàit]

중요한 부분
유 underline 강조하다
stress

동 강조하다(emphasize)

Numerous studies have been released highlighting the health benefits of regular green tea drinking.

많은 연구에서 녹차를 일상적으로 마실 경우 얻을 수 있는 건강에 좋은 점들이 속속 밝혀지고 있다.

15 comfortable

[kʌ́mfərtəbl]

파 comfort 위로하다; 위로
참 convenient 편리한

형 편안한

Google Inc. tries to provide a more comfortable and pleasant working environment for its employees.

Google사는 직원들을 위해 보다 유쾌하고 편안한 작업 환경을 제공하려고 노력한다.

16 adequate

[ǽdikwit]

파 adequately 적절히
참 inadequate 부적절한

형 적절한(apposite)

We concluded that Jimmy is more than adequate for the managerial position. 〈more than adequate 매우 적절한〉

우리는 Jimmy가 관리직에 매우 적절하다고 결론내렸다.

17 career

[kəríər]

표 career development
경력 개발

명 직업, 경력

Her previous career sufficiently meets the requirements.

그녀의 이전 경력은 그 자격 요건을 충분히 만족시킨다.

18 counsel ❷
[káunsəl]

상담
표 counselor 상담원
참 consult 상담받다

동 상담해주다

Career counselors offer plenty of opportunities for career development.

경력 상담원은 경력 개발을 위한 많은 기회를 제공한다.

19 degree ❸
[digrí:]

표 bachelor's degree
학사 학위

명 정도, 학위

An administrative position requires work experience in a related field and a bachelor's degree in economics.

행정직은 관련 분야에서의 직무경험과 경제학 학사 학위를 필요로 한다.

20 fiscal ❹
[fískəl]

표 fiscal operations 회계업무
혼 physical 신체적인, 물리적인

형 재정상의, 회계의

Profits for the last fiscal year were above market expectations. 〈*above one's expectation 기대 이상으로〉

지난 회계 연도의 수익이 시장의 기대를 넘어섰다.

Tip 여기서 출제된다!　　　　TOEIC 어휘 출제포인트

1 clarify의 분사형과 혼동어휘들에 주의하자.
clarified 분명한, 명백한　　classified 기밀의, 분류된　　certified 자격증을 가진, 공인된
ex If you have questions or want something clarified, please raise your hand at anytime.
질문이 있으시거나 확실하게 알고 싶은 어떤 것이 있으시면 언제든지 손을 들어 주세요.

2 counsel처럼 해석에 주의해야 하는 단어들
precede ~보다 앞서다, 선행하다　　　　counsel 상담해주다
accompany ~와 동반하다　　　　consult 조언을 구하다, 진찰을 받다
ex The accused began consulting his lawyer last week.
피고인은 지난주 변호사에게 상담을 받기 시작했다.

3 degree와 관련된 주요 표현들
bachelor's degree 학사 학위　　master's degree 석사 학위　　doctor's degree 박사 학위
have a degree in economics 경제학 학위를 가지다
33 degrees Celsius 섭씨 33도　　first degree 1급의
ex Sam has a doctor's degree in English literature. Sam은 영문학 박사 학위를 가지고 있다.

4 fiscal과 관련된 주요한 표현들을 알아보자.
fiscal year 회계 연도　　fiscal policy 재정 정책　　fiscal crisis 재정 위기
fiscal law 회계법　　fiscal spending 재정 지출　　fiscal operations 회계 업무
ex The fiscal policy is aimed at reviving domestic spending.
재정 정책은 내수를 되살리는데 목표를 둔다.

21 complimentary
[kɑ́mpləméntəri]

파 compliment 칭찬(하다)
혼 complementary 보완적인

형 무료의(free of charge)
The hotel offers a complimentary shuttle bus service to Seoul Station.
호텔은 서울역까지 무료 셔틀버스 서비스를 제공합니다.

22 election
[ilékʃən]

파 elect 선출하다
혼 erect 똑바로 선(upright); 세우다

명 선거
A substantial amount of money was put into the general election. 상당한 양의 자금이 총선에 투입되었다. 〈*general election 총선〉

23 suspend 1
[səspénd]

파 suspension 보류
혼 spend 소비하다, 쓰다

동 중지시키다, 정지하다
Mr. Harris was fined $100 and had his driver's license suspended for 90 days.
Harris는 100달러의 벌금을 받았고, 90일동안 운전면허가 정지되었다.

24 allowance 2
[əláuəns]

명 허용치, 고려; 용돈
The baggage allowance is 30 kilograms per person.
수화물 허용치는 1인당 30킬로그램이다.

25 reputation
[rèpjətéiʃən]

파 reputable 평판이 좋은

명 평판, 명성
Many customers patronize this store with its excellent reputation for its service.
많은 고객들은 서비스에 대해 좋은 평판을 지닌 이 가게를 단골로 삼는다.

26 currency
[kə́:rənsi]

표 currency exchange 환전

명 화폐, 통화
Tax revenue this year will be greatly reduced as a result of the falling foreign currency exchange rate.
환율 하락으로 올해 세수(세금 수입)가 크게 줄 것으로 보인다.

27 principle
[prínsəpl]

혼 principal 주요한
참 code 규범; 암호

명 원리, 원칙
The company strives to operate in compliance with the principles of business ethics.
회사는 기업 윤리 원칙에 준수하여 경영하려고 노력한다.

28 pension
[pénʃən]

표 pension fund 연금 기금

명 연금

Recruits in the workshop will receive an information packet about the national pension plan program.

워크숍에 참석한 신입사원들은 국민 연금제도에 대한 안내 책자를 받을 것이다.

29 skilled
[skild]

유 experienced 숙련된

형 숙련된

Highly skilled professionals are the key to success.

숙련된 전문가는 성공으로 가는 열쇠이다.

30 courier ❸
[kúriər]

표 courier service
택배서비스, 택배회사

명 택배

We deliver products quickly to customers by courier.

우리는 택배로 고객에게 신속히 제품을 배달한다.

Tip 여기서 출제된다!　　　TOEIC 어휘 출제포인트

❶ suspend처럼 -pend어근을 가진 단어들
　　-pend는 '매달다(hang), 무게를 달다(weigh)' 라는 뜻을 지닌 어근
　　suspend 중지하다, 연기하다　　suspense 불안, 걱정　　　pension 연금(을 지급하다)
　　depend 의지하다, 믿다　　independence 독립, 자립　　compensate 보상하다
　　ex They were obliged to suspend construction during the strike.
　　　　그들은 파업기간 동안 건설공사를 중단해야 했다.

❷ allowance와 함께 쓰이는 주요 표현들을 알아두자.
　　baggage allowance 수화물 허용치　　　overtime allowance 초과 근무 수당
　　regional allowance 특별 근무지 수당　　make allowances for ~을 참작하다
　　ex Peterson received a special overtime allowance.
　　　　Peterson은 특별 초과 근무 수당을 받았다.

❸ courier와 함께 '택배', '배송' 관련 단어들을 알아보자.
　　products 상품　　order 주문하다, 주문품　　shipment 배송물
　　shipping department 운송 부서
　　ex When will the shipment arrive? 언제 배송물이 도착하나요?
　　deliver, ship 배송하다　　shipping charge 운송비　　shipping company 운송회사
　　ex We are trying to expedite shipping. 배달을 신속히 처리하기위해 노력하고 있습니다.
　　return 반품하다　　exchange 교환하다　　receipt 영수증
　　ex I would like to exchange this belt for another one with the same design.
　　　　이 벨트를 같은 디자인의 다른 것으로 교환하고 싶습니다.

31 contrary ❶
[kántreri]

표 **to the contrary***
반대로

형 (~와) 반대의(to), 반대쪽의
Contrary to media reports, only 15% of survey respondents evaluated the product highly.
언론 보도와는 반대로, 설문 응답자의 15퍼센트만이 제품을 높게 평가했다.

32 debate ❷
[dibéit]

토론
참 controversy 논쟁

동 토론하다
Mr. Wilkinson has been debating with them for hours.
Wilkinson씨는 몇 시간동안 그들과 토론을 하고 있다.

33 possess
[pəzés]

파 possession 소유(물)
표 possessive right 소유권

동 소유하다
All candidates possess experience in retail and a variety of skills. 모든 후보자들은 소매업에 경험이 있으며 다양한 능력을 가지고 있다.

34 depressed ❸
[diprést]

파 depress 낙담시키다
depression 불황, 침체

형 낙담한
They felt totally depressed about the failure of the experiment.
그들은 그 실험의 실패에 아주 낙담했다.

35 conflict
[kánflikt]

상충되다, 충돌하다
참 friction 마찰, 불화

명 상충, 분쟁
The cooperation proved to be an effective way to help resolve the conflict and tension between the two sides.
협력이 양측 사이의 갈등과 긴장 해결에 도움이 되는 효과적인 방법임이 증명되었다.

36 payroll
[péirðul]

참 paycheck 급료

명 급료 명부
Contact the payroll department for details regarding salary.
급여에 관련한 세부사항에 대해서는 경리부서에 연락하십시오.

37 convey
[kənvéi]

파 conveyor 전달장치
참 forward 전송하다

동 전달하다, 나르다
We wish to convey our sincere gratitude to all readers for their encouragement and support.
독자 여러분의 격려와 지지에 진심어린 감사의 뜻을 전합니다.

38 dealership
[díːlərʃip]

파 dealer 딜러, 판매업자
dealership 판매대리점

명 판매 대리점

A MegaFix official said Bull Camera, its local distributor, will remain a dealership partner.

국내 판매업체인 Bull Camera는 대리점 파트너 역할을 지속할 거라고 MegaFix 관계자는 말했다.

39 stack
[stæk]

더미
유 stock, pile 쌓다

동 쌓아 올리다

The display shelves are stacked with products for sale.

장식 선반 위에 판매용 상품들이 쌓여있다.

40 device
[diváis]

혼 devise 고안[발명]하다

명 장치, 장비

Our hospital is equipped with up-to-date medical facilities and devices to support patients.

우리병원은 환자들을 위해 최신 의료 시설과 장비를 갖추고 있다.

Tip 여기서 출제된다! TOEIC 어휘 출제포인트

1 contrary처럼 contra-접두어가 들어간 단어들

> contra(counter)-는 '반대(opposite, against)' 라는 뜻을 지닌 접두어

contrary 반대의(=opposite) controversial 논쟁의 여지가 있는
contrast 대조(하다) contradict 반박하다
counter 반대의; 계산대 counterpart 상대방, 상대물
countermeasure 대응책 counterattack 반격(하다)
encounter 직면하다 counterfeit 가짜, 위조지폐

ex The existing machines cannot detect new counterfeit currency.

기존 기계는 새로운 위조지폐를 감지할 수 없다.

2 debate와 관련된 단어들의 의미를 살펴보자.

| debate 토론 | controversy 논쟁 | dispute 논쟁, 분쟁 |
| discussion 토의, 논의 | argument 논쟁, 언쟁 | quarrel 말다툼 |

ex Let's debate about the urgent issues instead of quarreling over petty things.

사소한 것들로 다투지 말고 시급한 문제에 대해 토론을 합시다.

3 depressed처럼 -ed모양의 형용사에 익숙해지자.

established 확고한, 정평이 있는 desired 바라는 admired 존경받는
sophisticated 정교한, 세련된 inflated 상승된 accomplished 뛰어난(skilled)

ex Without corporate investment, the national economy will hardly be able to create jobs.

기업투자 없이는 국가경제가 일자리를 창출하기는 거의 어려울 것이다.

□ **sick leave**
참 paid leave 유급 휴가
　 maternity leave 출산 휴가

명 병가
Shift workers are also eligible for paid sick leave.
교대 근무자도 유급 병가를 받을 자격이 있다.

□ **give way to**
유 yield to ~에 양보하다

동 ~에게 양보하다, ~에 굽히다
These days MP3 players are giving way to cell phones.
요즘은 MP3 플레이어가 휴대폰에 밀려나고 있다.

□ **be ideal for**
[aidíːəl]
파 ideal 이상적인; 이상

동 ~에 이상적이다
The training course on business communication is ideal for all incoming recruits.
비스니스 의사소통에 관한 훈련 과정은 모든 신입시원들에게 적합합니다.

□ **with respect to**
[rispékt]
유 with regard to ~관하여

전 ~에 관하여(in respect to)
With respect to prospects in Asia, expert opinion differs.
아시아의 향후 전망에 관하여 전문가 의견이 서로 다르다.

□ **get rid of**

동 ~을 제거하다(eliminate)
get rid of unnecessary factors 불필요한 요소들을 제거하다

□ **up to**
참 as of ~(몇 일) 부로
　 as to ~에 대하여

전 ~까지
have up to maximum of 9 days paid leave each year
매년 최대 9일까지 유급휴가를 가지다

□ **already booked up**
[ɔːlrédi]

형 이미 매진된, 예약이 찬
One-way tickets are already fully booked up.
편도 승차권은 이미 완전 매진되었습니다.

□ **give in**
참 yield (이윤을) 가져오다

동 굴복하다, 양보하다(yield to)
The government refused to give in to their demands.
정부는 그들의 요구를 받아들이지 않았다.

□ **set aside**
[əsáid]
참 aside from ~을 제외하고

동 챙겨두다
set aside all original receipts 모든 영수증을 챙겨두다

□ **rather than ~**
[ræðər]

전 ~보다는
The sales team experimented with promotional offers rather than discount coupons.
영업팀은 할인쿠폰보다는 판촉 상품을 실험했다.

□ **prosperous**
[práspərəs]
파 **prosper** 번영하다
　prosperity 번영, 번창

형 번영하는, 성공한
Sunny Airline quickly became a prosperous giant.
Sunny Airline은 번영하는 대기업으로 빠르게 변모했다.

□ **perspective**
[pə:rspéktiv]
혼 **prospective** 장래[미래]의

명 관점, 견해
They listened to a variety of perspectives on intellectual property matters. 그들은 지적 재산권 문제에 대한 다양한 견해를 들었다.

□ **venture**
[véntʃər]
위험을 무릅쓰고 하다

명 (모험적) 사업
Attracting potential customers is vital to the success of a new venture. 잠재 고객들을 유치하는 일은 신규 사업의 성공에 필수적이다.

□ **enterprise**
[éntərpràiz]

명 기업, 사업
The automaker is a famous and established enterprise.
그 자동차 회사는 유명하고, 안정된 기업이다.

□ **reminder**
[rimáindər]
파 **remind** 상기시키다

명 상기시켜주는 것, 메모
The director issued a reminder to submit the sales report by next Monday.
이사는 다음 주 월요일까지 영업 보고서를 제출하라는 메모를 공지했다.

□ **remainder**
[riméindər]
참 **leftovers** 남은 음식

명 나머지(remnant)
The renovation of the restaurant will continue throughout the remainder of this week.
이번 주의 나머지 기간 내내 식당 개조공사가 계속될 것이다.

□ **nature**
[néitʃər]
파 **natural** 자연적인

명 자연
The topic of learning in nature is outlined in the brochure.
자연 속에서 학습하기에 대한 주제가 소책자에 요약되어 있다.

□ **nurture**
[nə́:rtʃər]

동 기르다, 육성하다
introduce measures to nurture knowledge-based industries 지식기반사업을 육성할 수 있는 조치를 도입하다

□ **hardship**
[há:rdʃip]

명 곤란, 어려움
Other major hardships include excessive competition and personnel cost burdens.
다른 큰 어려움으로는 경쟁과열과 인건비 부담이다.

□ **hazardous**
[hǽzərdəs]

형 위험한
deal with the hazardous substances 위험 물질을 다루다

01＿Since the fair was first held here in Seoul 5 years ago, the number of participants has increased ------- every year.

(A) politely
(B) constantly
(C) thoroughly
(D) individually

02＿All of the ------- will be removed from fire exits in compliance with safety regulations.

(A) statements
(B) applications
(C) methods
(D) obstructions

03＿In order to ------- the complex financial problems, the board has to look at the situation in a wide perspective.

(A) convey
(B) resolve
(C) possess
(D) acquire

04＿As time goes by, energy ------- is becoming an important issue of whole countries.

(A) conserve
(B) conserves
(C) conservative
(D) conservation

05＿In an effort to expand into the Asian market, JMJ International finally decided to ------- several Asian companies.

(A) explode
(B) acquire
(C) forecast
(D) inquire

06＿Because of the store's excellent -------, discerning customers continue to patronize it.

(A) dispute
(B) installment
(C) reputation
(D) hardship

정 답 01.(B) 02.(D) 03.(B) 04.(D) 05.(B) 06.(C)

※ 추가 문제 및 보카테스트는 www.toeicvoca.com에서 제공합니다.

최우선순위 어휘편 > 우선순위 어휘편 > 중요 어휘편

DAY 16

3rd week

중요 어휘편

진단테스트 토익시험에 꼭 나오는 토익 어휘 리스트
Preview − 오늘 배울 토익보카에 대한 자신의 실력을 테스트해 보세요!

01. ☐ congestion	15. ☐ vacation	29. ☐ surpass
02. ☐ internal	16. ☐ translate	30. ☐ adopt
03. ☐ eventually	17. ☐ renowned	31. ☐ conventional
04. ☐ impose	18. ☐ shareholder	32. ☐ behavior
05. ☐ retain	19. ☐ appearance	33. ☐ tentative
06. ☐ accustomed to	20. ☐ substitute	34. ☐ generate
07. ☐ dispute	21. ☐ emphasize	35. ☐ fatigue
08. ☐ certify	22. ☐ steadily	36. ☐ agricultural
09. ☐ typically	23. ☐ correspondence	37. ☐ voucher
10. ☐ outline	24. ☐ overlook	38. ☐ durable
11. ☐ expenditure	25. ☐ quota	39. ☐ adverse
12. ☐ itinerary	26. ☐ vital	40. ☐ convince
13. ☐ boost	27. ☐ comparable	
14. ☐ restructure	28. ☐ confuse	

01 congestion ❶
[kəndʒéstʃən]

표 traffic congestion
교통혼잡(=traffic jam)

명 혼잡(jam)

Hong Kong's substantial growth over the past decade has created considerable traffic congestion.

지난 10년 동안 홍콩의 상당한 발전이 큰 교통 체증을 만들어냈다.

02 internal
[intə́:rnl]

반 external 외부의(exterior)
참 intern 인턴, 수습사원

형 내부의

Several employees were dismissed for releasing sensitive internal documents.

몇몇 직원이 민감한 내부 자료를 공개한 것 때문에 해고되었다.

03 eventually
[ivéntʃuəli]

표 in the event of
~의 경우에는

부 결국, 마침내(finally)

The annual shareholders' meeting was eventually postponed due to scheduling conflicts.

일정상의 문제로 결국 연례 주주 회의는 연기되었다.

04 impose ❷
[impóuz]

참 expose 노출시키다
exposure 노출

동 부과하다, 강요하다

The revised law requires high schools to impose strict standards on assessing students.

개정법에 따르면 고등학교들은 학생 평가에 엄격한 기준을 적용해야 한다.

05 retain
[ritéin]

참 attain 달성하다*
gain* 얻다; 수익

동 보유하다, 유지하다(preserve)

SuperTelecom is offering the lowest priced service plans in an attempt to retain subscribers.

SuperTelecom은 가입자 확보를 위해 최저가 요금제를 제공하고 있다.

06 accustomed to
[əkʌ́stəmd]

파 accustom 익숙해지게하다

형 ~에 익숙한(used to)

According to recent surveys, an increasing number of people are accustomed to wireless payment systems.

최근 조사에 따르면, 보다 많은 사람들이 무선 결제 시스템에 익숙해있다.

07 dispute
[dispjú:t]

혼 reputation 평판
참 conflict 갈등; 충돌하다(with)

명 논쟁

Labor Ministry officials hope for the beginning of a new labor culture based on dialogue instead of dispute.

노동부 관계자는 논쟁이 아닌 대화에 기반을 둔 새로운 노동문화의 시작을 희망하고 있다.

08 certify ❸
[sə́:rtəfài]

파 certified 공인된
참 certificate 증명하다

통 증명하다, 인정하다
Certified health professionals are supposed to visit every week to check on your progress.
공인된 보건전문가가 당신의 경과를 체크하기위해 매주 방문할 예정이다.

09 typically
[típikəli]

파 typical 일반적인
유 generally 일반적으로

부 일반적으로, 전형적으로
Internal auditors typically perform the annual audit.
내부 회계 감사원이 일반적으로 연간 회계 감사를 실시합니다.

10 outline
[áutlàin]

개요
참 overview 개요, 개관
underline 강조하다

통 요약하다(summarize)
The aims of our marketing strategy are outlined in the memo.
마케팅 전략의 목표가 회람에 요약되어 있다.

Tip 여기서 출제된다!　　TOEIC 어휘 출제포인트

1 congestion과 함께 '혼잡' 함을 나타내는 표현들 정리

rush hour 교통 혼잡 시간	**heavy traffic** 교통 혼잡	**traffic mess** 교통 혼잡
on a busy road 혼잡한 도로에서	**traffic jam** 교통 정체	**congested** 혼잡한, 붐비는
crowded 혼잡한, 붐비는	**take a detour** 우회로를 택하다	

ex Traffic congestion in Seoul is so terrible. 서울의 교통 체증은 아주 심각하다.

2 impose처럼 **-pos**어근이 들어가는 단어들

-pos(e)는 '놓다(put, place)' 라는 뜻을 지닌 어근

pose 포즈를 취하다	**impose** 부과하다
compose 구성하다, 작곡하다	**oppose** 반대하다, 저항하다
component 구성요소, 성분	**opponent** 반대자
propose 제안하다, 신청하다	**dispose** 처분하다(of)
purpose 목적, 의도	**deposit** 예금하다; 예금(액)
expose 노출시키다	**suppose** 가정하다, 추측하다
be exposed to ～에 노출되다	**be supposed to V** ～하기로 되어 있다

ex impose very high tariffs on some imports in order to protect domestic industries
국내 산업을 보호하기 위해 매우 높은 관세를 몇몇 수입품에 부과하다

3 certify와 관련된 표현들에 익숙해지자.

certificate 증명서　　**ex** a birth certificate 출생 증명서 / a gift certificate 상품권
certification 증명, 인증　　**ex** verification and certification phase 검증과 인증 단계

11 expenditure
[ikspénditʃər]

파 expense 비용
expend 지출하다

명 지출

Medical and education costs account for about 30 percent of all urban workers' annual expenditure.

의료비와 교육비가 도시 근로자의 연간 지출액에서 약 30%를 차지한다.
〈*account for ~을 설명하다, (수치 등을) 차지하다〉

12 itinerary
[aitínərèri]

명 일정, 시간표

If there's any change in your itinerary, please let us know.

귀하의 일정에 변경이 있으시면 알려주십시오.

13 boost
[buːst]

참 boom 급격한 증가
유 increase 증가하다; 증가

동 부양시키다, 증가시키다(raise)

We need to implement a new marketing plan to boost sales in the next quarter.

다음 분기에 판매를 증가시키기위한 새로운 마케팅 계획을 시행할 필요가 있다.

14 restructure ❶
[riːstrʌ́ktʃər]

파 restructuring 구조조정
참 reconstruct 재건하다

동 재구성하다, 구조조정하다

To reduce additional risks, the government is preparing various measures to assist and restructure smaller businesses.

추가적인 위험을 줄이기 위해, 정부는 중소기업을 지원하고 구조조정하기위한 여러 가지 대책을 마련하고 있다.

15 vacation
[veikéiʃən]

표 paid vacation 유급 휴가
참 on leave 휴가 중인

명 휴가

High-performance employees are entitled to get a paid vacation as reward.

높은 성과를 올린 직원들은 보상으로 유급휴가를 받을 수 있다.

16 translate
[trænsléit]

파 translation 번역
translator 번역가

동 번역하다

It took more time since we had to translate the revised contract into Chinese.

수정된 계약서를 중국어로 번역하는데 보다 많은 시간이 걸렸다.

17 renowned ❷
[rináund]

유 notable 주목할만한

형 유명한, 저명한(well-known)

Mr. Martin is a renowned expert in the field of urban engineering. Martin씨는 도시공학 분야에서 유명한 전문가이다.

¹⁸ shareholder

[ʃɛ́ərhòuldər]

파 share 몫, 주식

명 주주(stockholder)

Shareholders are not interested in the Japanese market at this time.

주주들은 지금 일본 시장에 관심이 없다.

¹⁹ appearance

[əpíərəns]

파 appear 나타나다
반 disappear 사라지다

명 겉모양, 외관(exterior)

There are many ideas and efforts aimed at reconstructing the original appearance of the city.

도시의 이전 모습을 재건하기위한 많은 노력과 아이디어가 있다.

²⁰ substitute ⑧

[sʌ́bstitjùːt]

대체하다
유 take place of 대체하다

명 대체품, 대리인

We have already found a more reliable model as a substitute.

우리는 더 믿을 만한 대체용 모델을 이미 찾았습니다.

Tip 여기서 출제된다! TOEIC 어휘 출제포인트

❶ restructure처럼 struct-어근이 들어간 단어들

structure 구조(물), 구성	structural 구조상의, 조직상의
construct 건설하다	constructive (의견 등이) 건설적인
instruct 가르치다, 지시하다	instructive 유익한, 교육적인
destroy 파괴하다, 손상시키다	destruction 파괴

ex This destructive action destroyed the results of other constructive activities.

이번의 파괴적인 행동이 건설적인 활동의 결과를 망쳐놓았다.

❷ renowned처럼 전치사 for와 잘 쓰이는 단어들

be renowned for ~로 유명하다	be famous for ~로 유명하다
be responsible for ~에 책임이 있다	be convenient for ~에게 편리하다
be eligible for ~에 자격이 있다	be liable for ~에 대한 책임이 있다

ex The shareholders are liable for any company debts exceeding the company's ability to pay. 주주들은 회사의 지불능력을 초과하는 빚에 대해 책임이 있다.

기타 '유명한'과 관련된 어휘들 정리

유명한 주요한	well-known renowned distinguished celebrated prominent notable eminent prestigious

ex several prestigious universities in Korea 한국에 있는 몇몇 유명 대학교들

❸ substitute은 다음과 같은 어법으로 주로 사용된다.

substitute solar power for oil 태양 에너지를 석유 대신 쓰다
= replace oil with solar power

21 emphasize [1]
[émfəsàiz]

파 emphasis 강조
emphatic 강조하는

동 강조하다

The vice president emphasized that he is committed to supporting clients with the latest technologies through research and development.

부회장은 연구개발을 통한 최신기술로 고객을 지원하는데 전념하겠다고 강조했다.

22 steadily
[stédili]

파 steady 꾸준한, 안정된

부 꾸준히

The sales figures have been steadily declining since 2010, falling more than 35 percent since then.

판매 수치는 2010년 이후 점차적으로 감소해 왔는데 지금까지 총 35퍼센트 이상이 줄어들었다.

23 correspondence [2]
[kɔ̀:rəspándəns]

파 correspond 일치하다, 편지주고받다

명 통신문, 편지; 일치

The customer service department is reminded to reply to all correspondence within 48 hours.

고객서비스 부서는 모든 서신에 48시간 내에 답장해야 함을 상기하기 바랍니다.

24 overlook
[òuvərlúk]

참 oversee 감독하다
outlook 전망*

동 내려다보다, 간과하다

The conference room has a wide terrace overlooking the whole city.

회의장은 시내 전체가 내려다보이는 넓은 테라스가 있다.

25 quota
[kwóutə]

혼 quote 인용하다; 견적액

명 할당(량)

Employees will receive a variety of incentives for achieving their sales quotas.

할당 판매량을 달성하면 직원들은 다양한 인센티브를 받을 것이다.

26 vital [3]
[váitl]

파 vitally 중대하게

형 아주 중요한

Ms. Kennedy stated that it is vital that all department heads submit their cost estimates by Monday. 〈*department head 부서장〉

Kennedy는 부서장들이 견적서를 월요일까지 제출하는 것이 매우 중요하다고 했다.

27 comparable
[kámpərəbəl]

혼 comparative 비교의

형 비교될만한, 필적하는

These figures are comparable to the results of similar surveys done in the United States. 〈*comparable to ~와 필적하는〉

이 수치는 미국에서 행해진 유사한 조사의 결과와 필적하다.

□ emphasize □ steadily □ correspondence □ overlook □ quota □ vital □ comparable

28 confuse

[kənfjúːz]

파 confusion 혼동
confused 혼란스러운

동 혼동시키다

The candidates were very confused by the election result.

후보자들은 선거결과에 매우 당혹해했다.

29 surpass 4

[sərpǽs]

유 exceed 초과하다
참 surplus 여분, 흑자

동 초과하다, 능가하다

Results for the past fiscal year surpassed all expectations.

지난 회계 연도 결과는 모든 예상을 초월했다.

30 adopt

[ədápt]

참 option 선택(사항)*
adapt 적응하다

동 채택하다

To prevent further confusion, the government promptly adopted emergency procedures.

추가적인 혼란을 방지하기위해 정부는 즉시 비상절차를 채택했다.

 **Tip 여기서 출제된다!**　　　TOEIC 어휘 출제포인트

1 emphasize와 같은 뜻으로 emphasis를 이용할 수 있다.
place/put/lay an emphasis on 〈~을 강조하다〉
ex Trust Steel places more emphasis on the export of component parts rather than end products. Trust Steel사는 완제품보다 부품 수출에 좀 더 중점을 두다.

2 correspondence과 관련된 표현들은 다음과 같다.
correspond 편지왕래하다, 일치하다　　**ex** correspond with his American friends
　　　　　　　　　　　　　　　　　　미국 친구들과 편지왕래하다

correspondence 통신문, 편지; 일치　　**ex** send[receive] correspondence
　　　　　　　　　　　　　　　　　　편지를 보내다[받다]

3 vital과 함께 '중요한, 필수적인' 이란 뜻의 동의어들

중요한 필수적인	vital	significant	important	crucial
	essential	necessary	imperative	

ex It is imperative that you respond to our request by the end of this month.
이번 달 말까지는 반드시 우리의 요청에 회답해 주시기 바랍니다.

4 surpass처럼 sur-접두어를 쓰는 단어들
sur-는 '위에(above, beyond)' 라는 뜻을 지닌 접두어
surpass 초과하다, 능가하다　　surface 표면　　surprise 놀라게 하다(astonish)
surplus 과잉, 잉여　　surge (물가가) 급등하다　　surmount 극복[정복]하다
surgery (외과) 수술　　surgical 외과 수술의
ex We can surmount these obstacles. 우리는 이런 장애들을 극복할 수 있다.

□ confuse □ surpass □ adoptMD TOEIC VOCA-중요 어휘편 | **215**

31 conventional

[kənvénʃənəl]

파 convene 모이다
convention 회의, 관습
convention center 회의장

형 전통적인(traditional), 구식의

Customers using conventional train services are complaining that the number of scheduled daily trips has decreased.

기존 철도를 이용하는 고객들은 일일 운행횟수가 줄었다며 불만을 토로했다.

32 behavior

[bihéivjər]

파 behave 행동하다
참 habitual 습관적인

명 행동, 태도

Different offices hold employees to different standards of dress and behavior.

직장마다 직원들에게 요구하는 복장이나 태도의 기준이 다르다.

33 tentative ❶

[téntətiv]

파 tentatively 잠정적으로

형 잠정적인, 임시적인

The tentative plan is scheduled to be confirmed following the committee's final meeting this month.

이 잠정안은 이달 중 위원회 최종 회의를 거친 뒤 확정될 예정이다.

34 generate

[dʒénərèit]

파 generator 발전기
generation 세대, 발생

동 발생시키다, 창출하다

NHN expects China's largest online game portal to generate a huge profit.

NHN은 중국 최대의 게임 포털이 큰 이익을 발생시킬 것으로 기대하고 있다.

35 fatigue

[fətíːg]

명 피로

The seats were designed to suit the average Korean figure and reduce fatigue.

좌석은 한국 사람의 평균 신체 크기에 맞고 피로감을 줄이도록 설계되었다.

36 agricultural

[æ̀grikʌ́ltʃərəl]

파 agriculture 농업

형 농업의

Consumer prices usually go up in January because agricultural products become more expensive.

농산물 가격이 비싸지는 관계로 1월 소비자 물가는 보통 상승한다.

37 voucher

[váutʃər]

유 coupon 쿠폰, 티켓
참 gift certificate 상품권

명 상품권, 쿠폰

We give out drink vouchers for complimentary beverages in the members' lounge.

회원분들을 위한 라운지에서 무료 음료권을 나누어 드립니다.

38 durable ❷
[djúərəbəl]

파 **durability** 지속성, 내구성
참 **duration** 지속(기간)

형 오래가는, 내구성있는
The quality control team says our new golf bags are made of durable materials. 〈*be made of ~로 만들어지다〉
품질 관리팀은 새 골프 가방이 내구성 있는 소재로 만들어졌다고 말한다.

39 adverse ❸
[ædvə́:rs]

파 **adversely** 불리하게
　　adversity 불운, 역경

형 불리한, 좋지 않은(unfavorable)
It will take more time to get over the adverse economic conditions. 〈*get over ~을 극복하다, 이겨내다〉
불리한 경제 여건을 극복하는 데는 시간이 더 걸릴 것이다.

40 convince
[kənvíns]

참 **confidence** 확신, 신임

동 확신시키다, 납득시키다
The public relations department tries to convince customers of the superiority of our products.
〈*public relation department 홍보부〉
홍보부는 제품의 우수성을 고객들에게 확신시키기위해 노력하고 있다.

Tip **여기서 출제된다!**　　　　TOEIC 어휘 출제포인트

❶ tentative와 temporary를 혼동하지 말자.
temporary (정해진 특정 기간 동안) 임시의
　ex find reliable temporary personnel 믿을만한 임시 직원을 찾다
tentative (확실치 않고 잠정적인) 임시의
　ex Sally has made tentative plans to take a trip to St. Louis in June.
　　Sally는 6월에 세인트 루이스로 여행가기로 잠정적인 계획을 세워 놓았다.
　It is just a tentative plan as of yet. 아직 임시 계획에 불과하다.

❷ durable처럼 dur-가 들어가는 단어들
　dur-는 '지속하다(last)' 라는 뜻을 지닌 어근
　durable 오래가는, 내구성있는　　**durability** 내구성, 견고함　　**during** ~동안에
　endure 참다, 견디다(tolerate)　　**endurance** 인내력　　**duration** 지속 기간, 지속
　ex the durability of the synthetic material 합성 물질의 내구성

❸ adverse처럼 -verse어근을 쓰는 단어들
　-verse(vert)는 '돌다(turn)' 라는 뜻을 지닌 어근
　adverse 불리한　　**reverse**, 반대(의); 바꾸다　　**converse** 정반대의, 거꾸로의(opposite)
　diverse 다양한　　**convert** 전환하다, 바꾸다　　**divorce** 이혼(하다)
　ex The company's profits have been steadily falling and his job is to reverse this.
　　그 회사의 수익은 지속적으로 떨어져왔고, 그의 일은 이것을 바꿔 놓는 것이다.
　The flight was delayed because of adverse weather conditions.
　　악천후 때문에 비행기는 지연되었다.

□ **overhead compartment**
[kəmpéːrtmənt]

명 머리 위의 짐칸
Please place your belongings in the overhead compartments.
여러분의 소지품을 머리 위의 짐칸에 넣어 주세요.

□ **place an emphasis on**
[émfəsis]
윤 put an emphasis on

동 ~을 강조하다
Erick said the firm would continue to place an emphasis on customer convenience in the coming years.
Erick은 향후 몇 년에 걸쳐 회사는 고객 편의에 꾸준히 중점을 둘 거라고 말했다.

□ **break out**
[breik]
윤 occur 발생하다, 일어나다

동 발생하다
The deadly virus broke out. 치명적인 바이러스가 발생했다.

□ **by the time**

접 ~할 무렵에
By the time he retires, Professor Moon will have taught here for over thirty years.
Moon교수가 퇴직할 때는 30년이 넘도록 강의를 해 온 것이 될 것이다.

□ **capitalize on**
[kǽpətəlàiz]
파 capital 자금, 자본

동 ~을 이용하다, 기회로 삼다
capitalize on fast-moving Asian markets
빠르게 변화하는 아시아 시장을 이용하다

□ **the majority of ~**
[mədʒɔ́(ː)rəti]

명 대다수의 ~
the majority of newspaper subscribers 대다수의 신문 구독자

□ **via e-mail**
[váiə / víːə]
파 via ~을 경유하여

명 이메일을 통해서
This seminar takes place entirely online and via e-mail.
이 세미나는 전적으로 온라인과 이메일을 통해서 이뤄집니다.

□ **power failure**
[féiljər]
윤 power outage 정전

명 정전(blackout)
The entire network of the railways shut down for a while due to a power failure.
정전으로 인하여 철도의 전체 네트워크가 잠시 중단되었다.

□ **bring ~ to a halt**
[hɔːlt]
파 halt 중단, 정지(하다)

동 ~을 중단시키다
The blackout brought internet access to a halt.
정전으로 인해 인터넷 접속이 중단되었다.

□ **be familiar with**
[fəmíljər]
참 familiarity 익숙, 친숙

동 ~을 잘 알고 있다
Lab technicians are familiar with the process of research. 연구실 기술자들은 연구 과정을 잘 알고 있다.

□ **adapt**
[ədǽpt]
윤 adjust 적응하다

[동] 적응하다(to)
adapt to standard business practices
표준적인 사업관행에 적응하다

□ **adopt**
[ədápt]

[동] 채택하다
adopt the stricter safety procedure
보다 엄격한 안전 절차를 채택하다

□ **farewell**
[fɛ̀ərwél]
표 farewell speech 고별사

[명] 송별, 작별
Please join us at his farewell party.
그를 위한 송별회에 꼭 참석하기 바랍니다.

□ **welfare**
[wélfɛ̀ər]

[명] 복지
Refer to details about employee welfare.
직원복지에 대한 세부사항을 참고하세요.

□ **shortcoming**
[ʃɔ́:rtkʌ̀miŋ]

[명] 단점, 결점
shortcoming of the benefits package 복리 후생 제도의 단점

□ **shortage**
[ʃɔ́:rtidʒ]
윤 deficit, deficiency

[명] 부족(lack)
due to a shortage of raw materials 원자재의 부족 때문에

□ **quota**
[kwóutə]

[명] 할당(량)
exceed her sales quota 그녀의 영업 할당량을 초과하다

□ **quote**
[kwout]
(시세를) 어림잡다, 인용하다

[명] 견적(액)
We received a price quote on the merchandise via email.
우리는 이메일로 그 상품에 대한 가격 견적을 받았다.

□ **minute**
[mínit]

[명] (시간의) 분
Just for a minute. 잠시만 기다려 주세요

□ **minutes**
[mínit]
참 memorandum 회람

[명] 의사록, 회의록
read the minutes of the meeting 회의 의사록을 읽다

□ **be renowned for**+이유
[rináund]

[동] ~때문에 유명하다
Gloria is renowned for her extensive work experience in marketing. Gloria는 마케팅에서의 광범위한 업무 경험으로 유명하다.

□ **be renowned as**+자격
[rináund]

[동] ~로써 유명하다
be renowned as a literacy critic 문학 비평가로 유명하다

01 __ The recently manufactured toys are made from ------- materials that prevent them from being broken easily.

(A) adverse
(B) durable
(C) hazardous
(D) fiscal

02 __ The company ran for more than ten years before it ------- earned a reputation as the leading Internet company.

(A) hardly
(B) rarely
(C) separately
(D) eventually

03 __ There is no doubt that ------- mechanics earn higher wages than common ones.

(A) involved
(B) certified
(C) attached
(D) concerned

04 __ Today's lecture will be led by an internationally ------- marketing expert, David Joe.

(A) consecutive
(B) renowned
(C) confused
(D) numerous

05 __ The speaker repeatedly placed an ------- on the need for reduced trade tariffs.

(A) emphasize
(B) emphasizes
(C) emphatic
(D) emphasis

06 __ Because the performance schedule of the summer park festival has yet to be decided, it is still considered to be -------.

(A) productive
(B) conventional
(C) tentative
(D) sincere

정답 01.(B) 02.(D) 03.(B) 04.(B) 05.(D) 06.(C)

※ 추가 문제 및 보카테스트는 www.toeicvoca.com에서 제공합니다.

DAY 17

3rd week

중요 어휘편

진단테스트 토익시험에 꼭 나오는 토익 어휘 리스트
Preview – 오늘 배울 토익보카에 대한 자신의 실력을 테스트해 보세요!

01. ☐ largely	15. ☐ vacancy	29. ☐ relevant to
02. ☐ supplement	16. ☐ expedite	30. ☐ statistics
03. ☐ allocate	17. ☐ slightly	31. ☐ reaction
04. ☐ consecutive	18. ☐ prominent	32. ☐ argument
05. ☐ district	19. ☐ compulsory	33. ☐ progressive
06. ☐ withdraw	20. ☐ outlet	34. ☐ insight
07. ☐ alleviate	21. ☐ remedy	35. ☐ breakage
08. ☐ recession	22. ☐ enable	36. ☐ surplus
09. ☐ adjacent	23. ☐ flexible	37. ☐ assortment
10. ☐ acquaint	24. ☐ unusually	38. ☐ fragile
11. ☐ revolutionary	25. ☐ judge	39. ☐ municipal
12. ☐ renovation	26. ☐ readily	40. ☐ encounter
13. ☐ apparent	27. ☐ subordinate	
14. ☐ sudden	28. ☐ malfunction	

01 largely
[lάːrdʒli]

부 대체로, 주로
The company's success is largely due to its innovative design.
그 회사의 성공은 대체로 혁신적인 디자인 때문이다.

02 supplement
[sΛplimənt]
보충(물), 추가
파 supplementary 보충하는

동 보충하다, 추가하다
You can definitely supplement your income in a number of ways. 많은 방식으로 당신의 수입을 분명히 보충할 수 있습니다.

03 allocate
[ǽləkèit]
유 assign 할당하다

동 할당하다, 배정하다
Global fund managers are set to allocate a significant portion of their investments to the Chinese market.
세계적인 펀드 매니저들이 투자의 상당 부분을 중국시장에 배정하게 될 것이다.

04 consecutive
[kənsékjətiv]
참 successive 연속적인

형 연속적인, 연이은
Overall wage growth has slowed significantly over three consecutive years.
전반적인 임금 상승률이 3년째 상당히 감소세를 보였다.

05 district
[dístrikt]
유 region, area 지역

명 지역, 지구
According to the tentative plan, some of the area will be designated to business research and development districts.
잠정안에 따르면, 지역의 일부는 비즈니스 연구개발 지구로 지정되어질 것이다

06 withdraw ❶
[wiðdrɔ́ː]
파 withdrawal 인출, 철회
참 remit 송금하다

동 인출하다, 철회하다
You can withdraw your savings anytime at any ATM.
현금 지급기에서 언제나 예금을 인출하실 수 있습니다.
⟨*ATM 현금인출기(Automated Teller Machines)⟩

07 alleviate
[əlíːvièit]
유 ease, lessen 줄이다

동 줄이다, 경감시키다
We can eliminate and alleviate poverty through tourism.
관광을 통해 빈곤을 제거하고 경감시킬 수 있다.

08 recession ❷

[riséʃən]

파 recede 후퇴하다
참 depression 불황
   stagnant 침체된, 불경기의

명 경기 침체(downturn)

Due to the lasting recession, many senior citizens have been forced to quit their jobs.
⟨*be forced toV 어쩔수없이 ~하게되다⟩

계속되는 경기침체로 인해 많은 노인들은 일자리를 그만두어야 했다.

09 adjacent

[ədʒéisənt]

참 nearby 근처의

형 인접한

The hotel is conveniently located adjacent to the central square. ⟨*adjacent to ~에 인접한⟩

호텔은 중앙광장 근처에 편리하게 위치해 있습니다.

10 acquaint ❸

[əkwéint]

파 acquaintance 지인
혼 accountable 책임이 있는

동 알게 하다, 숙지시키다

The customer service representative acquainted recruits with the way to handle customer complaints.

고객 서비스 담당직원은 신입사원들에게 고객의 불만을 처리하는 법을 숙지시켜 주었다.

Tip 여기서 출제된다!　　　TOEIC 어휘 출제포인트

1 withdraw처럼 with-접두어가 붙는 중요단어들

> with-는 '뒤쪽으로(back), 대항하여(against)' 라는 뜻을 지닌 접두어

*특히, 아래 동사들의 변화형에 주의하자.

withdraw - withdrew - withdrawn (예금을) 인출하다, 철회하다
withhold - withheld - withheld 유보하다; 억제하다
withstand - withstood - withstood 저항하다; 견디다(=put up with)
ex The accounting department withheld payment until he signed the contract.
　　회계부서는 그가 계약서에 서명할 때까지 지불을 유보했다.

2 recession과 같은 경기 상태와 관련된 단어들

state of the economy 경제 상태　　downturn 경기 침체(depression)
recession 경기 침체　　recede 후퇴하다, (가치가) 떨어지다
inflation 인플레이션, 물가상승　　inflate (물가를) 올리다
stagnation 경기 침체, 불경기　　stagnant 침체된, 불경기의(=sluggish)
ex The economy is stagnant and many families can't pay their bills.
　　경제는 침체되고 많은 가정이 청구서를 지불할 능력이 없다.

3 acquaint가 이끄는 관련 표현에 주의하자.

acquaint A with B ⟨A에게 B를 알게 하다⟩
be acquainted with ~을 잘 알고 있다(=be familiar with)
ex This workshop is very helpful in terms of allowing every employee to get acquainted with one another. 이 워크숍은 모든 직원들이 서로서로 친숙해 지는데 아주 유용하다.

11 revolutionary [1]
[rèvəlúːʃənèri]

명 혁명적인, 혁신적인

The quality control team has come up with some revolutionary ideas.

품질관리 팀은 몇 가지 혁신적인 아이디어들을 고안해 냈다.

12 renovation
[rènəvéiʃən]

파 **renovate** 수리[수선]하다
참 **reform** 개선(리폼)하다

명 리노베이션, 수리(수선)

The shopping mall has recently gone through extensive renovation.

쇼핑몰은 최근에 대대적인 수리가 이루어졌다.

13 apparent
[əpǽrənt]

파 **apparently** 명백히
참 **transparent** 투명한

형 명백한, 분명한(obvious)

It has become apparent that the majority of workers are not satisfied with their wages at the moment.

대다수의 근로자들이 현재 급여에 만족하지 못한다는 것이 명백해 졌습니다.

14 sudden
[sʌ́dn]

파 **suddenly** 갑자기
유 **abruptly** 갑자기*

부 갑작스런

Frank experienced sudden changes in his overall health after starting the treatment.

치료가 시작된 이후 Frank는 몸 전체 건강에 갑작스런 변화를 경험했다.

15 vacancy
[véikənsi]

파 **vacant** 빈, 공허한*
유 **empty** 비어있는

명 빈자리, 공석(opening)

Mr. Smith has decided to apply for the vacancy in the shipping department. ⟨*shipping 운송, 선적⟩

Smith씨는 운송 부서에 생긴 공석에 지원하기로 결정했다.

16 expedite
[ékspədàit]

동 신속히 처리하다, 촉진시키다

The government enhanced its industrial competitiveness and expedited the restructuring process.

정부는 산업 경쟁력을 강화하고 구조조정을 촉진시켰다.

17 slightly
[sláitli]

파 **slight** 약간의

부 약간

Quarterly growth was slightly above market expectations and matched the rate of the first quarter.

분기 성장이 시장의 기대보다 약간 넘어섰으며, 1분기 비율과 부합했다.

18 prominent ②
[prámənənt]

파 **prominently** 눈에 띄게
유 **famous, eminent**

형 눈에 띄는, 저명한(distinguished)

Prominent figures in retail areas were invited to the conference.

소매업분야의 유명 인사들이 회의에 초대되었다.

19 compulsory
[kəmpʌ́lsəri]

형 강제적인, 의무적인(mandatory)

It is compulsory for passengers to pay duty on goods worth more than $600.

승객들은 600달러 이상의 물품에 대해 관세를 지불해야 한다.

20 outlet ③
[áutlet]

참 **let out** 배출하다

명 아웃렛, 소매점; 배출구

Each **outlet** features about 7,000 health and beauty products and a floor space of about 500 square meters.

개별 소매점은 약 500평방미터의 내부 면적에 약 7,000여종의 건강미용 상품을 특징으로 한다.

Tip  **여기서 출제된다!**   TOEIC 어휘 출제포인트

1 **revolutionary**와 함께 주의해야할 복합명사 문제들
revolution design (X) → **revolutionary design** 혁신적인 디자인
procedure changes (X) → **procedural changes** 절차상의 변화
relation problems (X) → **related problems** 관련된 문제점들
four differences cities (X) → **four different cities** 4개의 다른 도시들
*아래의 예처럼 복합명사를 묻는 문제들을 주의!
ex We have developed (~~revolution~~, revolutionary) order processing to expedite shipping to customers. 고객에게 배달을 신속히 처리하기위해 혁신적인 주문 처리를 개발했다.

2 **prominent**의 동의어와 반의어는 다음과 같다.

뛰어난	prominent outstanding notable distinguished excellent superb exceptional superior incomparable	⇔	평범한	common ordinary average normal plain usual commonplace

ex **superb** opportunity to expand into new markets 새로운 시장으로 진입할 수 있는 최고의 기회

3 **outlet**처럼 **out-**접두사가 들어간 단어들

out-은 '~밖으로(outside)' 또는 '능가하다(better than)' 라는 뜻을 지닌 접두어

outcome 결과, 성과   **outlook** 전망, 견해   **outskirts** 교외, 변두리
output 생산(고), 산출   **outlaw** 불법화하다; 범죄자   **outnumber** ~보다 수가 많다
outdo ~보다 뛰어나다   **outgrow** ~보다 커지다   **outweigh** ~보다 크다, 무겁다
outlast ~보다 오래가다   **outsource** 아웃소싱하다   **outlay** 지출, 경비
ex The disadvantages **outweigh** the benefits. 이득보다 손해가 훨씬 더 많다.

21 remedy
[rémədi]

치료하다, 해결하다
참 therapy 치료, 요법

명 치료법, 해결(책)

I can assure you that action has been taken to remedy this problem.

이 문제를 해결하기 위한 조치를 확실히 취하고 있음을 전합니다.

22 enable
[inéibəl]

유 permit 허락하다

동 ~할 수 있게 하다, 허락하다(allow)

Timecard systems enable part time workers to record their working hours.

타임카드 시스템은 파트타임 근로자들이 업무 시간을 기록할 수 있도록 해준다.

23 flexible
[fléksəbəl]

파 flexibility 유연[융통]성
flextime 자율근무시간제

형 유연한, 융통성있는

70% of survey respondents evaluated the firm's flexible management system highly.

응답자의 70%가 회사의 융통성있는 경영시스템을 높이 평가했다.

24 unusually
[ʌnjúːʒuəli, -ʒwəli]

파 unusual 비정상적인
반 usual 보통의(normal)

부 비정상적으로, 유별나게

Food prices, especially those of vegetables, rose sharply due to the rainy season and unusually hot weather.

식품가격, 특히 채소 가격이 장마와 유별나게 무더운 날씨로 크게 올랐다.

25 judge ❶
[dʒʌdʒ]

판사
유 evaluate 평가하다

동 판단하다, 평가하다(assess)

Some people often judge others based on their appearance.

몇몇 사람들은 종종 다른 사람들을 그들의 외모로 판단한다.

26 readily
[rédəli]

표 be ready for
~할 준비가 되다

부 즉시, 쉽게

It is probable that the judge won't consent readily.

판사가 쉬이 동의하지 않을 것 같다.

27 subordinate ❷
[səbɔ́ːrdinət]

부차적인, 종속시키다
반 insubordinate 반항하는
참 associate 동료, 직원

명 부하직원

The experienced supervisor delegated appropriate responsibilities to his subordinates.

경험이 많은 상관은 그의 부하직원들에게 적절한 책임을 위임했다.

28 malfunction
[mælfʌŋʃən]

패 function 기능, 모임

명 고장, 오작동

The police are scheduled to closely inspect equipment malfunction.

경찰은 기계 고장을 면밀히 조사할 계획이다.

29 relevant to
[réləvənt]

반 irrelevant 관계없는

혼 reluctant (하기) 꺼리는

형 ~와 관련이 있는

Her comments are not relevant to this discussion.

그녀의 발언은 이 토론과 관련이 없다.

30 statistics ❸
[stətistiks]

패 statistical 통계의

명 통계학

According to government statistics, many workers supplement their regular income with a part-time job.

정부통계에 따르면 많은 직장인들이 시간제 일로 수입을 보충하고 있다.

Tip 여기서 출제된다!　　TOEIC 어휘 출제포인트

1 judge처럼 동사뿐만 아니라 명사로도 쓰이는 단어들

seal 봉인; 밀봉하다	sort 종류; 분류하다	matter 사안; 중요하다
overwork 과로; 과로하다	fall 하락; 하락하다	wane 감소; 감소하다
note 메모; 주목하다	mean 의도; ~을 의미하다	target 목표; 목표로 잡다

ex Please note the sales promotion campaign to attract potential customers.

잠재 고객을 끌어들이기 위한 판매촉진 캠페인에 주목해 주십시오.

2 subordinate처럼 sub-접두어가 붙는 단어들

sub-은 '아래에(under, down)' 라는 뜻을 지닌 접두어

subordinate 부하직원	insubordinate 반항하는	subtle 미묘한
subsidiary 자회사	subsidize ~에 보조금을 지급하다	suburb 교외
subsequent 그 이후의	submission 제출	subscription 구독
substitute 대체하다	substantial 상당히, 크게	subcontractor 하청업자, 하청인

ex It's risky to do business with that local subcontractor.

그 지역 하청업체와 거래하는 것은 위험하다.

3 statistics처럼 -s가 붙은 학문 이름은 복수 형태이지만 셀 수 없는 명사로 취급

statistics 통계학	genetics 유전학	ethics 윤리학	electronics 전자공학
physics 물리학	mathematics 수학	politics 정치학	

ex Mathematics (is, ~~are~~) my favorite subject. 수학은 내가 가장 좋아하는 과목이다.

LG Group plans to strengthen its electronics and chemical divisions.

LG그룹은 전자와 화학부문을 강화할 계획이다. 〈*strengthen 강화하다〉

기타 KMC Airlines was famous for its unique logo. KMC 항공사는 독특한 로고로 유명하다.

31 reaction ❶

[riːǽkʃən]

파 react 반응하다
참 enact 제정하다

명 반응

Some industry experts have given a cautious reaction to the expansion plan.

일부 업계 전문가들은 확장 계획에 신중한 반응을 보이고 있다.

32 argument

[áːrgjəmənt]

파 argumentative 논쟁적인
참 conflict 갈등

명 주장, 논쟁

His arguments aren't particularly relevant to the subject being discussed.

그의 주장은 논의되고 있는 주제와는 특별히 관련이 없다.

33 progressive

[prəgrésiv]

파 progress 진보, 진행; 진행하다

형 진보적인

The progressive idea presented by Jasmine can have a great impact on commercial relations.

Jasmine이 제시한 진보적인 아이디어는 통상 관계에 큰 영향을 끼쳤다.

34 insight ❷

[ínsàit]

참 sightseeing 관광

명 통찰력, 식견

The sales report also provides insight into sales trends in specific product groups. 〈*insight into ~에 대한 통찰력〉

판매 보고서는 특정 제품군의 판매추세에 대한 통찰력을 보여준다.

35 breakage

[bréikidʒ]

참 breakthrough 돌파, 발전

명 파손(물)

Ms. Smith wrapped all the gifts carefully and kept them in containers to prevent accidental breakage.

Smith씨는 모든 선물을 조심스럽게 포장하고, 뜻하지 않은 파손을 막기위해 용기에 보관했다.

36 surplus

[sə́ːrplʌs]

참 surpass 능가하다
팬 deficit 적자, 부족

명 잉여(물), 흑자

The budget surplus for the last quarter actually surpassed our expectations.

지난 분기 예산 흑자가 사실상 우리의 예상을 넘어섰다.

37 assortment

[əsɔ́ːrtmənt]

파 assorted 여러 종류의
sort 종류; 분류하다

명 분류, 종류

Our library has a wide assortment of books for senior citizens to read. 〈*an assortment of 다양한(a variety of)〉

도서관은 노인들이 읽을 수 있는 다양한 종류의 책을 가지고 있습니다.

38 fragile ❸
[frǽdʒəl]

❤ vulnerable 상처입기 쉬운
(=susceptible)

[형] 깨지기쉬운(breakable)

Those loading fragile items onto the truck must be careful.

트럭에 깨지기쉬운 품목들을 싣는 사람들은 조심해야한다.

39 municipal
[mjuːnísəpəl]

[형] 시의, 지방자치의

The local municipal authority will negotiate on some of the complaints raised by the union.

지방 시당국은 노조가 제기한 일부 불만사항과 관련해 협상을 할 것이다.

40 encounter
[inkáuntər]

❤ confront 직면하다
❤ enlarge 확대하다

[동] 직면하다(face), 우연히 만나다

The economy will encounter more difficulty in the near future.

가까운 미래에 경제는 더 큰 어려움에 직면할 것이다.

Tip 여기서 출제된다!　　TOEIC 어휘 출제포인트

❶ reaction처럼 act-어근이 들어간 단어들
act-는 '행하다(do, act), 몰다(drive)' 라는 뜻을 지닌 어근

reaction 반응, 반작용　　activity 활동　　active 활동적인, 적극적인(lively)
actually 실제로(in fact)　　transaction 거래, 업무　　enact (법률을) 제정하다(legislate)
action 행동, 조처　　acting 대리[대행]의, 임시의　　activate 작동시키다, 활성화시키다
ex The acting vice president thoroughly oversees all overseas branches.
　　부사장 대리가 모든 해외 지사를 철저하게 감독한다.
　　Billy contacted his attorney to take further legal action.
　　Billy는 추가 법적 행동을 취하기 위해 변호사에게 연락했다.

❷ insight처럼 해당 명사와 잘 어울리는 어구를 익혀두자.
insight into ~에 대한 식견, 통찰(력)　　persuasive argument 설득력 있는 주장
reaction to ~에 대한 반응　　apologies for the delay 지연에 대한 사과
gain popularity 인기를 얻다　　outstanding review 뛰어난 평가
a brief interruption 잠시 중단　　in a statement given 주어진 성명서에서
ex Customers accepted our apologies for the delay. 고객들은 지연에 대한 사과를 받아들였다.

❸ fragile처럼 '약한' 단어들을 살펴보자.
vulnerable 취약한　　**ex** vulnerable to seasonal variations and downturns
　　　　시장 하락과 계절 변동에 취약한
susceptible 취약한　　**ex** Children are usually more susceptible to infection.
　　　　아이들은 보통 감염에 보다 취약하다.

□ **judging from**
[dʒʌdʒiŋ]
참 judge 판단하다; 판사

전 ~로 판단하건데
Judging from **the survey, customers want more innovative design.** 설문 조사 결과로 판단하건데, 고객들은 보다 혁신적인 디자인을 원한다.

□ **all of a sudden**
[sʌ́dn]
유 abruptly 갑자기

부 갑자기(suddenly)
The director's expression changed all of a sudden.
이사의 표정이 갑자기 변했다.

□ **such as**
[sʌtʃ, sətʃ]

전 ~과 같은
If you want more learning materials such as **self-test sheets, visit our web site at www.toeicvoca.com.**
셀프 테스트와 같은 더 많은 학습 자료를 원하시면 www.toeicvoca.com에 방문해 주세요.

□ **so far**
[fɑːr]
참 as of ~(몇 일) 부로

부 지금까지
We have so far **found a total of 200 cases of election violations since this year.** 올들어 지금까지 200건의 선거 위반 행위를 발견했다.

□ **set out**
[set]

동 착수하다, 시작하다
The firm will set out **to select local charitable organizations to sponsor.** 회사는 후원할 지역 자선 단체를 선정하기 시작할 것이다.

□ **by hand**
[hænd]
참 on hand 가까이에

부 손으로, 인편으로
Greg delivered the documents to senior management by hand. Greg는 서류를 고위 경영진에게 인편으로 전달했다.

□ **when it comes to ~**

접 ~에 관해서는
Executives differ in their opinions when it comes to **finding a replacement for that position.**
그 직위의 후임자를 찾는 사안에 관해서 임원들은 의견을 달리하고 있다.

□ **keynote speaker**
[kíːnòut]
참 spokesperson 대변인

명 기조 연설자
Kelly was invited as a keynote speaker.
Kelly는 기조연설자로 초청되었다.

□ **come by**
유 drop by 잠깐 들리다

동 ~에 들리다(stop by)
come by **the personnel office** 인사과에 들리다

□ **as long as**

접 ~하는 한, ~한다면
As long as **the usage specifications are followed, this machine should operate properly.**
사용 설명서를 따르는 한, 이 기계는 제대로 작동할 것입니다.

□ **prominent**
[prámɪnənt]
참 marked (정도가) 두드러진

형 유명한, 두드러진
Pictures taken by a prominent photographer were displayed. 저명한 사진작가에 의해 촬영된 사진들이 전시되었다.

□ **eminent**
[émɪnənt]

형 유명한
The guest speaker is an eminent consultant in the accounting field. 초대 발표자는 회계분야에서 유명한 컨설턴트입니다.

□ **imminent**
[ímɪnənt]

형 임박한, 절박한(impending)
Talks over the company merger are imminent.
그 회사들의 합병에 대한 회담이 임박했다.

□ **principal**
[prínsəpəl]

형 주요한
achieve our principal objectives 우리의 주요 목적을 달성하다

□ **principle**
[prínsəpl]

명 원리, 원칙
As long as the company respects the principle of job security, the labor union will collaborate on this matter.
회사가 고용보장의 원칙을 존중하는 한, 노조는 이 사안에 대해 협조할 것이다.

□ **comprehensible**
[kámprɪhénsəbəl]
혼 comprehensive 종합적인

형 이해할 수 있는, 알기 쉬운
This book is designed to be easily comprehensible to common readers. 이 책은 일반 독자들이 알기 쉽도록 기획되었다.

□ **apprehensive**
[æprɪhénsɪv]

형 걱정하는, 우려하는
Economists feel apprehensive about the recent increase in oil prices. 경제학자들은 최근의 유가 상승에 대해 걱정하고 있다.

□ **besides**
[bɪsáɪdz]
게다가

전 ~이외에, ~뿐만 아니라
Besides the total cost, we need to consider the fee to maintain the building.
전체 비용뿐만 아니라 건물 유지를 위한 비용도 고려해야 한다.

□ **beside**
[bɪsáɪd]

전 ~옆에
Besides, the man was listening to loud music beside me.
게다가 그 남자는 내 옆에서 시끄러운 음악을 듣고 있었다.

□ **recession**
[rɪséʃən]

명 (경기) 침체
the long-term economic recession 장기적인 경제 침체

□ **recess**
[ríːses, risés]
휴회하다

명 휴회, 휴식
The negotiations went into recess for now.
협상은 당분간 휴회에 들어갔다.

01 __ Mr. Moore will undoubtedly receive a promotion this year ------- he attains his sales quota.

(A) so that
(B) despite
(C) as long as
(D) due to

02 __ If upset customers become -------, do not hesitate to ask the floor manager for help.

(A) kindhearted
(B) tentative
(C) argumentative
(D) entertaining

03 __ This innovative marketing campaign will ------- us to boost sales and raise awareness of our brand.

(A) enable
(B) acquire
(C) conflict
(D) recede

04 __ Many investors feel more ------- about a big decline in the stock market nowadays.

(A) valued
(B) notable
(C) confidential
(D) apprehensive

05 __ All new interns need to contact their immediate supervisors at once if they ------- any difficulties.

(A) demonstrate
(B) guarantee
(C) encounter
(D) assign

06 __ It has become ------- that managers need to promote better communication among subordinates.

(A) unavailable
(B) apparent
(C) upcoming
(D) vacant

정답 01.(C) 02.(C) 03.(A) 04.(D) 05.(C) 06.(B)

※ 추가 문제 및 보카테스트는 www.toeicvoca.com에서 제공합니다.

최우선순위 어휘편 　우선순위 어휘편 　중요 어휘편

DAY 18

3rd week

중요 어휘편

진단테스트 토익시험에 꼭 나오는 토익 어휘 리스트
Preview – 오늘 배울 토익보카에 대한 자신의 실력을 테스트해 보세요!

01. ☐ severely	15. ☐ determine	29. ☐ praise
02. ☐ crisis	16. ☐ spacious	30. ☐ dietary
03. ☐ optimistic	17. ☐ relieve	31. ☐ questionnaire
04. ☐ uncertain	18. ☐ aggressively	32. ☐ subsidize
05. ☐ morale	19. ☐ imply	33. ☐ feasible
06. ☐ savings	20. ☐ foundation	34. ☐ impartially
07. ☐ affair	21. ☐ remit	35. ☐ discover
08. ☐ mutually	22. ☐ freight	36. ☐ frustrate
09. ☐ enormous	23. ☐ generally	37. ☐ consensus
10. ☐ restore	24. ☐ pursue	38. ☐ dividend
11. ☐ reimburse	25. ☐ interrupt	39. ☐ unanimously
12. ☐ disruption	26. ☐ ingredient	40. ☐ classified
13. ☐ fix	27. ☐ realistically	
14. ☐ investigate	28. ☐ advocate	

01 severely ❶
[səvíərli]

- 파 dramatic 극적인
- 참 sharply 날카롭게

부 심하게, 엄격하게

Due to severe traffic congestion, the new mayor announced plans to construct a new road.

심각한 교통 혼잡 때문에 새로운 시장은 새로운 도로를 건설할 계획을 발표했다.

02 crisis
[kráisis]

- 표 economic crisis 경제위기

명 위기

Spain underwent a severe economic crisis that caused widespread unemployment.

스페인은 만연한 실업을 야기시켰던 심각한 경제 위기를 겪었다.

03 optimistic
[aptəmístik / ɔ̀pt-]

- 파 pessimistic 비관적인
  critical 비판적인, 중대한

형 낙관적인

The government was cautiously optimistic about a peaceful settlement to the recent dispute.

정부는 최근의 분쟁에 대한 평화적 해결에 대해 조심스럽게 낙관했다.

04 uncertain ❷
[ʌnsə́ːrtn]

- 파 uncertainty 불확실
- 참 certainly 확실히

형 불확실한, 확신이 없는

The shipping industry is still uncertain about the economic outlook. 해운업계는 여전히 경기 전망을 확신하지 못하고 있다.

05 morale
[mərǽl / mɔráːl]

- 표 staff morale 직원사기
- 참 demoralize 사기꺾다

명 사기

The new benefits package is expected to significantly improve employee morale.

새로운 복리 후생 제도가 직원 사기를 상당히 높일 것으로 기대된다.

06 savings ❸
[séiviŋs]

- 표 savings bank 저축은행

명 저축

A form of identification is required to open a savings account. 예금 계좌를 개설하려면 신분증이 필요합니다.

07 affair
[əféər]

- 표 personal affair
  개인적인 일

명 일, 사건

The article reports the political affair in detail.

그 기사는 그 정치적 사안을 자세히 전하고 있다.

08 mutually

[mjúːtʃuəli]

파 **mutual** 상호의
참 **neutral** 중립의*

부 서로, 상호간에

We eventually came to in a mutually agreeable conclusion.

우리는 서로 기분좋은 방식으로 마침내 결론에 이르렀다.

09 enormous

[inɔ́ːrməs]

유 **tremendous** 거대한
참 **massive** 대량의

형 거대한

China is apparently one of the enormous potential markets. 중국은 분명히 엄청난 잠재 시장 중에 하나이다.

10 restore

[ristɔ́ːr]

참 **recover** 회복하다*

동 복구하다, 복원하다

Building owners can receive government grants to restore historical architectural elements.

건물 소유주들은 역사적인 건축 요소를 복원하기 위해 정부 보조금을 받을 수 있다.

 **여기서 출제된다!**　TOEIC 어휘 출제포인트

1 severely와 더불어 시험에 빈출되는 부사표현들을 몇 가지

severely 심하게, 엄격하게	**entirely** 전적으로, 완전히	**barely** 거의 ~않다(rarely, scarcely)
seldom 거의 ~않다	**surely** 분명히, 꼭	**securely** 튼튼하게, 단단하게
exceptionally 유난히	**radically** 완전히, 근본적으로	**presently** 현재

ex The delegate barely mentioned the current economic situation.

그 대표는 지금의 경제 상황을 거의 언급하지 않았다.

2 uncertain과 certain이 이끄는 어구에 익숙해지자.

It is certain that~ 〈~은 확실하다, 분명하다〉

ex It is certain that he will contact the site manager.

그가 현장 매니저에게 분명히 연락을 할 것이다.

make certain[sure] that~ 〈~을 확실히 하다, 꼭 ~하다〉

ex Make certain that we're on schedule. 우리가 일정에 맞게 가고 있는지 확실히 해라.

be uncertain about~ 〈~에 대해 확신하지 못하다〉

ex Analysts are uncertain about the long-term prospects for the economy.

분석가들은 장기적인 경제 전망에 대해 확신하지 못하고 있다.

3 savings처럼 -s를 붙여 쓰는 복합명사들을 살펴보자.

a savings bank 저축 은행	**a benefits package** 복리 후생 제도
a sports complex 스포츠 복합 시설	**an awards ceremony** 시상식

*위와 같은 복합명사의 경우, 마지막에 있는 명사가 단수, 복수를 결정한다.

an awards ceremony (단수) → **awards ceremonies** (복수) 시상식들

11 reimburse ❶

[rìːimbə́ːrs]

파 reimbursement 상환

동 배상해주다, 상환하다(pay back)

You will be reimbursed for all travel expenses by the company. 당신은 모든 여행 경비를 회사로부터 변제받게 될 것입니다.

12 disruption

[disrʌ́pʃən]

파 disrupt 중단시키다
유 interruption 중단, 방해

명 중단, 두절

If the strike continues, it might cause significant disruption to public services and a medical crisis.

파업이 지속된다면, 민원 업무 중단과 진료 위기가 초래될 수 있다.

13 fix

[fiks]

파 fixed 고정된*
참 affix 붙이다, 첨부하다

동 고치다, 고정하다

An emergency repair team attempted to fix the technical problems. 비상 수리팀이 기술적 문제를 해결하려고 시도했다.

14 investigate

[invéstigèit]

파 investigation 조사
유 inspect, look over

동 조사하다(scrutinize)

The government has already started to investigate the case and will take strict measures.

정부는 사건을 조사하기 시작했으며 엄중한 조치를 취할 것이다.

15 determine ❷

[ditə́ːrmin]

파 determined 단호한
유 decide 결정하다

동 결정하다, 결심하다

The management was determined to cut expenditure by reducing travel costs.

경영진은 여행비를 줄임으로써 회사 지출을 삭감하기로 결정했다.

16 spacious

[spéiʃəs]

파 space 공간, 장소
동 roomy 넓은

형 넓은, 널찍한

Showrooms and places to dine and relax became more spacious after the renovation.

개조 후에 쇼룸과 휴식공간이 보다 널찍해졌다.

17 relieve

[rilíːv]

파 relief 구제*
유 lessen 완화시키다

동 완화시키다(ease)

This pill will effectively relieve your headache and cold.

이 약은 두통과 감기를 효과적으로 완화시켜 줄 것이다.

18 aggressively
[əgrésivli]

파 aggressive 적극적인

형 적극적으로, 공격적으로

The company aggressively responded to an abrupt shift in the market.

회사는 시장의 갑작스런 변화에 적극적으로 대응했다.

19 imply
[implái]

혼 implication 영향
implicate 연루시키다

동 암시하다, ~을 뜻하다

It is strongly implied that the company will be carrying out a large-scale restructuring. ⟨*large–scale 대규모의⟩

회사가 대규모의 구조조정을 실시할 것이라는 것이 강하게 암시되고 있다.

20 foundation ❸
[faundéiʃən]

참 establishment 설립
background 배경, 학력

명 설립, 토대

We have laid the foundations of a stable financial system in the local stock market.

우리는 국내 증권시장에 안정적인 금융시스템의 토대를 마련했다.

 **Tip 여기서 출제된다!**   TOEIC 어휘 출제포인트

❶ reimburse와 구별되는 표현들을 알아두자

reimburse - 업무와 관련된 일로 인해 지출된 비용에 대해서 회사가 변상[변제]할 때에 주로사용되는 표현이다.

ex The company will reimburse you for hotel and travel expenses incurred.
회사는 발생된 숙박비와 여행 경비에 대해 변제해 드립니다.

compensate - 주로 발생된 손실, 좋지 않은 일에 대해 보상을 하는 경우에 사용되는 표현이다.

ex We will fully compensate you for the damaged shipment.
손상된 배송물에 대해서는 전액 보상합니다.

❷ determine처럼 -termin어근이 들어간 단어들

-termin은 '끝(end), 한계(limit)' 라는 뜻을 지닌 어근

determined 결정하다, 결심하다   **determined** 결연한, 결심한
be determined to V ~하기로 결심하다   **terminate** 끝내다, 종결시키다
terminal 터미널, 종착역; 말기의, 종점의   **term** 기간, 학기, 조건, (전문)용어

ex The board was determined to terminate the contract.
위원회는 계약을 종결하기로 결정했다.

❸ foundation이 이끄는 표현은 다음과 같다.

found 설립하다(변화형 주의: found - founded - founded)
lay the foundation 토대를 쌓다   **serve as the foundation** 토대로 작용하다

ex The enclosed blueprint will serve as a foundation for the management of the facility. 동봉된 도면은 시설관리를 위한 토대로 작용할 것이다.

21 remit ❶
[rimít]

파 remittance 송금(액)

명 송금하다
Payment will be remitted to you by the due date.
만기일까지 금액이 송금질 것입니다.

22 freight ❷
[freit]

표 freight service
화물운송 서비스
혼 frighten 놀라게하다

명 화물, 화물운송
Rising oil prices contributed to higher freight charges which pushed up import costs.
석유 가격의 상승은 수입비용을 높여온 운송비용을 더욱 높이는 데 기여했다.

23 generally
[dʒénərəli]

파 general 일반적인
표 in general 일반적으로

부 일반적으로(usually)
Employees are generally satisfied with their work environment these days. 〈*work environment 근무 환경〉
직원들은 요즘 근무 환경에 전반적으로 만족하고 있다.

24 pursue
[pərsú:]

파 pursuit 추구, 추적
참 sue 소송을 제기하다

명 쫓다, 추구하다(seek after)
Our sales representatives aggressively try to pursue potential customers.
영업사원들은 잠재 고객을 찾아내기위해 적극적으로 노력한다.

25 interrupt ❸
[ìntərʌ́pt]

파 interruption 방해, 중단

동 방해하다, 중단시키다
The power failure caused a brief interruption in customer access to our website.
정전으로 인해 고객들의 웹싸이트 접속이 잠시 중단되었다.

26 ingredient
[ingrí:diənt]

참 recipe 조리법, 방안
component 부품

명 (요리의) 재료, 원료
Garlic is a key ingredient in recipes from around the globe.
전 세계에서 마늘은 요리에 있어 중요한 재료이다.

27 realistically
[rí:əlistikəli]

파 realistic 현실적인

형 현실적으로
Realistically, there's nothing we can do to fix these problems.
현실적으로 이러한 문제들을 해결하기 위해 우리가 할 수 있는 일은 없다.

28 advocate

명[ǽdvəkət] 통[ǽdvəkeit]

옹호하다, 주장하다
표 **stand up for**
　～을 옹호하다

명 **옹호자, 지지자**

Mr. Thompson is one of the leading advocates of political reforms.

Thompson은 선도적인 정치개혁 지지자중 한명이다.

29 praise

[preiz]

칭찬하다
혼 **appraise** 평가하다

명 **칭찬**

Unfortunately, Jason's new book didn't receive as much praise as his previous novels.

안타깝게도, Jason의 신간이 이전 소설들만큼 많은 호평을 받지 못했다.

20 dietary

[dáiətèri]

파 **diet** 식이요법

형 **식이요법의, 음식 섭취의**

Make sure you consult with your doctor before taking dietary supplements.

보조식품을 먹기 전에 의사와 꼭 상담하세요.

Tip　여기서 출제된다!　　TOEIC 어휘 출제포인트

1 remit처럼 **-mit**어근을 쓰는 단어들

　-mit은 '보내다(send)'라는 뜻을 지닌 어근

　submit 제출하다　　　**transmit** 보내다, 전달하다　　**admit** 인정하다, 받아들이다
　permit 허락하다; 허가증　　**commit** 전념하다, 저지르다　　**commitment** 헌신, 전념; 약속(**pledge**)
　commission 커미션, 수수료　　**omit** 빠뜨리다, 생략하다　　**emit** 방출하다, 내뿜다(**give off**)
　ex Remittances should be made to the firm's lawyer.
　　　송금액은 회사 변호사에게 지급되어야 한다.

2 freight와 혼동이 되는 단어들
　freight 화물, 화물 운송
　　　ex freight trucks 화물 트럭 / freight service 화물 (운송) 서비스
　flight 비행(편)
　　　ex nonstop flight 직항편(**direct flight**) / connecting flight 연결편 비행기
　frighten 놀라게 하다
　　　ex She was frightened to hear the news. 그녀는 그 소식을 듣고 깜짝 놀랐다.

3 interrupt처럼 inter-접두어가 들어간 단어들
　inter-는 '사이에(between), 상호간(each other)'이란 뜻을 지닌 접두어
　intercept 가로채다　　　**interfere** 방해하다　　　**interrupt** 방해하다, 중단시키다
　interview 면접, 인터뷰(하다)　**intervene** 중재하다　　　**intermediate** 중간(의)
　　　ex Most of the applicants feel apprehensive before a job interview.
　　　　대부분의 지원자들은 면접 전에 걱정을 한다.

31 questionnaire
[kwéstʃənéər]

명 설문지

The technicians and attendees are asked to fill out our questionnaire after training.

훈련 후에 기술자와 참석자들은 설문지를 작성해 줄 것을 요구받는다.

32 subsidize ❶
[sʌ́bsidàiz]

파 subsidy 보조금
참 subsidiary 자회사*

동 보조금을 지급하다

Developed countries continue to strongly subsidize their agriculture.

선진국은 농업에 많은 보조금을 지급하고 있다.

33 feasible
[fíːzəbəl]

참 flexible 유연한
유 viable 실행 가능한

형 실행 가능한(practicable)

Researchers tried to find a feasible alternative to conventional methods.

연구원들은 틀에 박힌 방법에 대한 실행가능한 대안을 찾기위해 노력했다.

34 impartially
[impéːrʃəli]

파 impartial 공정한
유 unbiased 편견없는

부 공정하게(equally)

It is our responsibility to address the various concerns of clients impartially.

고객들의 다양한 걱정거리들을 공정하게 처리하는 것은 우리의 책임입니다.

35 discover
[diskʌ́vər]

파 discovery 발견
참 disclose 공개하다

동 발견하다

There is a feasible alternative by which to discover the potential of Internet marketing.

인터넷 마케팅의 가능성을 확인하기 위한 실행가능한 대안이 있다.

36 frustrate
[frʌ́streit]

파 frustrated 실망한, 화난

동 좌절시키다

Apparently frustrated with weak domestic sales, shareholders did not appear at the committee session.

저조한 국내판매에 너무도 실망한 주주들은 회의에 출석하지 않았다.

37 consensus ❷
[kənsénsəs]

표 reach a consensus 합의에 이르다

명 (의견 등의) 일치, 합의

The management and labor force tried to coordinate their different opinions and reach a consensus.

노사는 상이한 의견을 조율하고 합의에 도달하기 위한 노력했다.

38 dividend

[dívidènd]

참 divide 분할하다, 나누다
division 부서

명 배당금

More companies are trying to meet shareholder demand for higher dividend payments. 〈*dividend payment 배당금 지급〉

보다 많은 기업들은 주주들의 고배당 요구를 충족시키기 위해 노력한다.

39 unanimously ❸

[juːnǽnəməsli]

파 unanimous 만장일치의
참 anonymous 익명의

부 만장일치로

The board of directors unanimously reached a consensus on the company's long-term goals.

이사회는 만장일치로 회사의 장기 목표들에 대한 합의를 보았다.

40 classified

[klǽsifâid]

파 classify 분류하다
유 categorize 분류하다
혼 clarify 명확하게 하다

형 기밀의, 분류된

Branch supervisors gained access to the classified data.

지점 관리자들은 기밀 데이터에 접근할 권한을 가졌다.

Tip 여기서 출제된다!　　TOEIC 어휘 출제포인트

❶ subsidize처럼 -sid어근을 쓰는 단어들

┌ -sid(set)는 '앉다(sit)' 라는 뜻을 지닌 어근 ┐

reside 살다, 거주하다(dwell)　　　resident 거주자
preside 사회[의장]을 보다　　　subsidiary 자회사; 부차적인
settle 해결하다, 처리하다　　　upset 화나게 하다; 화난

ex The acting vice president will preside over the general meeting.

부사장 대리가 총회를 주재할 것이다.

promptly settle an account 즉시 미결제액을 청산하다

❷ consensus와 함께 잘 쓰이는 표현들을 알아보자.

reach a consensus on ~에 대해 의견 일치에 도달하다

ex The committee reached a consensus on the relocation issue.

위원회는 이전 문제에 대해 의견 일치에 도달했다.

general consensus 여론

ex The government fully accepted the general consensus.

정부는 여론을 전적으로 수용했다.

❸ unanimous와 함께 잘 쓰이는 표현들

a unanimous vote 만장일치의 표결
reach unanimous agreement 만장일치로 합의하다

ex The advisory committee unanimously voted for the expansion proposal.

자문 위원회는 확장안을 만장일치로 통과시켰다.

□ **be determined to V** [ditə́:rmind] 윤 decide to V	图 ~하기로 결심하다 The sales team is determined to achieve this year' s sales quota. 영업팀은 이번 해 영업 할당량을 달성하겠다는 굳은 의지를 보이고 있다.
□ **hold back** [hould]	图 자제하다, 억제하다 hold back from disrupting the speech 연설을 방해하는 것을 자제하다
□ **interfere with** [ìntərfíər] 참 setback 방해, 차질	图 ~을 방해하다 interfere with efficient processing 효율적인 처리를 방해하다
□ **a range of** [reindʒ] 윤 a series of 일련의	혭 폭넓은, 다양한(various) On the web site, a wide range of information on China from language and music to traveling and studying is available. 웹싸이트에서 중국어와 음악에서부터 여행과 중국유학에 이르기까지 중국에 관한 다양한 정보를 얻을 수 있습니다.
□ **to one' s surprise** [sərpráiz]	톔 놀랍게도 To my surprise, the stationery store sells a wide range of goods, from cosmetics to housewares. 놀랍게도 그 문구점은 화장품에서 가정용품까지 폭넓은 상품을 판다.
□ **come across** [əkrɔ́:s, əkrás]	图 우연히 만나다(encounter) come across one of my university' s alumni 대학동창생 한명을 우연히 만나다
□ **be pessimistic about** [pésimístik] 참 be critical of 　~에 대해 비판적이다	图 ~에 대해 비관적이다 Financial experts are pessimistic about the present state of the economy. 금융 전문가들은 현재의 경제 상황에 대해 비관적입니다.
□ **terms and conditions**	톕 계약 조건 Please carefully read the terms and conditions specified below. 아래 명시된 계약 조건을 주의 깊게 읽어 주세요.
□ **not ~ at all**	톔 전혀 ~않다 Terms and conditions don' t work in our favor at all. 계약 조건은 우리에게 전혀 유리하지 않다.[불리하다]
□ **written authorization** [ɔ́:θərəzéiʃən / -raizéiʃən] 참 written confirmation 　서명 확인(서)	톕 서면 결재 Without written authorization from your immediate supervisor, you cannot take leave from work. 직속상관의 서면 결재 없이 당신은 휴가를 얻을 수 없습니다.

□ **religious**
[rilídʒəs]

형 종교적인
The government must permit religious diversity.
정부는 종교적 다양성을 인정해야 한다.

□ **rigorous**
[rígərəs]
파 **rigorously** 엄격하게

형 엄격한(rigid)
We rigorously control the quality of processed foods
우리는 가공 식품의 품질을 엄격히 관리합니다.

□ **virtual**
[və́ːrtʃuəl]
파 **virtually** 사실상
혼 **visual** 시각적인

형 사실상의, 실제상의
It is virtually impossible to reschedule the orientation.
오리엔테이션을 변경하는 것은 사실상 불가능하다.

□ **viable**
[váiəbəl]
유 **feasible** 실행 가능한

형 실행 가능한(practical)
They convened to discuss viable schemes.
그들은 실행 가능한 계획을 논의하기위해 모였다.

□ **thrive**
[θraiv]
유 **prosper**

동 번영하다, 성공하다
The company started to thrive as a result of the restructuring. 구조 조정의 결과로서 회사는 번영하기 시작했다.

□ **strive**
[straiv]
참 **strive-strove-striven**

동 노력하다, 분투하다(struggle)
strive to find solutions to marketing problems
마케팅 문제를 위한 해결책들을 찾으려고 노력하다[분투하다]

□ **anonymous**
[ənániməs]

형 익명의
He asked to remain anonymous. 그는 익명을 요구했다.

□ **unanimous**
[juːnǽniməs]

형 만장일치의, 동의하는
The CEO gained unanimous support from the personnel.
최고경영자는 직원들로부터 만장일치의 지지를 얻었다.

□ **curb**
[kəːrb]
~하는 것을 막다
참 **pull up** (차가) 서다

명 연석(인도와 차도를 구분하는 차도 옆 긴 돌)
Many cars are parked along the curb.
많은 차들이 연석을 따라 주차되어 있다.

□ **curve**
[kəːrv]
커브 길, 도는 길

동 구부러지다
The road curves into the distance. 길은 멀리서 구부러진다.

01 ＿ Because the advertising campaign was very successful, investors were cautiously ------- about the rapid profit growth.

(A) fragile　　　　　　　(B) optimistic
(C) adjacent　　　　　　(D) uncertain

02 ＿ Both companies were very satisfied as the transaction turned out to be ------- profitable.

(A) mutually　　　　　　(B) partial
(C) slightly　　　　　　(D) vacant

03 ＿ Because likeminded colleagues met together, they easily reached ------- agreement.

(A) incidental　　　　　(B) routine
(C) occasional　　　　　(D) unanimous

04 ＿ Please submit your travel expenses to the accounting department in order to receive a -------.

(A) disruption　　　　　(B) malfunction
(C) reimbursement　　　(D) discovery

05 ＿ Our dedicated employees ------- to operate in accordance with local customs.

(A) encounter　　　　　(B) alleviate
(C) strive　　　　　　　(D) withdraw

06 ＿ Make sure to obtain ------- from the appropriate agency before beginning construction.

(A) authorization　　　　(B) interruption
(C) ingredient　　　　　(D) morale

정 답 01.(B) 02.(A) 03.(D) 04.(C) 05.(C) 06.(A)

※ 추가 문제 및 보카테스트는 www.toeicvoca.com에서 제공합니다.

최우선순위 어휘편　우선순위 어휘편　**중요 어휘편**

DAY 19

3rd week
중요 어휘편

진단테스트 토익시험에 꼭 나오는 토익 어휘 리스트
Preview – 오늘 배울 토익보카에 대한 자신의 실력을 테스트해 보세요!

01. ☐ perceive	15. ☐ privilege	29. ☐ duplicate
02. ☐ commodity	16. ☐ contingent on	30. ☐ foreseeable
03. ☐ attribute	17. ☐ streamline	31. ☐ cultivate
04. ☐ insist	18. ☐ interpretation	32. ☐ perishable
05. ☐ evident	19. ☐ mortgage	33. ☐ broaden
06. ☐ radically	20. ☐ apparel	34. ☐ attitude
07. ☐ distract	21. ☐ emit	35. ☐ convert
08. ☐ liability	22. ☐ customize	36. ☐ presumably
09. ☐ discourage	23. ☐ alert	37. ☐ sculpture
10. ☐ restrict	24. ☐ detach	38. ☐ refrain
11. ☐ subsequent	25. ☐ proof	39. ☐ disturb
12. ☐ absence	26. ☐ reluctant	40. ☐ overcome
13. ☐ desirable	27. ☐ accuse	
14. ☐ undertake	28. ☐ moderate	

01 perceive ❶
[pərsíːv]

표 perception 인지, 인식

동 인지하다, 인식하다
We perceived that the CEO was hesitant to release company information to the press.
우리는 CEO가 언론에 회사 정보를 발표하기를 꺼린다는 것을 인지했다.

02 commodity
[kəmádəti / -mɔ́d-]

유 merchandise 상품

명 상품, 산물
The government aims to set general tariff guidelines on commodities, including rice.
정부는 쌀을 포함한 상품에 대한 일반 관세지침을 정할 계획이다.

03 attribute ❷
[ətríbjuːt]

표 attribute A to B
　A를 B탓으로 돌리다

동 ~탓으로 돌리다(ascribe)
Many companies attribute the failure to an extremely competitive market.
많은 회사가 실패의 원인을 극도로 경쟁적인 시장에 돌린다.

04 insist
[insíst]

유 assert 주장하다*
참 asset 자산

동 주장하다
He insists that defective products can be attributed to careless mistakes.
그는 제품의 결함이 부주의한 실수 탓이라고 주장한다.

05 evident
[évidənt]

표 evidence 증거

형 분명한, 명백한
It is evident that Cathy is the most qualified person for the position.
Cathy가 그 직책에 가장 자격이 있는 사람이라는 것은 분명하다.

06 radically
[rǽdikəli]

혼 rigidly 엄격하게

부 급진적으로, 근본적으로
This new version of the software is radically different from the previous one. 〈*different from ~과 다른〉
이번 새 소프트웨어는 이전 것과는 완전히 다르다.

07 distract ❸
[distrǽkt]

참 disperse 흩어지다
혼 district 지역, 지구

동 산만하게하다, 혼란시키다
I hope these problems can be resolved soon so that they do not distract us from our busy work schedule.
이러한 문제점들이 곧 해결이 되어서 우리의 바쁜 업무 일정에 방해가 되지 않기를 바랍니다.

08 liability
[làiəbíləti]

표 be liable for
~에 대한 책임이 있다

명 책임, 채무

The company has liability for the damage caused by careless mistakes.

부주의한 실수로 인해 발생된 피해에 대해 회사는 책임이 있다.

09 discourage 4
[diskə́:ridʒ, -kʌ́r-]

참 courage 용기
반 encourage 북돋우다

동 낙담시키다

Ms. Francis was not discouraged at all by a series of failures.

일련의 실패에도 Francis는 전혀 낙담하지 않았다.

10 restrict
[ristríkt]

파 restriction 제한, 한정
유 restrain 제한하다

동 제한하다(curb)

Access to confidential information is restricted to department heads.

기밀정보의 열람은 부서장으로 제한되어 있습니다.

Tip　여기서 출제된다!　　TOEIC 어휘 출제포인트

1 perceive처럼 per-접두어를 쓰는 단어들
per-는 '완전히(thoroughly), 관통, 통과(through)' 라는 뜻을 지닌 접두어

perceive 알아채다, 인지하다　　perfect 완전한, 뛰어난　　persuade 설득하다
persist 고집하다　　persistent 계속되는　　permanent 영구적인
perish 소멸하다　　perplex 당황하게 하다　　perfume 향수, 향기(scent)
persevere 인내하다

ex try to present persuasive evidence 설득력있는 증거를 제시하기위해 노력하다

2 attribute과 관련된 주요 표현들은 다음과 같다.
attribute A to B 〈A를 B의 탓으로 돌리다〉
수동태 → A is attributed to B 〈A는 B의 탓이다〉
*전치사 to에 주의하여 함께 외워두세요.

ex The company's success is attributed to its marketing expertise and dedicated employees.
회사의 성공은 마케팅 기술과 헌신적인 직원들 덕분이다.

3 distract처럼 -tract어근을 쓰는 단어들
-tract는 '끌다(draw)' 라는 뜻을 지닌 어근

tractor 트랙터, 견인차　　contract 계약하다; 계약　　extract 추출하다, 뽑아내다(pull out)
attract 끌다, 매혹시키다　　attractive 매력적인　　attraction 관광 명소
abstract 추상적인; 요약(본)　　subtract 빼다, 감하다　　distract 산만하게하다(divert)

ex attract a lot of senior citizens 많은 노인들을 모으다

4 discourage가 이끄는 빈출숙어
discourage A from ~ing A가 ~하는 것을 단념시키다　　be discouraged at ~에 낙담하다

11 subsequent ❶

[sʌ́bsikwənt]

- 참 consecutive 연속적인
- 표 subsequent to
  ∼이후에, 다음에

형 그 이후의, 다음의

The CEO promptly initiated the expansion plan subsequent to unanimous approval from the committee.

위원회의 만장일치 승인 이후에 CEO는 즉시 확장계획에 착수했다.

12 absence ❷

[ǽbsəns]

- 파 absent 결석[결근]한

명 부재, 결근

A replacement is supposed to work in his absence.

그가 없는 동안 대체자가 일하기로 되어 있다.

13 desirable

[dizáiərəbəl]

- 파 desire 소망(하다)
- 참 admire 감탄[존경]하다

형 바람직한, 좋은

Work with an established company and receive a desirable benefits package!

안정된 회사에서 근무하면서 좋은 복지 혜택을 받으세요!

14 undertake

[ʌ̀ndərtéik]

- 유 assume 떠맡다
- 참 take over 인수하다

동 떠맡다, 착수하다

If Sara undertakes project management on this, it will really improve the profit outlook.

Sara가 이건에 대한 프로젝트관리를 떠맡는다면, 이익전망치는 실제로 향상될것이다.

15 privilege

[prívəlidʒ]

- 참 exclusive 독점적인
  monopoly 독점권[기업]

명 특권, 혜택

The fitness center gives special privileges to its long-term members.

그 헬스클럽은 장기 회원들에게 특별한 혜택을 준다.

16 contingent on ❸

[kəntíndʒənt]

- 파 contingency 뜻밖의 일
- 유 dependent on

형 ∼에 따라 결정되는, ∼에 달려있는

Sales figures are contingent on demand for commodities.

매출 수치는 상품에 대한 수요에 따라 결정된다.

17 streamline

[strí:mlàin]

- 파 streamlined 합리화된

동 합리화하다

Chinese government is gradually streamlining procedures for approval of cultural events.

중국 정부는 문화 행사 승인 절차를 점진적으로 합리화해나가고 있다.

18 interpretation

[intə́ːrpritə́iʃən]

표 interpret 해석[설명]하다

명 해석, 통역

In the absence of a signed document, the agreement is subject to all sorts of interpretation.

서명된 문서가 없는 경우, 계약서는 온갖 다양한 해석이 가능해 진다.

19 mortgage

[mɔ́ːrgidʒ]

표 mortgage rate
담보대출 금리

명 융자(금), 담보대출

The housing market remains far from recovery because of a recent mortgage rate rise.

〈*far from ～과 멀리 떨어진, 결코 ～아닌〉

최근의 담보대출 금리 인상때문에 주택시장이 회복되기는 멀었다.

20 apparel

[əpǽrəl]

참 attire 복장, 의복

명 의류

Spending on apparel and footwear dropped 3 percent, and medical and health-related spending was down 0.3 percent.

신발과 의류에 대한 지출은 3퍼센트가 감소했고, 보건의료비 지출은 0.3퍼센트가 감소했다.

Tip 여기서 출제된다!　　TOEIC 어휘 출제포인트

1 subsequent처럼 sequ-어근을 쓰는 단어들

sequ(secu)-는 '뒤를 잇다(follow)'라는 뜻을 지닌 어근

sequence 연속, 순서	consequence 결과	subsequent 그 이후의, 다음의
persecute 박해하다, 괴롭히다	execute 실행하다	executive 중역, 이사

ex The personnel manager promptly executed the directions issued by the executive board. 인사 담당자는 이사회에 의해 내려진 지시를 즉시 수행했다.

2 absence와 관련된 표현들을 알아두자.

be absent from 〈～에 결근[결석]하다(↔be present at)〉

ex He was absent from the meeting. ↔ He was present at the meeting.

　　그는 회의에 참석하지 않았다.　　　　그는 회의에 참석했다.

in one's absence 〈～의 부재시에〉

ex In the CEO's absence, the vice president will present this year's best employee award. CEO가 부재시에는 부사장이 올해의 최고 직원상을 수여할 것이다.

3 contingent는 전치사 on을 묶어서 기억해 두자.

～에 달려있다 ～에 따라 결정되다	be contingent on = be dependant on = depend on = rely on, count on

ex You can't count on her to be on time. 그녀가 시간을 지킨다는 것을 믿기 어렵다.

21 emit
[imít]

㈜ emission 방출, 배출, 배기
㈜ radiate, release

동 방출하다(give off), 발산하다

The new fuel produces much more energy than gasoline while emitting less pollution.

새로운 연료는 공기 중에 더 적은 오염물질을 방출하면서 휘발유보다 더 많은 에너지를 생산한다.

22 customize ①
[kʌ́stəmàiz]

㈜ customized 맞춤제작된
㈜ tailored 맞춤제작된

동 맞춤 제공하다, 주문 제작하다

The bank will focus on providing a wide range of customized products to Asian clients.

그 은행은 아시아 고객들에게 다양한 맞춤상품을 제공하는 데 집중할 것이다.

23 alert
[əlɔ́:rt]

경고하다(warn)
혼 alter 바꾸다, 변경하다

형 주의하는

Careful investors have to be alert for unexpected economic crisis.

신중한 투자자들은 예기치 않은 경제 위기에 대비해야 한다.

24 detach
[ditǽtʃ]

반 attach 붙이다, 첨부하다
혼 dispatch 발송[급파]하다

동 떼어내다

Don't detach warning labels from fragile items in the boxes. 박스에 담긴 깨지기 쉬운 품목에서 경고 라벨을 떼어내지 마세요.

25 proof
[pru:f]

참 proofread 교정하다

명 증거(evidence)

If you want to get a refund, proof of purchase is required.

환불받고 싶으시면, 구매했다는 증거가 필요합니다.

26 reluctant
[rilʌ́ktənt]

표 be reluctant to V
~하기를 꺼리다
혼 relevant 관련된, 적절한

형 꺼리는, (마음이) 내키지 않는(unwilling)

As a result, German companies are extremely reluctant to hire new workers.

그 결과적으로, 독일 기업들은 신규 근로자 채용을 극도로 꺼린다.

27 accuse ②
[əkjú:z]

㈜ blame, criticize
표 the accused 피고인

동 비난하다, 고소하다

The drunk driver was accused of causing the car crash.

그 음주 운전자는 차량 충돌 사고를 일으킨 것에 대해서 비난받았다.
〈accuse A of B B에 대해서 A를 비난하다〉

28 moderate

[mάdərət]

패 moderately 적당하게

형 적당한, 온건한
People want a moderate government and sensible policies.
국민들은 온건한 정부와 현명한 정책을 원한다.

29 duplicate ❸

[djú:plikət]

복사[복제]하다
패 duplication 복사, 복제

명 사본, 복사물(↔original)
Turn in your resume and cover letter in duplicate.
이력서와 자기소개서를 두 통씩 내주세요. 〈*in duplicate 두 통으로〉

30 foreseeable

[fɔːsíːəbəl]

패 foresee 예견하다
유 predict 예견하다

형 예견할 수 있는, 가까운
The world's climate seems likely to change massively in the foreseeable future.
세계 기후는 가까운 미래에 엄청나게 변할 것 같다.

Tip 여기서 출제된다!　　TOEIC 어휘 출제포인트

1 customize가 custom과 비슷하게 생긴 이유는?

> 형용사나 명사 뒤에 동사형을 만드는 접미사 -ize, -ify, -en등을 붙이면,
> 「~화 하다」, 「~로 만들다」, 「~되게 하다」라는 의미를 지닌 동사가 만들어진다.

custom 주문한, 맞춤의 + ize → customize 주문 제작하다, 맞춤 제공하다(tailor)
real 실제의 + ize → realize 실감하다(notice), 실현하다
special 전문적인, 특별한 + ize → specialize 전문화하다
jeopardy 위험 + ize → jeopardize 위험에 빠뜨리다

기타 just 정당한 + ify → justify 정당화하다　　　class 분류, 등급 + ify → classify 분류하다
simple 단순한 + ify → simplify 단순화하다　　　threat 위협 + en → threaten 위협하다

ex We are capable of introducing diverse learning materials tailored to your child's age. 자녀의 나이에 맞춘된 다양한 학습 자료를 선보일 수 있습니다.

2 accuse가 가지는 어법에 주의하자.
accuse A of B 〈B에 대해서 A를 비난하다〉
ex accuse him of the scandal 스캔들에 대해서 그를 비난하다

3 duplicate처럼 숫자와 관련된 접두어를 쓰는 단어들

uni– 하나(one)	unify 통합하다, unique 독특한	tri– 셋(three)	triple 세배의, trivial 사소한
du–둘(two)	dual 둘의 duplicate 사본, 복사물; 복사하다	dec– 열(ten)	decade 10년간
bi– 둘(two)	bilingual 2개 국어를 구사하는 bilateral 쌍방의, billion 10억	semi–반(half)	semifinal 준결승

31 cultivate
[kʌ́ltivèit]

파 cultivation 경작, 양성
참 agriculture 농업

명 경작하다, 증진하다(foster)

This training session is designed to cultivate teacher morale.

이 교육과정은 선생님들의 사기를 증진시키기위해 기획되었다.

32 perishable
[périʃəbəl]

파 perish 부패하다, 썩다
참 variable 변하기 쉬운

형 썩기 쉬운, 부패하기 쉬운

Please keep perishable goods in a cool place, especially in summer.

특히 여름철에 썩기쉬운 물품은 서늘한 장소에 보관하십시오.

33 broaden ❶
[brɔ́:dn]

혼 board 탑승하다
참 lessen 줄이다(ease)

동 넓히다

The sales representatives made an effort to broaden consumer awareness of the new athletic gear.

영업사원들은 새 운동기구에 대한 소비자 인지도를 넓히기 위해 노력했다.

34 attitude ❷
[ǽtitjù:d]

혼 aptitude 적성, 소실
altitude 고도, 높이

명 성향, 태도

The marketing team is conducting a survey of consumer attitudes to online shopping.

마케팅 팀이 온라인 쇼핑에 대한 소비자 성향에 대해 설문 조사를 하고 있다.

35 convert
[kənvə́:rt]

표 convert A into B
A를 B로 바꾸다

동 바꾸다, 전환하다

Jane is seriously considering converting her savings account into a checking account.

Jane은 보통 예금 계좌를 당좌 예금 계좌로 바꾸는 것에 대해 신중히 고려하고 있다.

36 presumably
[prizú:məbli]

파 presume 추측하다
참 speculation 추측, 짐작

부 아마도, 추측하건데

Presumably, the plans will generate opposition from advocates.

추측하건데, 대책들이 지지자들의 반대를 몰고 올 것 같다.

37 sculpture
[skʌ́lptʃər]

명 조각(상)

According to the survey result, quite a few people are interested in sculpture classes.

설문지 결과에 따르면, 꽤 많은 사람들이 조각 수업에 관심을 가지고 있다.

38 refrain ❸

[rifréin]

파 refrain from ~을 삼가다*

동 자제하다

He refrained from giving official comments on the relocation issue.

그는 이전 문제에 대한 공식적인 논평을 자제했다.

39 disturb

[distə́:rb]

파 disturbing 방해하는
disturbance 방해

동 방해하다

Cindy disturbed me with a series of questions during my presentation.

발표하는 동안에 Cindy는 일련의 질문으로 나를 괴롭혔다.

40 overcome ❹

[ðuvərkʌ́m]

유 get over 극복하다

동 극복하다

The company eventually overcame adversity during depressions.

마침내 회사는 불황기 동안에 역경을 극복했다.

Tip 여기서 출제된다!　　　TOEIC 어휘 출제포인트

❶ broaden처럼 **-en**을 붙이면 동사가 된 단어들

broaden 넓히다	**lessen** 줄이다, 약화시키다	**weaken** 약화시키다
lengthen 늘리다	**shorten** 줄이다	**sharpen** 날카롭게 하다; 향상시키다
worsen 악화시키다	**brighten** 밝아지다	**hasten** 재촉하다
frighten 겁주다(**threaten**)	**strengthen** 강화시키다	**fasten** 조이다(↔**loosen**)

ex Please fasten your seatbelt securely prior to takeoff.

이륙 전에 좌석벨트를 안전하게 매 주세요.

❷ attitude와 혼동되는 **aptitude**에 주의하자.

attitude 성향, 태도	aptitude 적성, 소질	altitude 고도, 높이

ex Some of the applicants failed to demonstrate an aptitude for the work.

몇몇 지원자는 그 일에 대한 자신들의 적성을 입증하지 못했다.

❸ refrain과 전치사 **from**을 묶어서 함께 외워두자.
refrain from 〈~을 자제하다, 삼가다〉

ex We refrained from talking during the presentation. 우리는 프리젠테이션 중에 대화를 삼가했다.

❹ overcome처럼 동사 변화형에 주의해야할 단어들

원형	과거	과거분사	원형	과거	과거분사
overcome 극복하다	overcame	overcome	forgive 용서하다	forgave	forgiven
undertake 떠맡다	undertook	undertaken	break 깨다	broke	broken
feed 먹이다	fed	fed	build 짓다	built	built
freeze 얼게 하다	froze	frozen	seek 찾다, 구하다	sought	sought

barring
[bá:riŋ]

[전] ~이 없다면
barring a significant increase in revenue
상당한 수익증가가 없다면

in this instance
[ínstəns]
[파] instance 경우, 사례
[혼] stance 입장, 태도

[부] 이 경우에
In this instance, emergency procedures are to be adopted.
이런 경우에는 비상 절차가 채택된다.

abide by
[əbáid]
[유] adhere to

[동] ~을 준수하다
Please abide by the contract terms originally agreed upon.
원래 합의된 계약 조건을 준수해 주시기 바랍니다.

in conjunction with
[kəndʒʌ́ŋʃən]
[파] conjunction 연합, 공동

[전] ~와 함께, ~와 공동으로
The division head will work in conjunction with renowned marketing experts.
부서장은 유명한 마케팅 전문가와 연합하여 일하게 될 것이다.

caused by
[kɔːzd]
[유] occurred by

[형] ~에 의해 발생된
We are not responsible for damage caused by the customer's improper use.
고객의 잘못된 사용으로 인해 발생된 손상에 대해서는 책임을 지지 않습니다.

cooperation
[kouápəréiʃən / -ɔ̀p-]
[참] in cooperation with
~와 협력하여

[명] 협력, 협조
lessen the impact by strengthening cooperation with trading companies on this matter
이 사안에 대해 무역회사들과의 협력을 강화함으로써 영향을 줄이다

the fact that ~
[fækt]

[접] ~라는 사실
Please consider the fact that you must get permission from the department that has authority.
권한있는 부서로부터 허가를 받아야만 한다는 사실을 고려해 주세요.

as usual
[júːʒuəl]

[부] 평소처럼
The executives were offered legal counsel as usual.
평소처럼 임원들은 법률 조언을 제공받았다.

figure out
[fígjər]
[유] discover

[동] ~을 알아내다, 이해하다
The quality control team finally figured out the cause of the error. 품질관리팀은 마침내 그 오류의 원인을 알아냈다.

in terms of
[təːrm]
[파] term 조건, 기간

[전] ~의 점에서 보면
The firm made significant progress in terms of risk management. 그 회사는 위험 관리 측면에서 상당한 진전을 보이고 있다.

중요 어휘편

15 16 17 18 **19** 20 21

□ **customary**
[kʌ́stəmèri / -məri]

형 통상적인
abide by customary procedures 통상적인 절차를 준수하다

□ **custom-made**
[kʌ́stəm]

형 주문 제작의
This educational program is custom-made specifically for senior management.
이 교육 프로그램은 특히 고위경영진을 위해 제작되었다.

□ **presume**
[prizúːm]
파 presumably 아마도

동 추측하다, 가정하다
We presume that the estimated profits will go to charity.
우리는 예상 수익이 자선단체로 보내질 것으로 추측한다.

□ **resume**
[rizúːm / -zjúːm]
이력서

동 재개하다
They'll presumably resume work after resolving the pay dispute. 그들은 아마도 임금 분쟁을 해결한 후에 작업을 재개할 것이다.

□ **insert**
[insə́ːrt]

동 집어넣다
Please insert coins into the slot and press for a ticket.
기계에 동전을 넣으시고 원하는 티켓 버튼을 누르세요.

□ **assert**
[əsə́ːrt]
파 assertive 단정[독단]적인

동 주장하다
Experts assert that there will be significant change in the market trend.
전문가들은 시장 동향에 커다란 변화가 있을 것이라고 주장한다.

□ **dessert**
[dizə́ːrt]
혼 desert 사막; 버리다

명 디저트
The meal includes dessert and coffee.
식사에는 디저트와 커피가 포함됩니다.

□ **redundant**
[ridʌ́ndənt]
파 redundancy 과잉, 여분

형 과잉의, 남아도는
Redundant workers were laid off. 잉여 근로자들이 해고되었다.

□ **abundant**
[əbʌ́ndənt]

형 풍부한, 많은
abundant natural resources 풍부한 천연자원

□ **friction**
[fríkʃən]

명 마찰, 불화
friction among board members 위원회 사이의 불화

□ **fraction**
[frǽkʃən]
혼 faction 파벌, 당파

명 파편, 소량
We offer high quality products at a fraction of the cost.
적은 금액으로 높은 품질의 제품을 제공합니다.

01 __ After completing the application form enclosed, ------- it and send it to the following address.

(A) notice   (B) accomodate
(C) detach   (D) appoint

02 __ ------- unforeseen problems, the finished product will be launched on schedule.

(A) Barring   (B) Unless
(C) Except   (D) Because

03 __ It is no wonder that in the absence of a signed document, the agreement is subject to all sorts of -------.

(A) deposit   (B) interpretation
(C) facility   (D) output

04 __ The product demonstration was arranged in an effort to ------- consumer awareness of our new brands.

(A) negotiate   (B) broaden
(C) preserve   (D) assign

05 __ The newly appointed chairperson ------- significant operating losses to the economic recession.

(A) accused   (B) apprised
(C) attributed   (D) acquainted

06 __ All subsequent projects remain ------- on final budgetary approval unless otherwise noted.

(A) contingent   (B) perishable
(C) reluctant   (D) anonymous

정 답 01.(C) 02.(A) 03.(B) 04.(B) 05.(C) 06.(A)

※ 추가 문제 및 보카테스트는 www.toeicvoca.com에서 제공합니다.

최우선순위 어휘편 우선순위 어휘편 중요 어휘편

DAY 20

3rd week

중요 어휘편

진단테스트 토익시험에 꼭 나오는 토익 어휘 리스트
Preview – 오늘 배울 토익보카에 대한 자신의 실력을 테스트해 보세요!

01. ☐ observance	15. ☐ routinely	29. ☐ pedestrian
02. ☐ portable	16. ☐ imperative	30. ☐ randomly
03. ☐ crowded	17. ☐ accordance	31. ☐ patent
04. ☐ spot	18. ☐ proficient	32. ☐ incur
05. ☐ delicate	19. ☐ marginal	33. ☐ accelerate
06. ☐ neutral	20. ☐ condense	34. ☐ narrow
07. ☐ legislation	21. ☐ probationary	35. ☐ proportion
08. ☐ fascinating	22. ☐ mediation	36. ☐ combine
09. ☐ occasionally	23. ☐ uphold	37. ☐ endangered
10. ☐ approach	24. ☐ legitimate	38. ☐ consequence
11. ☐ exemption	25. ☐ punctual	39. ☐ refreshments
12. ☐ draft	26. ☐ transform	40. ☐ length
13. ☐ unprecedented	27. ☐ protest	
14. ☐ balance	28. ☐ collapse	

01 observance
[əbzə́ːrvəns]

파 observe 준수[관찰]하다
혼 observation 관찰

명 준수

In observance of the national holiday, the bank will be closed next Friday.

국경일을 준수하여, 은행은 다음 금요일에 영업을 하지 않습니다.

02 portable
[pɔ́ːrtəbl]

혼 probable 가망성 있는

형 휴대용의, 휴대가능한

Because boring machines are intended to be fully portable, they are battery-powered.

보링 기계는 휴대용으로 고안되었기 때문에, 배터리를 동력으로 한다.

03 crowded
[kráudid]

참 crowd 군중, 많은 사람

형 혼잡한, 붐비는

Because the hotel is likely to be very crowded, you need to consider reserving a space in advance.
⟨*be likely toV ~할 수도 있다⟩

호텔이 붐비기 때문에 미리 예약을 해둘 필요가 있습니다.

04 spot ❶
[spaːt / spɔt]

발견하다
파 spotless 깨끗한, 흠없는

명 장소; 얼룩(stain)

Every recruit in our department was assigned their own parking spot yesterday.

우리 부서의 모든 신입사원들은 어제 각자의 주차 구역을 할당받았다.

05 delicate
[délikət]

유 sensitive 민감한
참 subtle 미묘한, 민감한

형 민감한, 까다로운

Please be cautious when you handle packages containing delicate items.

민감한 물품을 포함하고 있는 소포를 다룰 때는 조심해 주세요.

06 neutral
[núːtrəl]

(기어의) 중립상태
파 neutrality 중립

형 중립의

The company decided to remain neutral over this delicate issue.

회사는 이 민감한 사안에 대해서 중립을 유지하기로 결정했다.

07 legislation ❷
[lèdʒisléiʃən]

참 regulation 규정, 규제

명 법률, 규칙

The strict export limitation legislation will go into effect from next Monday. ⟨*go[come] into effect 실시되다, 발효되다⟩

엄격한 수출 제한 법령이 다음 주 월요일을 시작으로 실시될 것입니다.

08 fascinating

[fǽsənéitiŋ]

파 fascinate 매혹시키다

형 매혹적인

Tourist guidebooks contain information on Spain's most fascinating vacation spots.

관광안내서에는 스페인의 가장 매혹적인 휴가 장소들에 대한 정보가 담겨 있습니다.

09 occasionally

[əkéiʒənəli]

파 occasion 때, 경우
참 probably 아마도

부 가끔, 때때로(on occasion)

The Sky Media Center occasionally provides rare chances to meet famous bands or singers.

Sky 미디어센터에서는 유명한 밴드나 가수를 만날 수 있는 드문 기회를 때때로 제공한다.

10 approach ❸

[əpróutʃ]

접근하다, 다가가다

명 접근법, 방법

Nowadays, many companies are searching for a more practical approach to utilizing energy.

요즈음 많은 기업들이 에너지를 활용하는 보다 실용적인 방법을 찾고 있다.

 **Tip 여기서 출제된다!**　　TOEIC 어휘 출제포인트

1 spot은 동사로 쓰일 경우 '발견하다' 라는 뜻을 지닌다.

| 발견하다 | spot | discover | discern | figure out |
| 알아채다 | detect | recognize | perceive | uncover |

ex discern his intention from the brief statement
짧은 성명[발표]으로 그의 의도를 알아차리다

2 legislation과 함께 〈규칙〉관련 단어 총정리

regulations 규제　　codes 규정　　procedures 절차　　rules 규칙
standards 기준　　steps 조치　　measures 수단, 방법　　orders 주문; 지시

ex comply with the company dress code 회사 복장 규정을 따르다

기타 leg-, jus(ju)-가 들어간 단어들은 '법(law)' 과 관련되어 있다.

| leg- | legal 합법적인(↔illegal)　　legitimate 합법적인　　privilege 특권, 특전
legacy 유산, 유물 |
| jus(ju)- | just 정당한, 올바른　　justify 정당화하다　　adjust 조정[조절]하다
judge 판사; 판결하다　　judgement 판단, 판결　　prejudice 선입관, 편견 |

ex It is illegal to dismiss someone based on discrimination or prejudice.
편견이나 차별에 근거하여 사람을 해고하는 것은 위법이다.

3 approach와 유사한 뜻을 지닌 단어들은 다음과 같다.

| 방 식 | way | means | method | approach | style |
| 방 법 | course | mode | process | avenue | technique |

ex the fastest avenue to success 성공으로 가는 가장 빠른 길[방법]

---

11 exemption [1]

[igzémpʃən]

참 immune 면역의

명 면제

Companies installing facilities for developing overseas resources are entitled to tax exemptions.

해외자원 개발을 위해 시설을 설치하는 기업은 세금을 면제받게 된다.

12 draft

[dræft]

선발하다, 작성[계획]하다
유 draw up 작성하다

명 초안, 설계도

The first draft of your proposal needs to be reviewed by your immediate supervisor.

당신의 제안서의 초안은 직속상관에 의해 검토되어질 필요가 있습니다.

13 unprecedented

[ʌnprésədèntid]

파 precede ~에 선행하다*
참 predecessor 전임자

형 전례없는, 유례없는

The president is expected to pledge unprecedented support for the growth of small and midsize businesses.

대통령은 중소기업 육성을 위한 전례없는 지원을 약속할 것으로 예상된다.

14 balance

[bǽləns]

파 balanced 균형잡힌

명 균형, 잔액

The current balance of your savings account is $50,000.

고객님의 예금 계좌의 잔고는 현재 5만 달러입니다.

15 routinely

[ruːtíːnli]

파 routine 일상의, 판에박힌
참 route 루트, 길

부 일상적으로, 정기적으로

We inspect the equipment routinely in compliance with safety regulations.

안전 규정을 준수하여 정기적으로 장비를 검사합니다.

16 imperative [2]

[impérətiv]

유 essential 필수적인

형 반드시 해야 하는, 필수적인(necessary)

It is imperative that every project leader submit monthly reports before the deadline.

프로젝트 리더는 마감일까지 월간보고서를 제출해야 합니다.

17 accordance [3]

[əkɔ́ːrdəns]

표 in accordance with
　~에 따라, ~대로

명 일치, 합치

We perform regular evaluations in accordance with company regulations.

회사규정에 따라 우리는 정기평가를 실시한다.

¹⁸ proficient
[prəfíʃənt]

파 **proficiency** 능숙, 숙달
참 **fluent** 유창한, 능숙한*

형 **능숙한(adept), 숙달된(trained)**
Supervisors are proficient at delegating responsibilities to subordinates.

관리자들은 부하 직원에게 책임을 위임하는데 있어 매우 능숙하다.

¹⁹ marginal
[má:rdʒənəl]

참 **margin** 이익, 여백
혼 **managerial** 관리의

형 **약간의, 미미한**
This article was of marginal interest to our readers.

이 기사는 우리 독자들에게는 미미한 관심거리에 불과했다.

²⁰ condense
[kəndéns]

참 **dense** 밀집한
 densely 밀집하여

동 **요약하다, 간추리다**
The labor union condensed the speech into a brief statement.

노조는 연설문을 짧은 성명서로 요약했다.

Tip 여기서 출제된다!　　　TOEIC 어휘 출제포인트

1 exemption의 형용사 **exempt**의 해석에 주의하자.
be exempt from 〈~로 부터 면제되다〉　**cf) with the exception of** 〈~을 제외하고〉
ex **be exempt from taxation** 세금으로부터 면제되다

기타 시험에 자주 등장하는 숙어들
spend A on B A를 B에 쓰다　　　　　**compensate A for B** B에 대해 A를 보상하다
associate A with B A와 B를 관련시키다　**reimburse A for B** A에게 B를 상환하다
attribute A to B A를 B의 탓으로 돌리다　**compare A with B** A와 B를 비교하다
acquaint A with B A가 B에 대해 알게 하다　**blame A for B** A를 B때문에 비난하다
ex **acquaint workers with safety procedures** 근로자들에게 안전 절차를 숙지시키다

2 imperative는 다음과 같은 구문으로 많이 사용된다.
It is imperative that 주어 + (**should**) + 동사원형 〈반드시 ~해야 한다〉
= **It is essential that** 주어 + (**should**) + 동사원형
ex **It is imperative that every applicant specify their telephone numbers on the resume.** 모든 지원자들은 이력서에 전화번호를 명시해야 합니다.

3 accordance처럼 -cord어근이 들어간 단어들
 -cord는 '마음(heart)' 라는 뜻을 지닌 어근
accordingly 따라서, 그러므로　　　　**according to** ~에 일치하여, ~에 따르면
cordially 진심으로(sincerely)　　　　**discord** 불일치(disagreement)
ex **According to my monthly statement, my subscription to the sports magazine expires next week.** 월별 명세서에 따르면, 스포츠 잡지 구독이 다음 주 만기된다.

21 probationary
[proubéiʃənèri / -nəri]

참 prove 증명하다
approve 승인하다

형 수습중의, 가채용의

New employees will be acquainted with company procedures during the probationary period.

수습기간동안 신입 사원들은 회사 절차를 잘 알게 될 것이다.

22 mediation **1**
[mìːdiéiʃən]

참 moderate 적당한

명 중재

They tried to resolve the industrial dispute through mediation.

그들은 중재를 통해서 산업분쟁을 해결하려고 노력했다.

23 uphold
[ʌphóuld]

참 withhold
유 support

동 떠받들다, 지지하다

Government exists to protect and uphold the law.

정부는 법을 보호하고 유지하기 위해 존재한다.

24 legitimate
[lidʒítəmət]

반 illegal 불법적인

형 합법적인

All merchandise with a high margin is legitimately marked down 10%.

높은 수익을 내는 모든 상품들이 합법적으로 10퍼센트 인하되었다.

25 punctual
[pʌ́ŋktʃuəl]

파 punctuality 시간엄수

형 시간을 엄수하는(for)

The team manager wants staff members to be punctual for the meeting.

팀 매니저는 직원들이 회의시간을 엄수하길 원한다.

26 transform **2**
[trænsfɔ́ːrm]

파 transformation 변화
참 form 형식, 서식

동 바꾸다

PetroChina is attempting to transform itself into a leading crude oil developer in Asia.

PetroChina는 아시아 지역에서 선도적인 석유개발업체로 변모할 시도를 하고 있다.

27 protest
[proutést]

~에 항의[반대]하다
반 advocate 지지하다

명 항의, 반대

The company is expected to carry out large-scale restructuring despite protests.

반대에도 불구하고 회사는 대규모 구조 조정을 실시할 것으로 예상된다.

28 collapse 🗈
[kəlǽps]

붕괴
참 shrink 줄어들다

통 붕괴하다
Many buildings collapsed in the Japanese earthquake.
일본에서 많은 건물들이 지진으로 인해 붕괴되었다.

29 pedestrian
[pədéstriən]

참 peddler 행상인

명 보행자, 행인(passerby)
A police officer is directing the traffic and pedestrians are crossing the street.
경찰관이 교통을 정리하고 있고, 보행자들은 길을 건너고 있다.

30 randomly
[rǽndəmli]

표 at random 무작위로

부 무작위로
The recipients of discount coupons will be chosen at random and announced next month.
할인 쿠폰의 담첨자는 무작위로 선발되어 다음 달에 발표될 것입니다.

Tip 여기서 출제된다! TOEIC 어휘 출제포인트

1 mediation과 혼동하기 쉬운 단어들에 주의하자.

mediation 중재 mediate 중재하다	VS	meditation 숙고, 명상 meditate 숙고하다(ponder)

ex Meditation and yoga are commonly used for relaxation and stress reduction.
명상과 요가는 이완과 스트레스 감소를 위해 널리 쓰인다.

2 transform처럼 -form어근을 쓰는 단어들

-form은 '형태, 구성(form, shape)' 이란 뜻을 지닌 어근

form 형태, 양식; 형성하다 formal 정식의
reform 개선(하다), 개혁(하다) conform 순응하다, 지키다(to)

ex conform to the factory regulation regarding work shifts
작업 교대 근무와 관련된 공장 규정을 지키다[준수하다]

참조 -port는 '운반하다(carry), 항구(harbor)' 라는 뜻을 지닌 어근

transport - import - export - port - portable - support
나르다, 수송하다 수입(하다) 수출(하다) 항구 휴대용의 지지(하다)

*이처럼 어원의 도움을 받으면 보다 쉽게 암기하고, 오래 기억할 수 있습니다.

ex The government is expected to impose tariffs on imported vehicles.
정부는 수입 차량에 대해 관세를 부가할 것으로 예상된다.

3 collapse는 동사뿐만 아니라 명사로도 쓰일 수 있다.

ex The recent economic collapse caused a big decline in the stock market.
최근의 경제 붕괴는 주식시장의 큰 하락을 야기시켰다.

31 patent
[pǽtənt, péit-]

참 copyright 저작권
royalty 저작권 사용료

명 특허(품)

Please visit our website and download the procedure for patent applications.

웹사이트에 방문하셔서 특허 신청에 관한 절차를 내려 받으세요.

32 incur ❶
[inkə́:r]

유 result in

동 (손실 등을) 입다, 초래하다

The company will reimburse you for any expenses incurred.

회사는 발생된 비용에 대해 보상해 줄 것이다.

33 accelerate
[æksélərèit]

참 elevate 올리다, 높이다

동 가속화하다, 촉진시키다

Air pollution might elevate temperature and accelerate global warming.

대기오염은 온도를 상승시키고, 지구온난화를 가속화시킬 수 있다.

34 narrow
[nǽrou]

파 narrowly 가까스로
반 broadly 널리
참 nationwide 전국적인

형 좁은

The sales team met annual sales targets by a narrow margin thanks to promotional offers. 〈by a narrow margin 간신히〉

판촉 상품 덕분에 영업팀은 연 매출 할당량을 간신히 채웠다.

35 proportion
[prəpɔ́:rʃən]

파 proportionate 비례하는
참 ration 비율

명 부분

Domestic sales account for a large proportion of the gross revenue.

국내 매출이 총수입의 대부분을 차지하고 있다.

36 combine ❷
[kəmbáin]

파 combined 결합된, 합동의
combination 결합, 연합

동 합치다, 결합시키다

Combining their resources, the joint venture made big gains. 그들의 재원을 합쳐서 합작사업은 큰 이익을 얻었다.

37 endangered ❸
[endéindʒərd]

참 extinct 멸종한

형 멸종 위기의

Many environmental organizations and researchers have gathered to protect endangered species.

많은 환경 단체와 연구원들이 멸종 위기에 처한 종들을 보호하기 위해 모였다.

38 consequence
[kánsikwèns]

파 consequently 결과적으로
consequent 결과적인

명 결과(outcome)

The CEO started to perceive the economic consequences of a mistake.

최고경영자는 실수로 인한 경제적 결과를 인식하기 시작했다.

39 refreshments
[rifréʃmənt]

참 freshness 신선함

명 다과

After the press conference, light refreshments will be served in the cafeteria, so please go over and help yourself.

기자회견이 끝난 후에는 식당에서 간단한 다과를 제공할 것이니 가셔서 마음껏 드세요.

40 length
[leŋθ]

파 lengthy 매우 긴
lengthen 연장하다

명 길이

The committee finally reached a decision through lengthy and complicated procedures.

위원회는 길고 복잡한 절차를 통해 마침내 결정에 도달했다.

Tip 여기서 출제된다!　　　TOEIC 어휘 출제포인트

1 incur처럼 -cur어근을 쓰는 단어들

　-cur는 '달리다(run), 흐르다(flow)' 라는 뜻을 지닌 어근

　excursion 소풍, 여행　　　　recur 다시 발생하다, 재발하다
　incur (손실 등을) 입히다, 초래하다　　currency 화폐, 통화
　ex Earthquakes can cause us to incur significant property losses.
　　지진은 심각한 재산 손실을 초래할 수 있다.

2 combine과 구별해두어야 할 단어들을 살펴보자.
　combine A with B 〈A와 B를 결합시키다〉
　connect A with B 〈A와 B를 연결하다〉(사람이나 사물 사이를 연결할 때 사용)
　ex Could you please connect me with the room of Dr. Kim?
　　Dr. Kim씨 방으로 전화를 연결시켜 주세요.

3 endangered처럼 en-접두어를 쓰는 단어들
　en-은 '～이 되게하다(make)' 라는 뜻을 지닌 접두어

　enlarge 크게 하다, 확대하다　　enable ～할 수 있게 하다, 허락하다
　entitle 자격[권리]를 주다　　enforce 강요하다, (법률 등을) 시행하다
　enlighten 계몽하다, 가르치다　　enrich 부유하게 하다, 풍요롭게 하다
　ex The company will enlarge manufacturing facilities. 회사는 생산 시설을 확장할 것이다.
　참조 entrust 맡기다　　encircle 에워싸다　　enclose 동봉하다
　ex entrust the matter to a prominent expert 유명한 전문가에게 그 문제는 맡기다

□ **be content with**
[kəntént]
때 content 만족한; 내용물

통 ~에 만족하다(be satisfied with)
Alex is content with his mechanical engineering position.
Alex는 기술 엔지니어링 자리에 만족한다.

□ **in accordance with**
[əkɔ́ːrdəns]
참 in line with ~에 맞추어, 따라

전 ~에 따라, ~대로
We inspect every piece of equipment regularly in accordance with safety regulations.
우리는 안전규정에 따라 모든 장비를 정기적으로 검사한다.

□ **concerning**
[kənsə́ːrniŋ]

전 ~에 관한(regarding)
a variety of issues concerning financial stability
재무 안정성에 대한 다양한 문제들

□ **under the supervision of**
[sùːpərvíʒən]
표 under construction
　공사 중인

전 ~의 감독 하에
Employees on this construction site are under the supervision of Mr. Gilbert.
이 공사현장의 직원들은 Gilbert의 감독 하에 있습니다.

□ **on a yearly basis**
[jíərli / jə́ːr-]
윤 on an annual basis
　연단위로, 매년마다

부 연단위로, 매 년마다
You can renew your membership for the fitness center on a yearly basis. 헬스클럽 회원권은 1년 단위로 갱신할 수 있습니다.

□ **for the sake of**
[seik]

전 ~을 위하여
for the sake of a mutually profitable business
상호 이익이 되는 거래를 위하여

□ **be about to V**

통 막 ~하려하다
The authorities are about to arrest him for fraud.
당국은 그를 사기죄로 체포하려 하고 있다.

□ **beneficial to**
[bènəfíʃəl]

형 ~에 유익한
Product surveys were beneficial to the informed decision.
제품 설문은 정보에 근거한 결정을 내리는데 도움이 되었다

□ **in light of**
[lait]

전 ~을 고려하여(in view of)
in light of the current economic situation
현재의 경제 상황을 고려하여

□ **apart from**
[əpáːrt]
윤 except for

전 ~이외에(=aside from)
apart from customized packages
기존의 맞춤형 패키지 이외에

□ **stagnant**
[stǽɡnənt]
혼 **pregnant** 임신한

[형] 침체된, 불경기의(sluggish)
the combination of stagnant economic growth and inflation
침체된 경제 성장과 인플레이션의 결합

□ **dominant**
[dάmənint / dɔ́m-]

[형] 지배적인, 우세한
Grand Enterprise wants the dominant position in the IT field. Grand Enterprise는 IT분야에서 우세한 지위를 원하고 있다.

□ **classical**
[klǽsikəl]

[형] 고전적인
Michael Maxwell is regarded as among the finest conductors in classical music.
Michael Maxwell은 고전 음악의 훌륭한 지휘자로 여겨진다.

□ **classic**
[klǽsik]

[형] 대표적인, 전형적인
The classic work in science fiction is considered to be the time-travel novel.
과학 소설인 이 대표작품은 시간여행 소설로 알려져 있다.

□ **artifact**
[ά:rtəfӕkt]
참 **antique** 골동품

[명] 공예품
Some artifacts are lined up on the shelves.
선반 위에 몇몇 공예품들이 줄지어 있다.

□ **artificial**
[ά:rtifíʃəl]
파 **artificially** 인위적으로

[형] 인위적인, 인공적인(↔natural)
These flowers are artificial but they are quite lifelike.
이 꽃들은 조화인데 꼭 살아 있는 것 같다.

□ **treat**
[tri:t]
파 **treatment** 치료, 대우

[동] 다루다, 취급하다
state-of-the-art medical devices to treat lung cancer
폐암을 치료하기 위한 최신식 의료 장비

□ **treaty**
[tríːti]
참 **tariff** 관세

[명] 협정, 조약
This article condensed the new treaty into a brief summary. 이 기사는 새 협정을 짧은 요약문으로 간추렸다.

□ **triple**
[trípəl]
3배(의), 3겹(의)

[동] 3배로 하다[되다]
Much to my surprise, the company tripled its profits last quarter. 놀랍게도, 그 회사는 지난분기에 이익을 세 배로 올렸다.

□ **trivial**
[tríviəl]
유 **trifling, petty** 사소한

[형] 사소한, 하찮은(minor)
The board spent twelve hours discussing trivial issues.
이사회는 사소한 문제를 토론하는데 12시간을 써버렸다.

01 _ Many eminent researchers are continually raising questions ------- the lab results.

(A) concern
(B) concerns
(C) concerned
(D) concerning

02 _ All of the information about the travel destination is ------- into a single page on our website.

(A) decreased
(B) condensed
(C) fascinated
(D) distracted

03 _ It is imperative that classified documents ------- stored in a safe place.

(A) should
(B) were
(C) are
(D) be

04 _ The transportation project was completed within budget in ------- of the budget guidelines.

(A) observe
(B) observant
(C) observance
(D) observably

05 _ Tourists praised the ------- details of the famous architectures in the major tourist destinations.

(A) respectful
(B) fascinating
(C) outdated
(D) customary

06 _ Because the new secretary was tired of her ------- job, she eventually quit.

(A) reputable
(B) proficient
(C) routine
(D) endangered

정 답 01.(D) 02.(B) 03.(D) 04.(C) 05.(B) 06.(C)

※ 추가 문제 및 보카테스트는 www.toeicvoca.com에서 제공합니다.

최우선순위 어휘편   우선순위 어휘편   중요 어휘편

DAY 21

3rd week

중요 어휘편

진단테스트 토익시험에 꼭 나오는 토익 어휘 리스트
Preview – 오늘 배울 토익보카에 대한 자신의 실력을 테스트해 보세요!

01. ☐ solely	15. ☐ inspiring	29. ☐ nominate
02. ☐ deduct	16. ☐ stance	30. ☐ ahead of
03. ☐ generous	17. ☐ yield	31. ☐ escort
04. ☐ attentive	18. ☐ roughly	32. ☐ venue
05. ☐ ongoing	19. ☐ disposable	33. ☐ diversified
06. ☐ commensurate	20. ☐ flaw	34. ☐ amendment
07. ☐ pottery	21. ☐ mistakenly	35. ☐ descend
08. ☐ circulate	22. ☐ nutrition	36. ☐ fluctuation
09. ☐ predecessor	23. ☐ sanitary	37. ☐ excellent
10. ☐ constraint	24. ☐ storage	38. ☐ collaborate
11. ☐ fulfill	25. ☐ enact	39. ☐ foster
12. ☐ aggravate	26. ☐ fabulous	40. ☐ preserve
13. ☐ markedly	27. ☐ congratulate	
14. ☐ sharply	28. ☐ exemplary	

01 solely
[sóulli]

뷔 전적으로, 단지
The accident resulted solely from faulty brakes.
사고는 전적으로 결함있는 브레이크때문에 발생했다.

02 deduct
[didʌ́kt]

파 deduction 공제
참 curtail 줄이다, 삭감하다

동 빼다, 공제하다
The accountant deducted business expenses from the company's revenue.
회계사는 회사의 수익에서 사업 경비를 공제했다.

03 generous
[dʒénərəs]

파 generously 관대히
generosity 관대

형 관대한, 넉넉한
We really appreciate your generous donations.
여러분의 넉넉한 기부에 진심으로 감사드립니다.

04 attentive ❶
[əténtiv]

표 attentive to
～에 주의를 기울이는

형 주의를 기울이는(to)
The new employees remained fully attentive to company's procedures.
신입 사원들은 회사 절차에 전적으로 주의를 기울였다.

05 ongoing
[ángòuiŋ, ɔ́(:)n-]

참 in progress 진행중인
반 outgoing 나가는, 발신의

형 진행 중인
Executives are planing to donate more time to ongoing volunteer activities.
임원들은 진행 중인 자선활동에 더 많은 시간을 할애할 계획이다.

06 commensurate ❷
[kəménʃərət]

유 equivalent 동등한(to)
반 commemorate 기념하다

형 상응하는, 비례하는(with)
Bonuses will be commensurate with worker performance.
보너스는 직원들의 실적에 상응할 것입니다.

07 pottery ❸
[pátəri / pɔ́t-]

명 도자기
A large piece of pottery is situated in the corner.
큰 도자기가 코너에 위치되어 있다.

08 circulate

[sə́ːrkjəlèit]

파 circulation 유통, 배포

동 돌다, 배포하다

Staff members circulated reference materials to the attendees in advance.

직원들은 참석자들에게 참고 자료를 미리 배포했다.

09 predecessor

[prédəsèsər / príːdisèsər]

반 successor 후임자

명 전임자

The replacement works more efficiently than his predecessor.

후임자는 전임자보다 효율적으로 일을 한다.

10 constraint 4

[kənstréint]

파 constrain 제한하다
참 inhibit (감정)억제하다

명 제한, 제약

Despite financial constraints, corporate profits grew as a consequence of increased business.

재정적 압박에도 불구하고, 거래 증가의 결과로 회사 수익이 증가했다.

Tip 여기서 출제된다!　　　TOEIC 어휘 출제포인트

1 **attentive**와 관련된 표현들을 살펴보자.
pay attention to ~에 주의하다　　　call attention to ~에 대하여 주의를 환기시키다
draw one's attention ~의 주의를 끌다　　attentive to ~에 주의를 기울이다, 경청하다
ex Merchandise placed in front of the store can easily draw customer attention.
매장 앞쪽에 놓여있는 상품들은 손님의 주목을 쉽게 끌 수 있다.

2 **commensurate**과 함께 잘 쓰이는 전치사 **with**
be commensurate with 〈~에 비례하다, 상응하다〉
ex Additional incentives will be commensurate with last month's sales figures.
추가 상여금은 지난달의 매출액에 상응할 것입니다.

3 **pottery**와 함께 시험에 종종 등장하는 사물 주어들
flier 전단, 광고지　　　bulletin board 게시판　　plate, dish 접시
tray 쟁반　　　　　　　stool (등받이 없는) 의자　pillow 베개
wires, cables 전선　　　bottle (음료수) 병　　　jar (잼 등을 담는) 병
utensils (주방) 도구　　beverage 음료수　　　　saucer 컵받침, 받침 접시
patio 테라스, 앞뜰　　　harbor, pier, dock, port 선착장, 항구
ex Stools are arranged on the patio. 의자가 테라스에 정돈되어 있다.
　　　Several boats are docked at a pier. 몇몇 선착장에 배들이 정박해 있다.

4 **constraint**와 관련된 표현들
constrain 제한하다, 억제하다　　financial constraints 재정적 압박[제약]
ex due to time constraints 시간 제한으로 인해

11 fulfill
[fulfíl]

파 fulfilling 충족감을 주는

동 (의무, 책임을) 이행하다, 만족시키다

Jakarta Airlines tries to fulfill all passengers' dietary requirements.

Jakarta 항공사는 승객의 식단 요구조건을 만족시키려고 노력한다.

12 aggravate
[ǽgrəvèit]

표 feel aggravated 화나다

동 악화시키다, 성나게하다

Because the financial risks were aggravated, the company inevitably laid off a few employees.

재정적 위험이 악화되었기 때문에 회사는 어쩔수 없이 직원 몇 명을 해고했다.

13 markedly
[máːrkidli]

파 mark 흔적(을 남기다); 기념하다

부 현저하게, 두드러지게

The profit report was markedly different from what the management expected.

수익 보고서는 경영진이 예상한 것과는 현저하게 달랐다.

14 sharply
[ʃáːrpli]

부 날카롭게, 급격히

Due to rising oil prices, the demand for hybrid cars will increase sharply.

유가 상승으로 인해, 하이브리드 차에 대한 수요가 급격히 증가할 것이다.

15 inspiring
[inspáiəriŋ]

파 inspire 영감을 주다
inspiration 영감

형 영감을 주는, 고무적인

Mr. Hwang's presentation about the latest economic indicators was both informative and inspiring.

최신 경제 지표에 대한 Hwang의 발표는 유익할 뿐만 아니라 고무적이었다.

16 stance ❶
[stæns]

혼 instance 경우, 사례

명 입장, 태도

The CEO takes no public stance on the delicate issue.

CEO는 민감한 문제에 대한 일반적으로 공식적인 입장을 밝히지 않는다.

17 yield
[jiːld]

산출, 생산(액)

동 (이윤, 결과를) 가져오다, 산출하다

In this instance, a survey could yield very negative results.

이런 경우에는, 설문 조사가 부정적인 결과를 가져 올 수도 있습니다.

¹⁸ roughly

[rʌ́fli]

圙 approximately 대략

图 대략, 대강

The report roughly states the experts' opinions on the accident.

보고서는 그 사고에 대한 전문가들의 의견을 대략적으로 언급하고 있다.

¹⁹ disposable ❷

[dispóuzəbəl]

圙 disposal 처리, 처분

톙 일회용의, 처분가능한

The recreational facility prepared disposable towels and paper plates before the guests arrived.

여가 시설은 손님들이 도착하기 전에 일회용 타월과 종이 접시를 준비했다.

²⁰ flaw ❸

[flɔː]

圙 flawless 결함없는
flawed 결함있는

톙 결함(defect)

The automaker is making an effort to revise product flaws.

그 자동차 회사는 제품 결함을 수정하기위해 노력하고 있다.

Tip　여기서 출제된다!　　TOEIC 어휘 출제포인트

❶ stance와 관련된 표현들

stance on ⟨~에 대한 입장, 태도⟩　　clarify his stance on ⟨~에 대한 그의 입장을 명확히 하다⟩

ex clarify its stance on the copyright 지적재산권에 대한 회사의 입장을 명확히 하다

❷ disposable 관련 주요 표현들

dispose of ~을 처리[처분]하다　　　　disposal 처리, 처분
disposable cups[plates] 1회용 컵[접시]　disposable assets[income] 가처분 재산[소득]

ex refrain from using disposable paper cups 일회용 종이컵사용을 자재하다

❸ flaw관련 동의어들에 주목하자.

결함, 결점	flaw	defect	imperfection	error	mistake	glitch

ex The technical glitches need to be fixed as soon as possible.

　　기계적 결함은 가능한 한 빨리 수정되어야 합니다.

참조 시험에 종종 등장하는 사람관련 단어들

curator 큐레이터, 전시[학예] 책임자	crew 승무원, 작업자	business owner 사업주
coordinator 주최자, 책임자	evaluator 평가자	importer 수입업자
suspect 용의자; 의심하다	decorator 장식가	baker 제빵업자
connoisseur 감정사	negotiator 협상자	attendee 참석자
realtor 부동산업자	patient 환자	dealer 판매업자
locksmith 자물쇠 제조공	plumber 배관공	retailer 소매업자

ex Alexandra is known to be a connoisseur of wine. Alexandra는 와인 감정사로 유명하다.

---

21 mistakenly

[mistéikənli]

윤 by mistake 실수로

閉 실수로, 잘못하여

The secretary mistakenly conveyed the message to the CEO. 비서는 실수로 메시지를 CEO에게 전달했다.

22 nutrition

[njuːtríʃən]

파 nutritious 영양가 높은

명 영양

Dietary supplements are necessary for proper nutrition.

보조식품은 적절한 영양 공급을 위해서 필요하다.

23 sanitary ❶

[sǽnətèri / -təri]

참 hygiene 위생

형 위생의

To offer good sanitary conditions, government officers have the right to inspect restaurant facilities.

좋은 위생 상태를 유지하기 위해서 정부 관리가 식당의 시설물을 점검할 권리가 있습니다.

24 storage

[stɔ́ːridʒ]

표 storage room 저장실
storage capacity 저장 용량

명 창고, 저장소

The inventory in the storage facility is checked at regular intervals.

창고 시설에 있는 재고는 정기적으로 점검된다.

25 enact

[inǽkt]

파 enactment 입법, 법령

동 제정하다, 법률로 만들다

The Food and Drug Administration is expected to enact stricter legislation on food hygiene.

식약청은 식품 위생에 보다 엄격한 법규를 제정할 것으로 예상된다.

26 fabulous

[fǽbjələs]

윤 exquisite 좋은, 정교한

형 굉장히 좋은(marvelous)

The GreenEnergy Symposium will provide a fabulous opportunity to meet likeminded entrepreneurs.

GreenEnergy 심포지엄은 같은 뜻을 가진 사업가들을 만날 수 있는 좋은 기회를 제공할 것이다.

27 congratulate ❷

[kəngrǽtʃəlèit]

파 congratulation 축하

동 축하하다(commemorate)

Let me congratulate you on the successful launch of this new product.

신제품 출시의 성공을 축하합니다.

²⁸ exemplary

[igzémpləri]

圈 exemplify 예증하다

형 모범적인, 훌륭한

Ms. Brown was recognized for her exemplary dedication to the company.

Ms. Brown은 회사에 대한 모범적인 헌신으로 표창을 받았다.

²⁹ nominate

[námineit / nɔ́m-]

파 nomination 지명, 추천
nominal 명목상의

동 지명하다, 추천하다

Ms. Wilson was nominated to set up a new joint venture.

Wilson씨는 새로운 합작 사업을 설립하는 일에 지명되었다.

³⁰ ahead of 🔳

[əhéd]

파 ahead 미리, 앞서서

전 ~보다 앞서서

Road Crews rushed to finish the construction ahead of schedule.

도로 작업자들은 예정보다 빨리 공사를 마치려고 서둘렀다.

 **Tip** 여기서 출제된다!　　　TOEIC 어휘 출제포인트

1 sanitary처럼 위생과 관련된 단어들

sanitary 위생의　　　sanitation 위생　　　unsanitary 비위생적인
hygienic 위생의　　　hygiene 위생

ex Due to poor sanitary condition, the customers were very upset.

좋지 않은 위생 상태 때문에, 손님들은 굉장히 기분이 상했다.

2 congratulate과 관련된 기타 표현들

congratulate A on B 〈A에게 B에 대해 축하하다〉　　in congratulation of 〈~을 축하하여〉

ex Jackson's colleagues congratulated him on his promotion.

Jackson의 동료들은 그의 승진을 축하했다.

Congratulations on the successful completion of the project.

프로젝트가 성공적으로 완료되었다니 축하합니다.

3 ahead of와 함께 of관련된 숙어들

dispose of ~을 처분하다, 처리하다　　　in honor of ~을 기념하여
consist of ~으로 구성되다　　　on behalf of ~을 대신하여
by means of ~을 수단으로, ~을 이용하여　　　approve of ~을 승인하다
be in charge of ~을 담당하다　　　take advantage of ~을 이용하다
be capable of ~ing ~할 수 있다　　　aware of ~을 알고 있는
keep track of ~을 확인하다, ~을 따라잡다　　　regardless of ~과 상관없이

ex keep track of more accurate information on small companies' credit status

중소기업의 신용 상태에 관한 보다 정확한 정보를 파악하다

31 escort ❶
[ɛ́skɔːrt]
호위

동 바래다주다, 호위하다

The receptionist escorted customers to the customer service center.

접수계원은 고객들을 고객 서비스 센터로 바래다주었다.

32 venue
[vɛ́njuː]

윤 place 장소; 놓다

명 개최지, 장소

The venue for tonight's banquet in honor of our CEO's retirement has been posted on the board.

CEO의 은퇴를 기념하기 위한 연회 장소가 게시판에 붙여져 있다.

33 diversified
[divə́ːrsəfàid, dai-]

파 diversify 다양화하다

형 다양한, 다각적인

Researchers performed a series of trial runs of a diversified line of exercise machines.

연구원들은 다양한 운동 기구에 대해 일련의 시험 가동을 해보았다.

34 amendment
[əmɛ́ndmənt]

파 amend 수정[개정]하다

명 수정(안), 개정(안)

The board of directors made several major amendments to the budget proposal.

이사회는 예산안에 몇 가지 중대한 수정을 했다.

35 descend ❷
[disɛ́nd]

파 descending 내려가는
반 ascend 올라가다

동 내려가다, 하향하다

Global steel prices began to slightly descend from their peak.

세계 철강 가격이 최고치에서 약간씩 떨어지기 시작했다.

36 fluctuation
[flʌ̀ktʃuɛ́iʃən]

파 fluctuate 변동[동요]하다

명 변동, 오르내림

It's virtually impossible to predict market fluctuations and rapidly changing stock prices.

시장 변동과 급변하는 주가를 예측하는 것은 사실상 불가능하다.

37 excellent
[ɛ́ksələnt]

파 excel ~보다 탁월하다

형 탁월한, 훌륭한

In the end, HTM Motors developed innovative technology to provide excellent fuel efficiency.

마침내 HTM Motors는 탁월한 연비를 제공할 수 있는 혁신적인 기술을 개발했다.

³⁸ collaborate

[kəlǽbərèit]

圇 cooperate 협력하다
圉 coordinate 조정[조절]하다

동 협동하다, 공동으로 작업하다

Government officials collaborated on infrastructure projects.

정부 관리들이 기반 시설 프로젝트를 공동으로 작업했다.

³⁹ foster

[fɔ́(:)stər, fás-]

圇 cultivate 경작[촉진]하다
facilitate 촉진하다

동 촉진시키다, 육성하다

This training course will offer a superb opportunity to foster excellent communication skills.

이번 교육 훈련은 훌륭한 의사소통 능력을 촉진시키기위한 최고의 기회를 제공할 것입니다.

⁴⁰ preserve ❸

[prizə́ːrv]

파 preservation 보존, 유지

동 보존하다, 지키다

Delegates are searching for economical ways to preserve natural resources.

대표들은 천연 자원을 보존하기위한 경제적인 방법을 모색하고 있다.

Tip 여기서 출제된다! TOEIC 어휘 출제포인트

1 escort처럼 동사뿐만 아니라 명사로도 쓰이는 단어들

trace 자취, 흔적; 추적하다	**track** 궤도, 선로; 추적하다	**boost** 부양(책); 부양시키다
drop 하락; 떨어지다	**labor** 노동, 근로; 노동하다	**signal** 신호; 신호를 보내다
pledge 서약; 약속하다	**stack** 더미; 쌓아 올리다	**charge** 요금, 책임; ~을 청구하다

ex An additional fee of 4 dollars will be charged when you exchange the product.
제품 교환시에는 추가 요금 4달러가 부과됩니다.

2 descend와 관련된 표현들
in descending order 내림차순으로 ⇔ **in ascending order** 오름차순으로

3 preserve와 관련된 표현들을 알아두자.

preservation area 보호 구역   **life preserver** (구명 튜브와 같은) 구명 기구
preserved 보존된   **preserve the natural resources** 천연 자원을 보존하다
ex The federal environmental organization is scheduled to inspect preserved wildlife habitats. 연방 환경 단체가 야생동물 보호 서식지를 조사할 예정이다.

기타 주의해야할 시험출제 의문문들 정리

Who is the intended audience of this talk? 이 이야기를 듣는 사람은 누구인가?
What is indicated about the error? 에러에 대해 언급된 내용은 무엇인가?
What can be assumed from the letter? 위 편지와 관련해 알 수 있는 내용은?
What is specified about the services described? 서비스와 관련해 구체적으로 설명한 내용은?
What is available only to members? 회원들에게만 가능한 것은 무엇인가?
What is implied about the revised contract? 수정된 계약서에 대해 알 수 있는 것은?
What is suggested about telephone operators? 전화 교환수들에 대해서 뭐라고 암시되고 있는가?

□ **along with**
[əlɔ́:ŋ / əlɑ́ŋ]

전 ~와 함께
Did you submit receipts along with your expense report?
영수증을 비용보고서와 함께 제출했나요?

□ **later on**
[léitər]

부 나중에
Are you going to the payroll office later on?
나중에 경리부서에 갈 예정인가요?

□ **take a picture**
[píktʃər]
윤 take a photograph

동 사진을 찍다
Do I have to take a new picture for the ID card?
신분증을 만들려면 새로운 사진을 찍어야 하나요?

□ **pass out**
[pæs, pɑ:s]
윤 hand over

동 건네주다, 나눠주다(hand out)
We plan to pass out copies of training materials.
우리는 교육 자료를 나눠줄 계획입니다.

□ **in person**
[pə́:rsən]
참 personally 개인적으로

부 직접, 몸소
The lawyer was supposed to meet his client in person.
변호사는 고객을 직접 만나기로 되어 있었습니다.

□ **point out**
[pɔint]

동 지적하다, 가리키다
We really appreciate your pointing out errors in the financial statements.
재무제표에 있는 오류를 지적해 주셔서 진심으로 감사드립니다.

□ **after all**
[ǽftər, ɑ́:f-]
윤 finally 결국, 마침내

부 결국(eventually)
The project leader had thought about going by train, but he went by car after all.
프로젝트 리더는 기차로 가려고 계획을 세웠지만, 결국에는 차로 갔다.

□ **be responsive to**
[rispánsiv / -spɔ́n-]
참 responsive 반응[대답]이 빠른

동 ~에 반응하다, 민감하다
The firm's lawyers were effectively responsive to the clients' needs. 회사 변호사들은 고객의 요구에 효과적으로 반응했다.

□ **keep on**
[ki:p]

동 계속해서 ~하다(continue)
Ms. Wagner is keeping on paying for furniture in monthly installments. Wagner씨는 가구비를 매달 할부로 지불하고 있다.

□ **by oneself**
[wʌnsélf]

부 혼자서, 혼자힘으로
The landlord repaired the roof by himself.
집주인은 혼자 힘으로 지붕을 수리했다.

□ **A be followed by B**
[fáloud / fɔ́loud]

⑧ A 다음에 B가 오다〈해석주의〉
The presentation will be followed by a Q&A session.
프리젠테이션 다음에 질의응답시간이 따를 것입니다.

□ **rent A to B**
[rent]

⑧ A를 B에게 임대해주다〈해석주의〉
The landlord rents apartments to tenant at affordable price.　집주인은 아파트를 저렴한 가격으로 임차인에게 임대해주었다.

□ **caterer**
[kéitərər]

⑲ 출장요리사, 출장요리업체
Our caterer specializes in catering services for parties and outdoor events.
우리 출장요리사는 파티나 야외이벤트를 위한 출장요리 서비스를 전문으로 한다.

□ **courier**
[kúriər, kə́:ri-]

⑲ 급송 택배
use the services of a courier 택배 서비스를 이용하다

□ **complicated**
[kámplikèitid / kɔ́m-]

⑲ 복잡한
complicated and time consuming tasks
복잡하고 시간이 걸리는 업무

□ **complete**
[kəmplí:t]
완료하다, 완성하다
⑲ **completely** 완전히

⑲ 완전한
All volunteers completed the form online.
모든 지원자는 온라인에서 양식을 작성했다.

□ **eligible**
[élidʒəbəl]

⑲ 자격이 있는
All full-time workers are eligible for access to the budget reports. 모든 정규직 직원들은 예산 보고서의 열람을 할 수 있다.

□ **illegible**
[ilédʒəbəl]
⑭ **legible** 읽기 쉬운

⑲ 읽기 어려운
Her handwritten memo was illegible.
그녀가 손으로 쓴 메모는 읽을 수가 없었다.

□ **coherent**
[kouherent]

⑲ 논리적인, 명료한
despite her coherent argument
그녀의 논리적인 주장에도 불구하고

□ **inherent**
[inhíərənt / -her-]
⑲ **inherently** 본질적으로

⑲ 본질적인, 타고난(innate)
Market fluctuations are inherently difficult to predict.
시장변동은 본질적으로 예측하기 힘들다.

01 __ It is advisable that you hire a new assistant to ------- the requirements for handicapped persons.

(A) reject　　　　　　　　(B) tolerate
(C) fulfill　　　　　　　　(D) aggravate

02 __ Road crews were instructed to place warning signs ------- along the dangerous spots.

(A) markedly　　　　　　(B) probably
(C) prominently　　　　　(D) casually

03 __ Despite a few -------, the new products became surprisingly popular after they were first released.

(A) capabilities　　　　　(B) flaws
(C) statutes　　　　　　　(D) premises

04 __ All colleagues in the R&D department congratulated Ms. Hellen ------- her promotion.

(A) from　　　　　　　　(B) of
(C) on　　　　　　　　　(D) to

05 __ Thanks to the ideal weather conditions, crews finished the construction ------- schedule.

(A) in advance　　　　　(B) ahead of
(C) next to　　　　　　　(D) a series of

06 __ Due to severe time -------, the host organization did not accept late entries.

(A) groceries　　　　　　(B) obstacles
(C) rewards　　　　　　　(D) constraints

정 답 01.(C)　02.(C)　03.(B)　04.(C)　05.(B)　06.(D)

※ 문제해석 및 추가 보카테스트는 www.toeicvoca.com에서 제공합니다.

Chapter 4

특별부록 *

– TOEIC 고득점을 위한
주제별 필수어휘모음

organization	조직, 단체
firm	회사
corporation	주식회사, 법인(=Corp.)
multinational corporation	다국적 기업
conglomerate	거대 복합기업
Ltd.	주식회사, 유한책임회사(영국식)
Inc.	주식회사, 유한책임회사(미국식)
parent company	모회사
subsidiary (company)	자회사
holding company	지주 회사
headquarters	본사, 본부
head office	본사
branch (office)	지사, 지점
affiliate	계열사, 지부
partnership	제휴, 협력
department	부서, 과
accounts department	회계 부서
human resources (department)	인적 자원(부서)
payroll department	경리부서
personnel department	인사부서
public relations department	홍보부서
research and development department	연구개발부서
division	부서, 부문
division head	부서장
section	구획, 부문
businessman	사업자
manager	부장, 관리인
managerial	경영상의, 관리상의
position	직책, 위치, 입장
managerial position	관리직
management	경영(진)
junior	하급의
senior	상급[상위]의
superior	상사, 윗사람; 상급의, 우수한
foreman	(주로 공사, 공장 등의) 감독자
supervisor	관리자, 감독자
site supervisor	현장 감독관

supervisory	관리(상)의, 감독(상)의
supervisory experience[skill]	관리자로서의 경험[기술]
director	이사, 중역
the board of directors	이사회
executive	이사, 경영간부, 중역
senior executive	고위 간부
executive level staff	임원급 직원들
representative	대표자, 담당자
agent	대리인, 직원
vice	대리의, 부(副)의
vice president	부사장, 부회장
acting	대행의, 대리의
acting vice president	부사장 대리
deputy	대리의; 대리(인)
president	사장, 회장
CEO(Chief Executive Officer)	최고경영자
chairperson(=chairman)	회장, 의장
entrepreneur	기업가, 사업주
tycoon	(제계의) 거물
owner	소유자, 소유주
trustee	수탁자, 임원
consultant	고문, 컨설턴트
coordinator	조정자, 진행자
assistant	보좌의, 보조의; 조수, 비서
associate	동료, 직원; 제휴[연합]시키다
staff	(집합적) 직원
entire staff	전체 직원
colleague	동료
sales representatives	판매 담당자, 영업사원
secretary	비서
administrator	행정관, 관리자
accountant	회계사, 회계원
researcher	연구원, 조사원
operator	전화교환원; 운영자, 조작자
engineer	기술자
janitor	(건물 등의) 관리인, 잡역부

employ	고용하다
employer	고용주(↔ employee)
employment	고용, 채용
hire	고용하다
hiring	고용, 채용
recruit	(신입사원 등을) 모집하다; 신입사원
recruitment	채용, 신규 모집
serve as	~로서 일하다[근무하다]
a job vacancy	빈 자리, 공석
a job opening	빈 자리, 공석
qualification	자격, 필요 조건
requirement	필요 조건
requisite	필수 조건, 필수품; 필수적인
prerequisite	필수 조건; 필수적인
computer literate	컴퓨터 사용 능력을 가진
endurance	인내력
submit	제출하다
turn in	제출하다
hand in	제출하다
apply for	~에 지원하다
applicant	지원자, 신청자
application	지원, 신청
application form	지원서, 신청서
résumé	이력서
cover letter	자기 소개서
reference letter	추천서
gender	성, 성별
in the field of	~의 분야에서
a history of work	이력, 경력
bachelor's degree	학사 학위
master's degree	석사 학위
doctor's degree	박사 학위
diploma	졸업장, 학위
certificate	증명서, 수료증
identify	확인하다, 증명하다
aptitude	적성, 소질
skill	기술

interpersonal skills	대인 관계 능력
lack	~이 부족하다; 부족, 결여
lack confidence	자신감이 부족하다
competent	유능한, 적격인
competence	능력, 역량
fluent in	~에 능숙한
fluency	능숙함, 유창함
proficient	능숙한, 숙련된; 숙련자
adept	능숙한, 숙련된; 숙련자
experienced	경험많은, 숙련된(=skilled)
bilingual	2개 국어를 구사하는
novice	무경험자, 초보자
dependable	믿을 만한, 신뢰할 만한
trustworthy	신뢰할 만한
specialize in	~을 전공하다, ~을 전문으로 하다
specialist	전문가
professional	전문가; 전문적인
expert	전문가
interview	면접
interviewer	면접관
interviewee	면접 응시자
screening	자격심사
sternly	엄격하게, 단호하게
consistently	항상, 시종일관
confidential	기밀의, 비밀의
candidate	후보자, 지원자
successful candidate	합격자
send a notification	통지서를 보내다
improperly	부적절하게
insufficient	불충분한
preliminary	예비의
part-time	파트타임의, 시간제의
inaugural	취임의; 개회의, 개시의
compensation	보상(금); 보수
consideration	고려(사항), 숙고
reference	추천서, 참조
career	경력, 직업

marketing	마케팅
marketing department	마케팅부서
marketing campaign	마케팅 판촉
marketing survey	마케팅 조사
domestic market	국내 시장
foreign markets	해외 시장
international market	국제 시장
niche market	틈새 시장
scheme	계획, 기획
strategy	전략, 전술
marketing strategy	마케팅 전략
tactics	전략
a complete line of	~의 전 제품
target	대상, 목표
focus group	표본 집단
marketplace	시장
research	조사, 연구
market research	시장조사
carry out market studies	시장 조사를 수행하다
survey	조사, 설문서
questionnaire	설문조사
inquiry	질문, 조사
prototype	표본 제품, 모형 제품
advertising agency	광고 대행사
pamphlet	팜플렛, 소책자
analyze	분석하다
analysis	분석
analyst	분석가
marketability	시장성
marketable	시장성이 높은
prospect	가망, 전망
prospective	장래의, 미래의
prospective employees	장래의 직원들
probable	유망한, 가망성 있는
probable investors	유망한 투자가들
feasible	실행 가능한
feasibility	실행 가능성

feasibility study	타당성 조사, 예비조사
first priority	최우선 사항
potential	잠재적인; 잠재력
fixed price	정가
finished products[goods]	완제품
public relations department	홍보부
public relations director	홍보 이사
publicity	홍보, 선전; 관심
catchy slogan	관심을 사로잡는 슬로건
handbill	광고지, 전단
flyer	전단지(=leaflet)
legible	읽기 쉬운, 읽을 수 있는
in a different way	다른 방식으로
comprehensible	이해할 수 있는, 알기 쉬운
launch	출시; 출시하다
debut	첫공개; 처음으로 공개하다
in favor of	~에 찬성하여, ~에 우호적으로
array	진열, 배열
be for sale	판매 중이다
keep A informed of B	A에게 B에 대해 알려주다
be open for business	영업 중이다
competitor	경쟁자, 경쟁상대
competition	경쟁
rival	경쟁상대
rivalry	경쟁
adjust	조정[조절]하다, 적응시키다
adjustment	조정[조절], 적응
modernize	현대화하다
appreciate	가치를 인정하다; 고맙게 여기다
known for	~로 유명한
make an assessment	평가를 내리다
market share	시장 점유율
monopoly	독점(권)
have a monopoly on	~에 독점권을 가지다
a great deal of	다량의
lightweight	가벼운, 경량의

dominant	지배적인, 우세한
overwhelming	압도적인, 굉장한
drive up	(값을) 올리다
monotone	단조로운; 단조로움
defiance	반항
disregard	무시하다
have a tendency to V	~하는 경향이 있다
inadequate	부적절한
falsify	속이다, 위조하다
mingle	섞이다
be sensitive to	~에 민감하다
abruptly	갑자기
massive	대량의, 대규모의
call off	취소하다
unacceptable	받아들일 수 없는
confront	직면하다(face)
counterpart	상대방, 상대물
fall behind	뒤처지다
set back	퇴보; 방해
lose ground	약세를 보이다
dissipate	흩뜨리다, 낭비하다
vacant	빈, 공허한
vanish	사라지다
criticize	비난하다, 비평하다
discredit	믿지 않다, 의심하다; 불신
take a stand against	~에 반대하다, 맞서다
confiscate	몰수하다, 압수하다
dumping	덤핑
driving force	추진력
underlying	근본적인
striking difference	두드러진 차이점
be similar to	~와 유사하다
turn to	~쪽으로 향하다, ~에 의지하다
fundamental	기본적인; 필수적인
imminent	절박한, 임박한
find out	찾아내다
in a timely fashion	적시에

a range of	일련의
dynamic	활동적인
take action	조치를 취하다
at all costs	무슨 일이 있어도, 기필코
make no exception	예외를 두지 않다
with very few exceptions	거의 예외 없이
with the exception of	~을 제외하고
strive to V	용케 ~해내다
have an opportunity to V	~할 기회를 갖다
have control over	~을 제어하다
minimize the risk of	~의 위험을 최소화하다
elicit	이끌어내다
mitigate	완화하다
get over	극복하다
verify	증명하다
take a long time	오랜 시간이 걸리다
elapse	(시간이) 경과하다
at large	대체로
gorgeous	화려한, 멋진
fabulous	굉장히 좋은
recognizable	알아볼 수 있는
astonishingly	놀랍게도
admiringly	감탄하여
discounted rate	할인율
attend to a client	고객을 상대하다
alluring	유혹하는
captivate	매혹하다, ~의 마음을 사로잡다
reputable	평판이 좋은
stay competitive	경쟁력을 유지하다
in turn	차례로, 번갈아
set forth	나서다
trademark	상표
defeat	패배시키다; 패배, 실패
highly competitive	매우 경쟁력 있는
promotion campaign	판촉 캠페인
quarterly sales report	분기 판매 보고서

media	언론 매체
delicate	민감한
issue	이슈, (잡지 등의) 호, 발행; 발행하다
detailed	상세한, 자세한
air	방송하다, 방영하다
cover	보도하다, 다루다; 표지
broadcast	방송하다; 방송의
a live broadcast	생방송
network	방송망; 네트워크로 방송하다
network approval	방송 허가
station	본부, 방송국
forward	전달하다, 보내다; 앞으로
press conference	기자 간담회
press release	보도 자료
hub	(활동의) 중심지
journal	신문, 잡지
article	글, 기사
literacy	읽고 쓰는 능력
computer literacy	컴퓨터 활용 능력
inaccuracy	부정확, 오류
layout	레이아웃, 지면 배치
placement	배치
contingency	뜻밖의 일, 사태
fraud	사기
the press	기자단
in partnership with	~와 협력하여
permanent	영구적인, 불변의
ideal	이상적인, 가장 알맞은
invite	초대하다; 요청하다
flier	전단지, 광고지
reminder	생각나게 하는 것, 독촉장
electronically	컴퓨터로, 전자로
fill	(일자리에 사람을) 채우다
fit	~에 들어맞다, 적절하다; 적절한
interview	인터뷰하다, 면접을 보다; 인터뷰
proficiency	숙달, 능숙
suited	적합한, 어울리는

inaccurate	부정확한
uncomfortably	불편하게
signal	신호를 보내다, 암시하다; 신호
edit	편집하다; 교정하다
editor	편집자, 교정자
edition	(간행물의) 판, (잡지의) 호
manuscript	원고
script	원고, 대본; 원고를 쓰다
involve	필요로 하다, 연루시키다
be involved in	~에 연루되다, 관여하다
imply	암시하다, 함축하다
pertain	관련되다(to)
stay tuned	채널을 고정하다
tune in	(채널을) 고정하다, 주차수를 맞추다
pile up	쌓이다, 모으다
compile	(자료를) 모으다, 편집하다
retrieve	회수하다, 검색하다
publisher	출판사
publication	출판, 발행
immense	엄청난
impressed	감명받은
optimistic	낙관적인
skeptical	회의적인
attempt	시도하다; 시도, 노력
respectively	각각, 제각기

clerk	사무원, 점원
task	일, 직무
manage	경영하다, 관리하다
head	이끌다, 지도하다
oversee	감독하다
supervise	감독하다, 관리하다
review	검토하다, 검사하다; 검토, 논평
consult	상담을 청하다, 의논하다
consultant	상담, 자문
assign	할당하다, 부여하다
assignment	할당, 부여
streamline	합리화하다, 능률적으로 하다
warn	주의시키다, 경고하다
warning	경고
advise	충고하다
administer	관리하다
administrative task	행정 업무
administration	경영, 관리
relevant	관계가 있는, 적절한
proper	적절한, 적합한
appropriate	적절한, 적합한
improve	향상시키다, 개선하다
alter	바꾸다, 변경하다
demanding	힘든, 까다로운
challenging	힘든, 도전적인
time-consuming	시간이 많이 걸리는
ID card	신분증
security	보안, 안전
security guard	안전요원, 경비원
security check	보안 검사
inspect	검사하다, 점검하다
inspection	검사, 점검
site inspection	현장 시찰
monitor	감독하다, 감시하다
examine	검사하다, 검토하다
scrutinize	정밀 조사하다
admission	입장, 입학; 허가

ticket for admission	입장권
entry	(경기 등의) 참가자, 입력
data entry	자료 입력
fire alarm	화재 경보기
smoke detector	연기 탐지기, 화재 탐지기
alert	주의하는, 경고하다
off-limits	출입 금지의
occupational safety and health	직장 안전 및 건강
safety code	안전 규정
safety standards	안전 기준
safety glass	안전 유리, 강화유리
safety hat	안전모
safeguard	예방 수단, 안전 장치
office complex	사무 단지
file	(서류를) 철하다; 자료
be in charge of	~을 담당하다
take charge of	~을 담당하다, 책임지다
take on responsibility	책임지다
safety deposit box	귀중품 보관함
depository	저장소, 창고
depot	창고
warehouse	창고, 보관소
store	저장하다, 보관하다
storage	저장(소), 보관(소)
repository	저장소
office supplies	사무 용품
receptacle	용기, 저장소
workshop	워크숍
training session	교육 과정
seminar	세미나
leadership	리더쉽, 지도력
communication skill	의사소통 능력
enroll	등록하다
registration	등록

dress code	복장 규범
document	문서, 서류
transact	거래하다, 처리하다
transaction	거래, 처리
set out	시작하다, 나서다
implement	이행하다, 실행하다
fulfill	실행하다, 성취하다
accomplish	성취하다, 수행하다
routine	일상의; 일,과
workload	작업량
take on	~을 떠맡다, 책임지다
undertake	떠맡다
assume	떠맡다; 가정하다
take care of	~을 돌보다, 책임지다
entrust A with B	A에게 B의 책임을 맡기다
serve	근무하다, 복무하다; 서브하다
service	근무, 복무
temporary	(정해진 기간동안) 임시의
tentative	(확실치 않고) 잠정적인, 일시적인
internship	인턴기간, 실습 훈련 기간
part-time	파트타임의, 시간제인
alternately	교대로, 번갈아
shift	교대근무
night shift	야간 근무(조)
day shift	주간 근무(조)
freelance	자유 계약의
flextime	탄력 근무제
be on duty	근무 중이다
work from home	재택 근무하다
trainee	실습생, 연수생
newcomer	새로운 사람, 신입사원
probationer	견습생, 수습생
probationary period	수습 기간
be on probation	견습[수습] 기간 중이다
directly report to	~에게 바로 보고하다
as directed	지시대로
directory	주소록

orientation	예비교육
OJT(on-the-job training)	현장 직무 교육
leave	휴가
maternity leave	출산 휴가
sick leave	병가
paid leave	유급 휴가
take a vacation	휴가를 얻다
on vacation	휴가 중인
go on strike	파업에 들어가다
be on strike	파업 중이다
labor union	노동조합
labor dispute	노사 분규, 노동 쟁의
the management and labor	노사
friction	마찰, 충돌
confront	직면하다, 대항하다
confrontation	직면, 대항
discrimination	차별
proponent	지지자, 옹호자
default	태만, 불이행
slack	태만한, 느슨한
adapt	적응하다
coordinate	조정하다
take on the coordination of	～을 조정하다
project coordinator	프로젝트 책임자
with reference to	～에 관하여
sheet	시트; 종이
throw one's effort into	～에 온 노력을 쏟다
do one's best	최선을 다하다(do one's utmost)
time management	시간 관리
gain confidence	자신감을 얻다
project management	프로젝트 관리
related filed	관련 분야
administrative	행정상의, 관리의
year-end	연말의

mission	임무
personnel	(집합적) 직원
draw up	(문서를) 작성하다
cutoff date	마감일
make it	해내다, 이뤄내다; (행사에) 참석하다
meet the deadline	마감일을 맞추다
under the new management	새 경영진 아래에서
in lieu of	~대신에
on behalf of	~을 대신해서
answering machine	자동 응답기
drawing table	제도용 테이블
discourage	낙담시키다
disapprove	반대하다
disapproval	반대
increasing	증가하는
intensive	집중적인
overview	개요, 개관
overlook	간과하다
clarify	명백히 하다
conceal	감추다
forthcoming	다가오는
public holiday	공휴일
overwork	과로하다; 과로
make a presentation	발표하다
folder	서류철
reluctant	마음이 내키지 않는
consider	고려하다
deem	고려하다
eventually	결국, 마침내
procrastinate	꾸물거리다
highly qualified	매우 자격 있는
solely	전적으로
exclusively	전적으로
somewhat	다소, 얼마간
entitle	(~에게) ...할 자격을 주다
submission	제출
faithfully	충실하게

paper shredder	종이 분쇄기
paper recycling	종이 재활용
on a regular basis	정기적으로
take steps	조치를 취하다
working unit	근무조
trash bin	쓰레기통
file folder	서류철
color copier	컬러 복사기
instrument	기계, 도구
succeed in ~ing	~에 성공하다
opt to V	~하기를 선택하다
team spirit	협동 정신, 단결심
repository	저장소
make a presentation	발표하다
smoking section	흡연 구역
take some time off	휴식을 취하다
be absent from	~에 결석[결근]하다
annual budget	연간 예산
supporting	보조의; 지지하는
paper jam	(복사기에서) 종이 걸림
paperwork	문서 작업
on hold	보류 중인; 통화 대기 중인
take the place of	~을 대신하다
make a complaint	불평하다
give a presentation	발표하다
celebration	축하
tight	(여유가 없이) 빠듯한
maternity leave	출산 휴가
take advantage of	~을 이용하다
field	분야, 영역
predict	예측하다
highly regarded	대단히 존경받는
workplace	일터, 직장

benefits package	복리 후생 제도
welfare	복지
working environment	근무 환경
occupational safety and health	직장 안전과 건강
regular working hours	정규 근무 시간
year-end bonus	연말 보너스
nightshift	야간 근무
overtime	초과 근무의; 초과 근무
payment	급여
overtime allowance	초과 근무 수당
overtime rate	초과 근무 수당
pay overtime	초과 근무 수당을 지급하다
give a raise	임금을 인상해주다
get paid	급여를 받다
get a reward	상을 받다
extra pay	추가 급여
pay increase	임금 인상
nursery	유아원, 보육
nursing	간호(학)
recommendation	추천(서)
treatment	대우, 처우
job satisfaction	업무 만족도
charitable	자선의
merit	장점
salary review	연봉 심사
cut benefits	복리후생을 줄이다
poorly paid	박봉의
labor dispute	노동 쟁의, 노사 분규
sign up for	~에 가입하다
national pension plan	국민 연금 제도
pension	연금
retirement plan	연금 제도
retirement party	은퇴 기념 파티
commemorate	기념하다
citation	표창장
retirement home	퇴직자 전용 주택
insure	~을 보험에 들다

insurance	보험
insurance company	보험 회사
life insurance	생명 보험
life insurance policy	생명 보험 증서
health insurance	건강보험
damage insurance	상해보험
premium	보험료; 고급의, 고가의
pharmacy	약국
coverage	(보험의) 보상범위, 취재범위
insurance coverage	보험 보상범위
reimburse	배상하다, 환급하다
take out insurance on	~에 보험을 들다
have car insurance	자동차 보험에 들다
compensate	보상해주다
regional allowance	근무지 수당
paycheck	급여, 급여 지불 수표
payroll	임금 대장, 급료 명부
wage	급여, 임금
payroll department	경리부서
income	소득, 수입
reward	~에 보답하다; 보상, 포상
in celebration of~	~을 축하하여
retirement celebration	퇴직 기념 연회
tension	긴장(감)
solicit	간청하다
hospitality	호의, 환대
knowledge	지식
enrich	질을 높이다, 풍요롭게 하다
richly	풍요롭게, 풍부하게
generosity	관대, 너그러움
philanthropic	박애주의의, 자선의

accountant	회계사
certified public accountant(CPA)	공인회계사
fiscal operation	회계 업무
figure	수, 숫자
treasurer	회계 담당자, 출납 담당자
bookkeeper	경리 사원, 회계장부 기입자
bookkeeping	회계장부 기입
ledger	회계 장부
calculate	계산하다
rigorously	엄격히
strictly	엄격히
stringently	엄격히
audit	회계 감사, 심사
donation	기부(금)
operation budget	운영 예산
annual report	연례 보고서
cut down	~을 줄이다
committee	위원회
reserve fund	보유자금
discrepancy	불일치
inconsistency	불일치, 차이
deficient	부족한
deficit	부족액, 적자
in the read	적자 상태인(↔in the black)
expenditure	지출, 비용
levy	부과금
monthly statement	월간 명세서
certificate	증명서
cash reserves	현금 보유고
margin	이익, 여백
by a considerable margin	큰 차이로
by a narrow margin	아슬아슬하게, 간신히
fundraising	모금 활동; 모금의
fortunate	운이 좋은
decision	결정
decision by majority	다수결
vote by show of hands	거수 토표

handling charge	취급 수수료
consulting firm	자문 회사
gross income	총 수입
revenue	총 수입, (세금에 의한) 세입
ration	비율, 비
turnover	총매출; 이직률
surplus	잉여, 흑자
secretarial	비서의
answer the phone	전화를 받다
give a call	전화를 하다
contact	연락하다
leave a message	메시지를 남기다
take a message	메시지를 받다
extension number	내선 번호, 구내전화 번호
notify A of B	A에게 B를 알리다[통보하다]
rearrange	(일정을) 조정[재배열]하다
reschedule	일정을 변경하다
defer	연기하다, 미루다
call off	취소하다(cancel)
tentative schedule	잠정적인 계획
pick up the phone	전화를 받다
hang up the phone	전화를 끊다
return one's call	~에게 답신 전화를 하다
ownership	소유(권)
enhance	강화하다, (가치를) 올리다
thrifty	절약하는, 검소한
tenure	재임 기간
drape	(천 등을) 덮다, 드리우다
inaugurate	개시하다, 개통하다
cordially	진심으로
congenial	성격이 맞는, 마음이 통하는
confident	확신하는
convinced	확신하는
errand	심부름
run an errand	심부름을 가다
seal	밀봉하다, 도장을 찍다; 밀봉, 도장

economic indicator	경제 지표
financial statement	재무 제표
economic growth	경제 성장
soar	급등하다, 급상승하다
soaring	급등하는, 치솟는
surge	(물가가) 급등하다
surging	급등하는
boost	부양시키다, 증가시키다
boom	급격한 증가; 경기가 호전되다
flourish	번영하다, 번성하다
thrive	번영하다
prosper	번영하다, 성공하다
prosperity	번영, 호경기
prosperous	번영하는
motivate	동기를 부여하다, 자극주다
motivation	동기부여, 자극
stimulate	자극하다, 활발하게 하다
stimulation	자극
exchange rage	환율
finance department	재무부
foreign exchange holdings	외환 보유고
net income	순수입, 실수입
in demand	수요가 있는
expand	확장하다
expansion	확장, 확대
brisk market	호황 시장
lavish	사치스러운, 낭비하는
economic crisis	경제 위기
economic recession	경제 침체, 경기 후퇴
downturn	(경기의) 하강, 침체
depression	불경기, 불황
depressed	불경기의, 불황의; 낙담한
inflation	인플레이션, 물가상승
deflation	디플레이션, 통화 수축
sluggish	불경기의
slack	불경기의; 태만한, 느슨한
stagnant	침체된, 불경기의

stagnation	침체, 불경기
unemployment rate	실업률
volatile	(가격 등이) 심하게 변동하는, 변화기 쉬운
fluctuate	급격히 변동하다, 오르내리다
fluctuation	불안정, 변동
up-and-down	오르내리는, 기복이 심한
variable	변하기 쉬운, 변덕스러운
decline	감소하다, 거절하다
plunge	폭락하다
collapse	폭락하다, 무너지다; 붕괴
crash	폭락하다; 폭락
plummet	폭락하다; 폭락
panic	공황, 패닉
adverse	불리한, 좋지 않은
adversity	불운, 역경
setback	차질, 퇴보
bankrupt	파산한, 지급 불능의
go bankrupt	파산하다
bankruptcy	파산, 도산
liquidate	(회사를) 정리하다, 해산하다
vicious cycle	악순환
curb inflation	인플레이션을 억제하다[막다]
diminish	줄이다, 감소하다
thrift	절약, 검소
frugal	검소한
rebound	반등하다; 회복
infrastructure	사회 기반 시설
macroeconomy	거시 경제
marketable	시장성이 높은
limited	제한된, 한정된
insecure	불안한, 확신이 안가는
unprecedented	전례 없는
public finances	국가 재정
exponentially	기하급수적으로
surplus	잉여(물), 흑자
slowdown	경기후퇴
bode	~의 징조가 되다, 조짐을 보이다

customer service center	고객 서비스 센터
service depot	서비스센터
consumer affairs	고객 지원 업무
after-sale service	애프터 서비스
contact information	연락처
make a request	요청하다
make a response	응답하다
manual	매뉴얼, 사용설명서
instruction	안내서, 설명서
description	설명(서), 해설
specification	상세 설명서
counselor	상담원
flaw	결점, 결함, 흠
faulty	결점있는, 불완전한
stain	얼룩, 흠
mark	자국, 표시
speck	작은 얼룩
defective product	결함있는 제품
malfunction	고장, 오작동
hazard	위험
censure	비난; 비난하다
make a complaint	불평하다
exterior	외부의; 외관
breakage	파손(물)
claim refund	환불을 요구하다
serial number	(제품 등의) 일련번호
install	설치하다
set up	설치하다
option	선택권
browse	(인터넷으로) 검색하다; 구경하다
smoothly	순조롭게
swiftly	신속하게, 빨리
cancellation	취소
classification	분류; 등급
category	범위, 부분
people of all ages	모든 연령의 사람들
score	득점, 점수

purchase order	구입 주문(서)
place of origin	원산지
trace	~을 추적하다(track); 자취, 흔적
plus tax	세금 별도
without charge	무료로
adequate	적절한
a string of	일련의; 한 줄의
without further delay	더 이상의 지연 없이
meet the standards	규격을 충족시키다
guarantee	보증하다; 보증(서)
warrant	보증하다; 보증
warranty	보증(서), 권한
be under warranty	보증기간 중이다
replacement	교체, 대체(품)
return	반품; 반품하다
repair	수리하다; 수리, 수선
recall	(결함있는 제품을) 회수하다; 회수
component	부품
engine parts	엔진 부품
cast parts	주형 부품
gadget	간단한 도구, 기계장치
search for	~을 찾다
diversify	다양화하다
gratitude	감사, 고마움
handcrafted	손으로 만든, 수제품의
make public	일반에게 알리다, 공표하다
for instance	예를 들면(for example)
workforce	노동력
resourceful	기지가 좋은, 수완이 좋은
prolong	연장하다, 늘이다
evident	분명한, 눈에 띄는
familiarity	친숙한, 익숙함
file folder	서류철
file drawer	서류 서랍
lean	(몸을) 숙이다, 의지하다

human resources	인적 자원, 인사과
related field	관련 분야[업종]
downsize	(규모나 인력을) 줄이다
reducing workforce	인력 감축
overstaffed	필요 이상의 직원을 둔, 인력 과다의
predecessor	전임자
successor	후임자, 후계자
replacement	대체자, 후임자
restructure	구조조정을 하다
reorganize	재조직하다, 재편성하다
reform	개혁하다; 개혁, 개선
innovative	혁신적인
transfer	전출시키다, 전학시키다; 전출, 전근
put in for a transfer	전근을 신청하다
nomination	지명, 임명
performance	실적, 성과; 연주, 연기
performance appraisal	실적평가, 직무수행평가
appraise	평가하다, 값을 매기다
evaluate	평가하다
praise	칭찬; 칭찬하다
incompetent	무능한
unprofitable	이익이 없는
lay off	해고하다
dismiss	해고하다, 해산시키다; 화재
fire	해고하다
cut back	축소하다, 삭감하다
curtail	줄이다
quit	그만두다, 끝내다
resign	사직하다, 사임하다
retire	은퇴하다
radically	근본적으로, 완전히
progress	진보, 진전; 진보하다
skilled	노련한
outgoing	나가는, 발신의; 사교적인
get promoted	승진되다
promotion	승진, 진급; 판촉
stand in for	～을 대신하다

appoint	(직책에) 임명하다, 지명하다
designate	(일, 임무에) 임명하다, 지명하다
allocate A to B	B에게 A를 배분[할당]하다
merge	합병하다
acquire	얻다, 인수하다
acquisition	인수, 습득
M&A(Merge and Acquisition)	인수 합병
confusion	혼란
common interest	공동의 이익, 공동 관심사
collaborative	합작의
cooperation	협력, 협동
synergy	시너지, 상승 효과
consolidate	강화하다
combine A with B	A와 B를 결합시키다
associate	제휴[연합]시키다; 동료, 직원
association	제휴, 협회
venture	(모험적) 사업
joint venture	합작 사업
embark on	착수하다, 진출하다
talented	뛰어난(skilled)
acknowledged	승인된, 정평이 난
inaugural ceremony	취임식
congratulation	축하
be held	개최되다, 열리다
commemorate	기념하다, 축하하다
clerical	사무직의
stringent	엄격한
provisionally	임시로
required	필수의
useful	유용한, 도움이 되는
last-minute	마지막 순간의, 갑자기 결정된
unease	불안, 우려
requisition	요구(서)
coincide	동시에 일어나다, 일치하다
defensive	방어적인, 방어의

stock	주식, 증권
stock exchange	증권거래소, 증시
stockholders	주주
share	주식
shareholder	주주
annual shareholders' meeting	연례 주주 총회
allot	할당하다, 배당하다
allotment	할당(액), 분배
dividend	배당(금)
possessions	소유물, 재산
financial	금전상의, 재무(상)의
financial institution	금융기관
investor	투자자
investment company	투자 신탁 회사
trust company	신탁 회사
asset	자산
value	가치, 가격
overestimate	과대평가하다
fund	자금; 자금을 공급하다
mutual fund	뮤추얼 펀드
bond	채권
corporate fund	회사채
public bond	공채
bull market	(주식) 강세시장
bear market	(주식) 약세시장
appreciation	가치상승
depreciation	가치저하
depreciate	(가치가) 떨어지다, 떨어뜨리다
brokerage	중개업
yield	(이익을) 가져오다, 낳다; 이익
rapid	빠른, 신속한
devastate	황폐화시키다
cautiously	조심스럽게
controversy	논란
unbiased	선입견 없는
innate	타고난
inherently	본질적으로

lucrative	수익성 있는
highly profitable	매우 수익성 있는
manipulate	조작하다
justify	정당화하다
outlook	전망
cost analysis	비용 분석
prevalent	널리 퍼진, 만연한
stability	안정(성)
cover the cost	비용을 부담하다
meet the expenses	경비를 대다
deliberately	고의로, 일부러
input	투입
well-balanced	균현이 잡힌
take precautions	조심하다
put money into	~에 투자하다
fund-raiser	기금 조달자
detection	탐지, 감지
candid opinion	솔직한 의견
sponsor	후원자; 후원하다
sponsored by	~에 의해 후원받은
in private	비밀리에
hazardous	위험한
get rid of	~을 제거하다
cutback	삭감
conjunction	결합, 연결
be founded	설립되다
set up a business	사업을 시작하다
start-up cost	착수 비용
overhead costs	간접비
in a real time	실시간으로
short notice	갑작스러운 통보
versatile	다재다능한, 다용도의
mandate	지령, 명령
repetitious	(행동이) 자꾸 되풀이하는
endeavor	노력하다; 노력, 시도

real estate	부동산
real estate agent	부동산 중개업자
realtor	부동산 중개인
commercial property	상업용 부동산
landlord	집주인, 소유자
tenant	세입자, 임차인
occupant	점유자, 임차인
occupied	사용 중인
dwell	거주하다, 살다(in)
reside	거주하다, 살다
residence	주택, 저택
private residence	개인 주택
inhabit	거주하다, 살다
rent	임대료, 집세
rent A from B	A를 B에게 빌리다, 임차하다
rent A to B	A에게 B를 임대해주다
for lease	(집을) 내놓은
premises	건물, 구내
assess	평가하다, 산정하다
estimate	추정하다; 견적(액)
overestimate	과대평가하다; 과대평가
underestimate	과소평가하다; 과소평가
speculation	추측; 투기
quote	견적액; 인용하다, 어림잡다
auction	경매; 경매에 부치다
bid	입찰; 입찰하다
vacant	빈, 공허한
vacate	비우다
evacuate	비우다
architectural work	건축 작업
interior design	실내 장식
furnished	가구가 비치된
arrange the furniture	가구를 배치하다
built-in	붙박이의
fixture	붙박이 가구
armchair	안락의자
garage	차고

spacious	넓은
access road	진입로
porch	현관
pole	기둥
reinforce	보강하다
patio	테라스
be arranged on the patio	테라스에 정돈되어 있다
ask for directions	길을 묻다
homemade	집에서 만든
fitting room	탈의실
skyscraper	고층 빌딩
housing development	주택 개발
homebuilder	주택 건설업자
housewares	가정용품
housekeeping	가사
washing machine	세탁기
do the dishes	설겆이하다
detergent	세제
water bill	수도요금
adjust the light	빛을 조절하다
lighten	밝게 하다
space allocation	공간 분할[분배]
undergo renovation	개보수 중이다
tear down	(건물을) 허물다(demolish)
saw	톱질하다; 톱
remodel	개조하다
emergency exit	비상구
heating system	난방 시스템
cookware	조리기구
utensil	(주방용) 기구

utilities	공공 설비, 공공 서비스, 공공 요금
courtyard	안뜰, 마당
elegant	우아한, 품위 있는
furnished	가구가 비치된
brick	벽돌
fireplace	벽난로
fire extinguisher	소화기
premises	(토지를 포함한) 건물, 부지
wing	부속 건물, 별관
floor	층, 바닥
railing	난간, 울타리
stairway	계단
building expansion	건물 확장
maintenance	(건물의) 유지, 관리
landmark	역사적인 장소[건물]
suspend	중단하다, 연기하다
proceed	나아가다, 진척되다
be over	끝나다
significantly	상당히, 크게
admit	(입장, 입학을) 허가하다, 인정하다
contractor	계약자, 하청업자
community	공동체, 지역사회
socialize	사귀다, 사회활동하다
located	위치한, 자리잡은
next to	~옆에
close	가까운
walking distance	도보 거리
distinctive	구별되는, 독특한
amenities	편의 시설, 오락 시설
cutting board	도마
rack	선반, 거치대
bicycle rack	전거 보관대
beneficial	유익한, 이로운
beneficiary	수혜자
carpet	카펫; 카펫을 깔다
dig	파다, 발굴하다; 발굴
jar	(꿀, 잼 등의) 병, 단지

pot	항아리, 화분
compartment	구획, 칸
passageway	복도, 통로; 좁은 길
modernize	현대화하다
renovate	개조하다, 보수하다
restoration	복원, 복구
demolish	철거하다
excavation	땅파기, 굴착
entrance	입구, 들어가기
plumber	배관공
plumbing	배관공사, 배관
locksmith	자물쇠 제조업자
lease	임대[임차]하다; 임대차 계약
rent	임대[임차]하다; 집세, 임대
spare	여분, 예비품; 여분의, 할애하다
boardroom	중역 회의실, 이사회실
work on	작업하다, 착수하다
broad	넓은, 광대한
preeminent	뛰어난
flammable	불에 잘 타는
rectangular	직사각형의
storage cabinet	보관용 수납장
mop the floor	걸레로 청소하다
lodge	하숙하다
closet	벽장, 찬장
ladder	사다리
discard	버리다, 포기하다
garage	차고, 정비소
knob	손잡이
saucepan	냄비
house	제공하다; 집

savings bank	저축은행
commercial bank	상업 은행
bank teller	은행 출납원
banker	은행원
bank loan	은행 대출금
ATM(Automated Teller Machine)	자동 현금 인출기
currency	통화, 화폐
currency exchange	환전
currency depreciation	화폐 가치하락
capital	자금, 자본
fortune	큰 돈, 재산
monetary	금전적인, 재정적인
circulate	유통[순환]되다, 돌다
account	예금계좌, 예금(액)
open an account	계좌를 개설하다
identification	신분증
credit money to one's account	~의 계좌에 돈을 입금하다
accrue	축척하다, 모으다
deposit	예금하다; 예금(액), 보증금
credit line	신용 한도(액)
withdrawal	인출
savings	저축(액)
savings account	보통 예금 계좌
checking account	당좌 예금 계좌
balance	잔액, 잔고
interest rate	이자율
compound interest	복리(↔simple interest 단리)
cash a check	수표를 현금으로 바꾸다
by check	수표로
by credit card	신용카드로
bill	지폐, 청구서[계산서]; 청구서를 보내다
counterfeit	가짜, 위조지폐; 가짜의, 위조의
on standby	대기 중인
financial history	신용 거래 실적
draw a check	수표를 발행하다
turn down	거절하다(refuse, decline)
debt	빚

debtor	채무자(↔creditor 채권자)
indebted	빚지고 있는
loan	(돈을) 빌려주다; 대출금
business loan	사업 대출
collateral	담보(물), 저당물
mortgage	주택 융자, 저당 융자금
liabilities	빚, 채무, 책임
outstanding	미지불의, 미해결의
bounce	(수표 등이) 부도가 나서 다시 되돌아오다
payable	지불해야 하는, 지불 가능한
pay off	빚을 다 갚다; 이익이 되다
expiration date	만기일
due	지불 기일이 된
due date	지불 만기일
past due	지불 기한이 지난
overdue	지불 기한이 지난
delinquent	연체된, 지급 기한이 지난
default	채무 불이행; 채무를 이행하지 않다
impose	부과하다
surcharge	연체료, 추가요금
insolvent	지급 불능의
confiscate	몰수하다, 압수하다
statement	명세서, 성명서
bank statement	은행 거래기록
transaction record	거래 내역
remit	송금하다
wire	송금하다; 전선, 선
utility bill	공과금 고지서
forge	위조하다
PIN(Personal Identification Number)	개인 식별 번호
save	모으다, 저축하다
make a deposit	입금하다, 예금하다
sum	액수, 총액; 합계하다, 총계를 내다
credit	신용판매, 신용; 신용하다, 입금하다
accrue	축적하다, 모으다

conference	회의, 협회
gathering	모임
convene	모이다, (회의가) 개최되다
convention	회의, 집회
call an urgent meeting	비상 회의를 소집하다
seating capacity	좌석 수용능력, 좌석수
agenda	안건, 의제
preside over the conference	회의에서 사회를 보다
moderate a meeting	회의에서 사회를 보다
faction	파벌, 당파
discuss	논의하다, 토론하다
debate	토론하다; 토론
assert	단언하다, 주장하다
assertive	단정적인, 독단적인
argue	논쟁하다, 언쟁하다
argument	논쟁, 언쟁
dispute	논쟁하다, 언쟁하다; 논쟁, 언쟁
persuade	설득하다
persuasive	설득력 있는
coherent	논리적인
refuse	거절하다
disapprove	반대하다
disapproval	반대
withstand	저항하다, 견대내다
object to	～에 반대하다
objection	반대, 이의
opponent	반대자, 적수
oppose	～에 반대하다
opposition	반대
refute	반박하다
deadlock	교착상태, 정체
adjourn	(회의 등을) 휴회하다
recess	휴회
put off	연기하다, 미루다
proposal	제안, 계획
suggestion	제안
pay attention to	～에 주의를 기울이다

understanding	이해심 있는
negotiate	협상하다, 절충하다
negotiation	협상, 절충
compromise	타협하다
uphold	지지하다
agree	동의하다, 찬성하다
consent	동의하다; 동의, 승인
without the consent of	~의 동의 없이
concede	인정하다, 양보하다
concession	양보, 승인
consensus	합의, 일치된 의견
general consensus	여론
unanimous	만장일치의
vote	투표하다; 투표
make a decision	결정하다
resolve	해결하다, 결심하다
conclude	결론을 내리다
conclusion	결론, 타결
address	연설하다; 연설
speech	연설
welcoming remark	환영사
keynote address	기조 연설
keynote speaker	기조 연설자
public speaking	대중 연설
minutes	의사록, 회의록
succinct	간결한
brief	요약하여 보고하다; 간결한
briefing	간결한 보고
elaborate	상세하게 설명하다
comment	논평, 의견; 논평하다
present	발표하다, 제출하다
presentation	발표
reunion	친목회
enlightening	계몽적인
discreetly	신중하게, 분별있게

belongings	소지품, 소유물
safety deposit box	귀중품 보관함
rental car	임대 자동차
relaxing	긴장을 풀어주는
spot	장소; 발견하다
bound for	(기차·배가) ~행인, ~로 향하는
curator	(박물관, 미술관 등의) 큐레이터, 전시[학예] 책임자
welcome	환영하다; 환영 받는
namely	즉, 다시 말해
bus terminal	버스 정류장
arrival	도착
voucher	쿠폰, 표
be delayed	지연되다
light	비행, 비행기
flight	비행, 항공편
boarding pass	탑승권
immigration officer	이민국 직원
step by step	단계별로
in person	직접
right away	지금 당장
plenty of	많은
around the corner	임박하여
landscaping	조경
currency exchange	환전
designated	지정된
cash register	계산대
main attractions	관광지
flight attendant	승무원
conductor	(기차) 차장
fasten your seatbelt	안전벨트를 매다
landing	착륙
souvenir	기념품
cruise	유람 항해
deck	갑판
guided tour	안내원이 동반되는 여행
check-in counter	(공항의) 탑승 수속 카운터
on a business trip	출장 중인

witness	목격하다; 목격자, 증언
exponentially	기하급수적으로
handcrafted	손으로 만든, 수제품의
outgoing	나가는, 떠나는
bear	지니고 있다
tightly	꽉, 단단하게
finalize	(계약 등을) 완성하다, 결말을 짓다
terminate	(행동, 상태 등을) 끝내다, 종결시키다
entertaining	재미있는
idle	정지의, 사용되지 않는
upon request	요청하는 즉시
upon arrival	도착하는 즉시
baggage claim	(공항의) 짐 찾는 곳
accommodations	숙박시설
concierge	(호텔 등의) 안내인, 담당자
courteous	공손한, 정중한
housekeeping	(호텔 등의) 시설 관리
occupancy	(호텔 등의) 수용능력; 소유, 사용
view	전망, 경관; 보다
picturesque	그림 같이 아름다운, 그림 같은
stay	머무르다; 머무름, 체류
cuisine	요리(법)
culinary	요리의, 주방의
dish	요리; 접시
freshness	신선함, 새로움
refreshing	신선한, 참신한
linen	(옷, 식탁보, 시트 등의) 리넨 제품
recipe	요리법, 조리법
passenger	승객
round-trip	왕복 여행의
tourist	관광객, 여행자
coastal resort	해안 휴양지
shore	해안
breathtaking	숨막히는, 깜짝 놀랄 만한

preservation area	보호 구역
conservation	보호, 보존
rain forest	열대 우림
pollution	오염, 공해
flooding	범람, 홍수
forecast	예측하다; 예측
weather forecast	일기 예보
weather report	일기 예보
strictly prohibit	엄격히 금지된
update	업데이트하다, 최신정보를 알려주다
state-owned	국가소유의, 국유의
mastermind	지도자; 지도하다, 조정하다
ancient	먼 옛날의, 고대의
chronological	시간 순의, 연대순의
in order	순서를 따라, 차례대로
species	(생물의) 종, 종류
corrosion	부식
fertilizer	비료
harvest	수확하다; 수확(물)
grain	곡식, 곡물
aim at	~을 겨냥하다
shrink	수축하다, 줄어들다
mounting	증가하는(soaring)
depletion	(자원 등의) 고갈
corrosion	부식, 침식
extinction	멸종
carefully	신중히
visible	눈에 보이는, 명확한
incidental	부차적인, 중요하지 않은
void	텅 빈, 무효의; 무효로 하다, 취소하다
ultimately	궁극적으로
profound	심오한
splendid	화려한
environmentally friendly	친환경적인
perishable	부패하기 쉬운, 상하기 쉬운
inclement	날씨가 궂은
astronomy	천문학

biologist	생물학자
ecology	생태(학)
pollen	꽃가루
weed	잡초
frigid	추운, 냉담한
humid	습한
humidity	습기, 습도
valley	계곡
recycling	재활용
waste	쓰레기; 낭비하다
purify	정화하다, 불순물을 제거하다
countryside	시골, 지방
suburb	교외
province	지방, 도(道)
waterfront	해안 지역
water supply	상수도, 급수
indigenous to	~고유의, 원산의, 토착의
plant	(식물 등을) 심다; 식물, 공장
scenic view	경관
temperature	온도
hazy	안개낀, 흐릿한
gusty	(바람, 폭풍우 등이) 거센, 돌풍의
precipitation	강수량
weather bureau	기상청
overcast	~을 구름으로 덮다, 흐리게 하다; 흐린

production facility	생산 시설
acceptable	받아들일 수 있는, 마음에 드는
breakable	깨지기 쉬운
pack	포장하다, 싸다
cut down	줄이다, 단축하다
place an order	주문하다
commerce	상업
hours of operation	영업시간, 운영시간(=office hours)
overcharge	값을 비싸게 부르다, 과잉 청구하다
surplus products	잉여 생산품
ailing	병든, 약화된, 취약한
ail	병들게 하다
lose business	거래를 놓치다
niche market	틈새 시장
private	민간의, 사적인
pertinent	관련된
tactic	전략
complimentary	무료의
beverage	음료
approximately	대략
relocate	이전하다, 재배치하다
procedure	절차
in stock	재고가 있는
out of stock	재고가 없는
clearance sale	창고 정리 세일, 재고 정리 판매
accumulate	모으다, 축척하다
progress	진보, 진전; 진행하다
brainstorm	자유롭게 생각하다
without a break	중단없이
at a lower price[rate]	보다 저렴한 가격으로
fuel-efficiency	연료 효율, 연비
energy-efficient	연비가 좋은
computerized	컴퓨터화된
evenly	평평하게, 고르게
impeccable	뛰어난, 완벽한
facilitate	촉진시키다, 용이하게 하다
utilize	이용하다

evolve	서서히 발전하다
vendor	판매인, 행상인
source	근원, 원천, 공급원
inception	시초
addition	추가(된 것); 새 얼굴
additional	추가적인, 부가적인
ambitious	야심 찬
versatile	다재다능한, 다용도의
portable	휴대용의
accordingly	따라서
minor	중요치 않은, 사소한
unrivaled	경쟁자가 없는, 비할 데가 없는
mechanical	기계의, 기계와 관련된
separate	떼어놓다, 떨어지다; 분리된
discretionary	자유재량의
quality control	품질 관리
patent	특허(권); 특허를 받다
hypothesis	가설, 추측
bewildering	당혹케 하는
protective gear	보호 장비
digit	숫자
dimension	규모, 크기
application	적용, 응용
trial	시도, 시험; 시험적인
template	형판(型板), 템플릿

transportation	교통, 운송
public transport	대중교통
vehicle	자동차
bicyclist	자전거를 타는 사람, 경륜 선수
conductor	(버스나 기차의) 안내원
detour	우회(로)
alternate route	우회로, 다른 길
aisle	통로, 복도
ticket	표(를 발행하다), 교통위반딱지(를 발부하다)
fleet	(회사소유의) 항공기, 선반, 차량
be lined up	줄서 있다, 줄을 이루다
route	길, 도로
alternate route	다른 도로
lane	차선
expressway	고속도로
load crew	도로 작업자
convenient	편리한
location	위치
via air mail	항공 우편으로
take a break	휴식을 취하다
take notes	메모하다, 기록하다
accessible	접근 가능한, 이용 가능한
traffic congestion	교통 체증(traffic jam)
be struck	꼼짝 못하다, 갇히다
be tied up in traffic	교통이 막혀서 꼼짝 못하다
parking lot	주차장
commutable	통근 가능한
frequency	빈도, 잦음
messenger	배달원, 전달자
pedestrian	보행자; 보행자용의, 도보의
vessel	선박, 배
worldwide	전 세계적으로; 전 세계적인
container	용기, 컨테이너
load a truck	트럭에 짐을 싣다
loading dock	하역장
shipping address	배송 주소
outgoing mail	발송 우편물

freight	운송 화물
in transit	운송 중에
delivery charge	배송비
shipment date	배송일
shipment tracking service	배송물 추적 서비스
next day delivery service	익일 배송 서비스
same-day delivery	당일 배송
prompt shipment	신속한 배송
pick up packages	소포를 찾아가다
intended recipient	해당 수취인
fragile items	깨지기 쉬운 품목
perishable	썩기 쉬운, 부패하기 쉬운
corrupt	부패한, 오염된
warning label	경고 딱지
courier	급송 택배
courier service	택배 회사
cargo plane	화물 수송기
transit system	운송 시스템
toll-free	수신자 부담의
e-commerce	전자상거래
shipping department	운송부서
missing luggage	분실된 수화물
delivery person	배달부
a new line of	새로운 ~ 품목
production plant	생산 공장
downsize	축소하다
alternate translation	대체 교통편
be glad to V	~하니 기쁘다
privately	개인적으로
main objective	주요 목표
be associated with	~와 관련되다
in association with	~와 제휴하여
firm's associates	회사 관계자들
give away	나눠주다
upset	화나게하다; 화난
heavy traffic	교통 체증

host	주최자, 진행자; 주최하다, 진행하다
tournament	토너먼트, 승자 진출전
final	마지막의, 최종적인; 결승전
box office	매표소
be sold out	매진되다, 모두 팔리다
ticket holder	티켓 소지자
hectic	몹시 바쁜
reliable	믿을만한(=dependable)
religious	종교적인
itinerary	일정
directions	찾아가는 길, 사용법
celebrate	축하하다, 기념하다
celebrated	유명한
notable	주목할 만한, 유명한
acclaimed	호평을 받은
avid	열렬한, 열망하는
popular	인기 있는, 대중적인
composer	작곡가, 작가
conductor	지휘자
star	스타; 주연을 맡다
lead role	주연
anecdote	일화, 비화
entertaining	재미있는, 흥겨운
debut	데뷔; 데뷔하다
stage	무대; 상연하다
theatrical	연극의, 극장의
film	영화; 촬영하다
play	연극; 연기하다
perform	공연하다, 연주하다
run	계속 공연하다, 운영하다
theatergoer	극장에 자주 가는 사람
sponsor	후원자; 후원하다
autograph	서명, 사인; 서명하다
congratulate	축하하다
commemorate	기념하다, 축하하다
banquet	연회, 만찬
culminate in	결국 ~로 끝나다

introductory	소개용의, 서두의
resounding	울려 퍼지는, 완전한
preferential	우선권을 주는
testimonial	추천의 글, 증명서
dine	식사를 하다, 만찬을 들다
vegetable	채소
tray	쟁반, 접시
flavor	맛, 풍미
fat	지방; 살찐, 기름이 많은
frozen	얼어붙은, 냉동된
stir	(액체 등을) 젓다
toss	(음식 재료를) 버무리다, 섞다; (가볍게) 던지다
spicy	매콤한
taste	맛, 기호; 맛보다
artist	예술가, 미술가
proudly	자랑스럽게
present	제공하다, 상연하다
positive	긍정적인, 호의적인
costume	의상, 복장
masterpiece	걸작, 명작
heritage	전통, 유산
sculpture	조각(품)
drawing	그림, 스케치
landscape	풍경, 전망
artifact	공예품, 인공물
artwork	예술품, 작품
activity	활동, 행동
novel	소설; 새로운
chronicle	연대기; 연대순으로 기록하다
inspiration	영감, 영감을 주는 것
recreational	오락의, 휴양의
on-site	현장의

goods	상품, 제품
merchandise	상품
produce	농산물, 농작물; 생산하다
beverage	음료
shelf	선반, 칸
pay by cash	현금으로 계산하다
latest trend	최신 동향
bargain	할인(품), 특가품; 매매
net price	정가
emporium	큰 상점
gift-wrap	선물 포장, 선물 포장하다
not for sale	비매품인
cut into	~에 끼어들다, 줄이다
quantity	양, 수량
bulk	크기, 큰 것; 대량의
in bulk	대량으로
exquisite	매우 아름다운, 정교한
display	전시, 진열; 전시하다, 진열하다
for free	공짜로, 무료로
informed	잘 아는, 정보에 입각한
stroll	어슬렁어슬렁 거닐다, 산책하다
linger	오래 머물다, 꾸물거리다
place an order	주문하다
range	범위, 한계; (범위가 ~에) 이르다
refund	환불하다; 환불(금)
reduced	인하된, 할인된
tax	세금; 세금을 부과하다
stock	재고(품), 저장; 갖춰 두고 있다
voucher	상품권, 할인권
bill	고지서, 청구서; 청구서를 보내다
retailer	소매업자, 소매업체
supplier	공급처, 공급업자
keep	유지하다, (계속) 가지고 있다
embrace	받아들이다, 수용하다
merit	가치, 장점; 가치가 있다
make payment	지불하다
perfectly	완벽하게, 완전히

consistency	일관성, 한결같음
disruption	혼란, 중단
peak	절정, 최고조; 최고조에 달하다
high-end	최고급의
lure	유혹하다, 꾀다; 유혹, 미끼
assorted	여러 가지의, 다채로운
atmosphere	공기, 분위기
grocery	식료품점
textile	직물; 섬유
texture	직물; 질감
nightly	밤의, 밤마다의
change	잔돈, 거스름돈; 바꾸다
business hours	영업 시간, 근무 시간
typical	전형적인, 일반적인
wrap	포장하다, 싸다; 포장지
garment	의류
leather	가죽
trousers	바지
tailor	재단사; 맞춤 제작하다
secondhand	중고의, 간접의
gift certificate	상품권
pay in cash	현찰로 지불하다
by check	수표로
by credit card	신용 카드로
cardholder	카드 소지자
rebate	환불, 할인; 환불하다
microwave oven	전자 레인지
First come, first served.	선착순
welcome	환영받는; ~해도 좋은; 환영하다

hospital	병원
clinic	진료소, 병원
ward	병동
indigestion	소화불량
remedy	치료법
pharmacist	약사
pharmacy	약국
pharmaceutical	제약의; 제약, 약
surgeon	(외과) 의사
physician	(내과) 의사
dentist	치과의사
pediatrician	소아과 의사
veterinarian	수의사
physical	신체적인, 물리적인
physical examination	신체검사
physical therapy	물리 치료
cancer	암
disease	병
cure	치료하다
alleviate	(고통을) 완화시키다, 경감하다
painkiller	진통제
vaccinate	예방접종하다
microscope	현미경
adjust the microscope	현미경을 조정하다
organ	신체기관
ethic	윤리, 도덕
nourish	영양분을 공급하다
nourishment	영양(물), 음식물
nutritious	영양가 높은
nutrition	영양
antibiotic	항생제
symptom	증상
susceptible	(질병 등에) 걸리기 쉬운
contagious	전염성의
infectious	전염성의, 전염되는
infectious disease	전염병
all the more	그만큼 더, 더욱 더

rationale	이론적 설명, 이유
regain	되찾다, ~에 되돌아가다
documentation	문서(화), 증거 서류에 의한 뒷받침
finalize	마무리짓다, 완결하다
solidify	굳히다, 확고히 하다
healthy	건강에 좋은
ingredient	(요리, 음식의) 재료, 성분
interactive	쌍방향의, 상호 작용하는
unbearably	견딜 수 없이
unlikely	~할 것 같지 않은, 예상 밖의
allergic	알레르기성의
hospitality	환대, 친절
equip	(장비 등을) 갖추어 주다
be equipped with	~을 갖추고 있다
hopefully	바라건대, 아마
affect	영향을 미치다, (불리하게) 작용하다
sanitation	위생
ergonomic	인체 공학의
wellness	건강
chronic	만성의, 고질적인
acute	급성의
prescription	처방전, 처방약
prescribe medicine	(의사가) 약을 처방하다
fill the prescription	(약사가 처방전에 따라) 약을 조제해 주다
get a prescription filled	처방전을 조제해 받다
medication	약
take medication	약을 복용하다
tablet	알약(pill)
have a cold	감기 걸리다
cough	기침; 기침을 하다
influenza	독감
sneeze	재채기하다; 재채기
dental	치과의
symptom	증상, 조짐
diagnosis	진단, 진찰
injection	주사
relief	안심; 구호 물자

out of shape	건강이 좋지 않은, 몸매가 망가진
growing concern	증가하는 우려
be concerned about	~에 대해 우려하다
operation	수술, 작동, 작용
surgery	수술
surgical	외과 수술의
diabetes	당뇨병
headache	두통
toothache	치통
stomachache	복통
sore throat	인후염
paralysis	마비
fatigue	피로, 피곤
drowsy	졸리는, 나른한
fever	열, 열기
dietary	음식 섭취의
ointment	(바르는) 연고
dose	1회 복용량; 투약하다
dosage	투약(량), 복용(량)
overdose	과다 복용(하다)
dosage	1회분 복용량
patience	인내심, 참을성
exhale	숨을 내쉬다
inhale	숨을 들이쉬다
respire	숨을 쉬다, 호흡하다(breathe)
respiratory system	호흡기
swell	부풀어 오르다
vomit	토하다
perspire	땀을 흘리다(sweat)
life expectancy	평균 수명
fitness center	헬스클럽
jet lag	시차증
practitioner	개업 의사; 변호사

Chapter 5

특별부록 *

- TOEIC 고득점을 위한
  파트별 필수어휘모음

인물사진 관련 어휘 (인물의 행동과 상태 관련어휘)

raise	올리다(lift)
play music	음악을 연주하다
roll	굴리다, 밀다
cut down	잘라 넘어뜨리다
make copies	복사하다
chop	자르다
face	보다, 향하다
stare at	~을 응시하다
gaze	응시하다
order	주문하다; 주문, 순서
applaud	박수치다, 환호하다
greet	인사하다
gather	모으다, 모이다
bend over	구부리다
prepare	준비하다
wheel	굴리다, 나르다; 바퀴
set up	설치하다
set out	준비하다, 시작하다
drive	운전하다
steer	조정하다, 나아가다
take a walk	산책하다
fold her legs	다리를 꼬다
climb	올라가다(step up)
take care of	돌보다, 손보다
plant	(화초 등을) 심다; 식물, 공장
water the plants	화초에 물을 주다
wash	물로 닦다, 씻다
mop	걸레질하다; 자루걸레
wrap	감싸다, 포장하다
tape	테이프로 붙이다
type up	타이프치다
pave	(도로를) 포장하다
lead to	~로 연결되다, ~로 이어지다
pour some coffee	커피를 따르다
stand next to	~옆에 서있다
be seated	앉아 있다(be sitting)

walk through	~을 통과해 걷다
polish	광내다, 닦다
examine	확인하다, 보다(check)
browse	(인터넷을) 검색하다, 보다(view)
trim	다듬다, 자르다
tidy	청소하다, 치우다
wear a hat	모자를 쓰다
point at	~을 가리키다(point to)
lean against	~에 기대다
line up	줄을 서다(line)
move some files	파일을 옮기다
sweep	쓸다, 빗자루질 하다
fix	고치다, 고정하다
place	놓다
serve	서빙하다
scrub	문질러 닦다
wipe	닦다
carry	운반하다, 나르다
put on	입다, 착용하다
put away	치우다, 옮기다
wait for	기다리다
arrange	정렬하다, 준비하다
knock	노크하다, 두드리다
measure	(길이 따위를) 재다
weigh	무게를 재다
hang	걸다
hand over	건네주다(pass)
hand out	배포하다
hand in	제출하다
park	주차하다; 공원
board	탑승하다; 보드, 판
hammer	망치로 두드리다; 망치
load	짐을 싣다(↔unload)
direct	지시하다, 안내하다
cross	지나다
paint	칠을 하다
stop	멈추다

block	막다, 방해하다
cover	덮다
lay	∼을 내려놓다
display	진열하다
clear	치우다
remove	떼어내다, 제거하다
ride	(자전거 등을) 타다
mow the grass	풀을 베다, 깍다(mow the lawn)
row a boat	노를 젓다
lower	낮추다; 더 낮은(↔higher)
saw	톱질하다
rake	(갈퀴로) 긁어모으다; 갈퀴
rack	거치대, 선반, 대
wheelbarrow	외바퀴 손수레
sidewalk	인도
crop	농작물
ladder	사다리
shelf	선반
horseback	말등
bottle	병
branch	가지; 지사
sewing machine	재봉틀
flight	비행, 비행기
carousel	(공항) 수화물 컨베이어
grass	잔디
glass	유리잔
glasses	안경
railing	계단손잡이, 난간
sign	표지판; 서명하다
crate	박스(box)
cart	(밀고 가는) 카트
mirror	거울
jewelry	보석, 장신구
police officer	경찰
crowd	많은 사람, 군중
choir	합창단
luggage	짐, 수화물(baggage)

garbage	쓰레기(waste)
pot	냄비, 화분
pedestrian	보행자
intersection	교차로
shoulder	어깨
mechanic	수리공, 기술자
equipment	장비, 기계(machinery)
porch	현관 앞 앉을 공간
water fountain	식수대
tablecloth	식탁보
instrument	악기, 도구
audience	청중(spectator)
fuel pump	연료 주입기
counter	카운터, 계산대
materials	재료, 소재(supplies)
dinners	식사하는 사람들
band	악단; 밴드
suit	정장
shade	그늘; 그늘로 가리다
bulletin board	게시판
notice	공고, 게시물
cap	야구 모자
name tag	명찰, 명패
step	계단
oven	오븐
microphone	마이크
goods	물건, 상품
drawer	서랍
handrail	손잡이
leftover	남은 음식; 나머지, 잔여
vacuum	진공, 진공청소기(vacuum cleaner)

풍경사진 관련어휘 (물건 이름과 상태 관련어휘)

leave	남겨 놓다, ~한 상태로 두다
float	(배 등이) 떠 있다
sail	항해하다
tow	견인하다
let off	내려주다
stock	쌓아 올리다(stack)
be covered with	~으로 쌓여있다, 덮여 있다
be made of	~로 만들어지다
be filled with	~으로 가득 차 있다
be full of	~으로 가득 차다
connect	연결하다(link)
occupy	차지하다(take)
board	보드, 판; 판으로 막다
shield	막다, 가리다
into the air	공중으로
shine	광내다(polish)
crash	부서지다
scatter	흩뿌리다, 흩어지다
cast	던지다
in the corner	구석에
next to	~옆에, 근처에(near)
extend	뻗어 있다(run)
position	~에 위치하다(locate)
overlook	내려다보다, 내려다보는 위치에 있다
divide	나누다, 분류하다
sort	분류하다
surround	둘러싸다
a line of~	한 줄의 ~
in a row	한 줄로, 일렬로
into the distance	멀리서
skyscraper	고층빌딩
sheep	양
trail	오솔길, 작은 길
tree trunk	나무 줄기
path	길
unoccupied	(좌석 등이) 비어 있는(not taken)

vacant	비어 있는(empty)
scenic	광경의, 경치가 좋은
harbor	항구
dock	선착장
pier	선착장(port)
runway	활주로
drive way	진입로
ramp	경사대, 경사로
pillow	베개
lamp	등(light)
wire	전선, 케이블(cable)
curb	(차도와 인도의 경계를 이루는) 연석
brick wall	벽돌 담
iron	다리미; 다리미질 하다
label	상표, 라벨; 상표를 붙이다
furniture	가구
utensils	(주방) 도구
cupboard	찬장
tray	쟁반
plate	접시(dish)
saucer	받침 접시, 컵받침
bowl	그릇, 공기
pottery	도자기
vine	넝쿨 나무
lumber	목재
log	통나무
frame	틀, 창틀, 액자
painting	그림
vending machine	자판기
field	들판
pasture	들판, 초원
track	(진행 과정을) 추적하다; 궤도, 운동 트랙
a variety of	다양한(various)
an assortment of	다양한, 분류된
gap	빈 공간, 여유(space)
lot	공터, 공간
parking lot	주차장

cab	택시
vehicle	자동차
steering wheel	운전대
hood	후드, 덮개
trunk	트렁크
pump	펌프; 펌프질하다
driveway	차도, 진입로
rug	양탄자
umbrella	우산, 파라솔
patio	안뜰, 테라스
column	기둥
pole	기둥, 대
base	기반, 주춧돌
box office	매표소
ahead	앞서서
adjacent	가까운
as a group	그룹지어, 그룹으로
arranged	정렬된, 정돈된
in the yard	마당에서
construction site	공사 현장
on the shore	바닷가에
off the shore	해안에
coastal	해안의
lakefront	호숫가
lighthouse	등대
aquarium	수족관
newsstand	신문 가판대
auditorium	강당
narrow	좁은
paper shredder	종이 분쇄기
chart	도표, 차트
cabinet	캐비닛
papers	서류, 논문
folder	서류철
hall	로비, 복도(hallway)
racket	라켓
gloves	장갑

helmet	헬멧
bus stop	버스 정류장
refrigerator	냉장고
air conditioning unit	에어컨 장치
aircraft	항공기
boarding gate	탑승구
ferry	여객선
deck	갑판
vessel	대형 선박
container	컨테이너, 용기
fishing rod	낚싯대
suitcase	여행 가방
brochure	소책자, 브로셔
streetcar	전차
road sign	도로 표지
garage	차고
gym	체육관
entrance	입구
warehouse	창고
in the corner	구석에
projector	프로젝터, 영사기

의문사 의문문관련 주제별어휘(what, where, when, which, who, why, how)

일상 생활 관련어휘

take a taxi	택시를 타다
grab a cab	택시를 잡아타다
visit	방문하다, 들리다
stop by	들리다(drop by)
pick up	가지러 가다, 데리러 가다
unlock	문을 열다(↔lock)
prefer	～을 더 좋아하다
leave	(남겨놓고) 떠나다, 놓다, ～한 상태로 두다
miss	놓치다, 그리워하다
deliver	배달하다, 전달하다
send	보내다
bring	가지고 오다
present	주다; 선물
flavor	맛, 향
revise	수정하다
request	요청하다
call for	요청하다
express mail	특급 우편
take place	일어나다, 발생하다(occur)
excellent idea	멋진 생각, 좋은 생각
come up with	떠올리다, 생각해내다
subscribe	구독하다
subscription	구독
pharmacy	약국
reliable	믿을 만한
airline	항공사
express train	직행 기차
approachable	다가갈 수 있는, 편안한
direction	길안내, 지시사항
directory	전화번호부
lecturer	강연자
speaker	연사
favorite	가장 좋아하는
edition	(간행물의) 판, 본
finish	끝마치다

return	환불하다, 돌려주다
store	가게; 저장하다
purchase	구매하다
renovate	개조하다, 수리하다
take lessons	수업을 듣다
these days	요즈음
be supposed to V	~하기로 되어 있다
rent	임대[임차]하다; 집세, 임대
count	세다, 계산하다
construction	공사
due	기한인, 마감인
deadline	마감일(due date)
remember	기억하다
invoice	송장
courier service	택배 서비스
invitation	초대, 초대장
in person	직접
usually	보통, 일반적으로
by overnight mail	24시간 배송으로
come along	함께 오다, 진행되다
show up	나타나다, 참석하다
be going to V	~할 것이다
departure	출발
recognize	알아보다, 인식하다
make it	해내다, 이뤄내다
fill out the form	양식을 작성하다
sudden	갑작스런
accident	사고
weather	날씨
as soon as possible	가능한 한 빨리
review	검토하다, 논평하다
go over	검토하다
delicious	맛있는
Why don't you~	~하지 그래?

회사, 업무 관련어휘

copy	복사하다; 한 권, 한부
file folder	서류철
turn in	제출하다(submit)
hand in	제출하다
handle	처리하다, 다루다(deal with)
hire	고용하다
be in charge of	~을 책임지다
be responsible for	~을 책임지다
delay	지연시키다
put off	연기하다(postpone)
order	주문; 주문하다
ship	배송하다; 배
shipment	배송(물)
available	시간이 있는, 이용가능한
corporation	기업, 회사
department	부서(division)
payroll office	경리부서(payroll department)
personnel division	인사부서
section	구획, 부분(part)
board	이사회; 탑승하다
board member	이사회 임원
committee	위원회
director	이사, 중역
agenda	안건
agreement	동의, 계약서
itinerary	일정, 시간표(schedule)
designated area	지정된 장소
office equipment	사무기기
machinery	장비, 기계(device)
move	옮기다
remove	치우다, 제거하다
give a presentation	발표하다
speech	발표
transfer	이동하다, 전근시키다
assistant	보조, 비서
strategy	전략, 계획(plan)

training	훈련, 교육
session	시간, 수업
products	상품
performance evaluation	실적 평가
promote	승진시키다, 판촉[홍보]하다
be promoted	승진하다
probably	아마도
manage	관리하다, 가까스로 ~하다
quarterly	분기별의
budget	예산
capital	자금, 자본
financing	자금
profit	수익(성)
lease	임대하다; 임대
apply for	~에 지원하다
applicant	지원자
candidate	지원자, 후보자
vote for	선출하다
elect	선출하다
customer service department	고객서비스 부서
customer survey	고객 설문조사
questionnaire	설문지
expect	예측하다, 예상하다
project	예상하다; 프로젝트
estimate	견적, 추정치; 추정하다
take a lot of time	많은 시간이 걸리다
proposal	제안(서)
contract	계약서(agreement)
stockroom	창고(storage room)
extension	내선번호
commercial	광고
appointment	약속
headquarters	본사
head office	본사
farewell party	환송 파티
wallet	지갑

Yes/No 의문문관련 주제별 어휘

일상 생활 관련어휘

plane	비행기
nonstop flight	직항
bound for	~로 가는, ~행
route	길, 행로
vacation	휴가
go on vacation	휴가를 떠나다
book	예약하다(reserve)
confirm	확인하다(verify)
suggest	제안하다
advise	조언하다
article	(신문 등의) 기사; 물건
turn on	(스위치를) 켜다(↔turn off)
turn up	(소리를) 키우다(↔turn down)
technician	기술자, 수리공(repairperson)
out of order	고장난(out of service)
instruction	지시사항, 안내
exchange	교환하다
change	변경하다
mind	꺼려하다, 싫어하다
forget	잊다
remind	상기시켜 주다
parking fee	주차 요금
fare	요금
airfare	항공 요금
delivery charge	배송비
warranty	보증(서)
guarantee	보증(서); 보증하다, 보장하다
refund	환불하다; 환불
form	양식; 형성하다
application form	지원서
extend	연장하다
wrap	포장하다
pack	짐을 싸다
cloth	천, 헝겊
clothes	옷, 의류(clothing)

receive	받다
receipt	영수증
reception	환영회, 파티
receptionist	접수계원
put through	(전화상에서) 연결하다
be occupied	(좌석, 장소 등을) 차지하다(be taken)
boarding time	탑승 시간
arrive	도착하다
seatbelt	좌석벨트
take some time off	쉬다
crew	승무원
duty-free shop	면세점
cruise	유람 항해
under the weather	(몸이) 아픈(sick, ill)
organize	정리하다, 조직하다
place an order	주문하다
think about	~에 대해 생각하다
decide	결정하다, 결심하다
announce	발표하다
complete	완료하다, 끝마치다
cancel	취소하다
mark	표시하다; 표시
impressive	인상적인
actually	실은, 사실은
appreciate	감사하다
solution	해결책
thirsty	목마른, 갈망하는
boring	지루한
by air	항공편으로
be ready for	~할 준비가 되어있다
be held	개최되다
head to	~로 나아가다
package	소포
hospital	병원
have been to	~에 가본 적이 있다

회사, 업무 관련어휘

maintenance department	시설관리 부서
increase	증가하다
last	지속하다; 지난
production facility	생산 시설
option	선택사항
expense report	비용 보고서
confident	확신하는, 확신에 찬
edit	편집하다
amount	액수, 양
necessary	필요한
enough	충분한
newly	새로이, 새로
offer	제공하다; 제안, 제공
branch office	지점
interest rate	이자율, 금리
profitable	수익성있는
look forward to	~을 고대하다, 기대하다
business trip	출장
crowded	붐비는, 사람이 많은
supervisor	관리자, 상사
position	직책, 자리
successful	성공적인
efficient	효율적인(product)
approximately	대략
demonstrate	증명하다, 설명하다
interview	면접하다, 취재하다; 면접, 취재
work overtime	야근하다
secretary	비서
Not at all.	천만에요.
catalog	카탈로그, 상품 설명서
nearest	가장 가까운
gas station	주유소
give a hand	도와주다(help)
recommend	추천하다
ask for	요청하다(request)
turn down	거절하다; (소리를) 줄이다

reject	거절하다
get to	~에 이르다
correct	수정하다
annual	연례의
conference	회의
invite	초대하다
take long	오래 걸리다
instead of	~대신에
competitor	경쟁사
competitor analysis	경쟁사 분석
launch	출시하다(release)
look over	훑어보다
a couple of	두 개의, 쌍의
laptop	노트북
after all	결국
stay	머무르다, 지속하다
lecture	강의
meet the deadline	마감일을 맞추다
mayor	시장
right away	당장
reception desk	안내 데스크
travel agency	여행사
consultation	상담
convention	박람회, 컨벤션
be delighted to V	~하게 되어서 기쁘다
depend on	~에 달려있다
sales projection	판매 예측
notify	공지하다, 알리다(inform)
relocate	이전하다, 옮기다
confidential	기밀의, 비밀의
figures	수치
instruction manual	사용 설명서
quality control	품질 관리
draft	초안; 계획하다, 작성하다
supplier	공급업체

일상 생활 관련어휘

drop by	방문하다(stop by)
drop off	내려놓다, 맡기다(↔pick up)
make an appointment	약속을 정하다
spacious	넓은(roomy)
space	공간(room)
conditions	상태, 조건
yard work	뜰 작업
gardening	정원일
mow the lawn	잔디를 깎다
landscaping service	조경 서비스
pond	연못
cracked	깨진
missing	없어진
repair	수리하다, 고치다
fix	고치다, 고정하다
flooring	바닥
maintenance	관리, 유지
extra charge	추가 비용
dessert	디저트
selection	선택(choice)
ingredient	(요리의) 재료, 성분
vegetable	야채
cucumber	오이
spinach	시금치
appetizer	전체요리
main dish	주요리(main course)
dressing	소스, 드레싱
slice	얇게 썰다
trim	다듬다
dice	깍뚝 썰다
chop	잘게 썰다
engine parts	엔진 부품
supplier	공급업자
restricted	제한된(restrained)
ticket outlet	매표소(box office)
performance	공연

theater	극장
stage	무대
exhibition	전시(회)
exhibit	전시하다; 전시물
latest work	최신 작품
sculpture	조각
painting	그림, 그리기
fascinating	매혹적인
deal with	다루다, 처리하다(take care of)
bother	불편하게 하다
meet	만나다, 만족시키다
evaluation	평가(review)
critic	비평가
vacation spot	휴가 장소
vacation package	휴가 패키지
alternative	대안; 대안적인(different)
step	관계, 조치
take a step	조치를 취하다
play a role	역할을 하다
incorrect	잘못된(wrong)
security deposit	예치금
senior citizen	노인
spill	(음식을) 흘리다
stain	얼룩(spot)
drycleaner	세탁소(drycleaner's)
service charge	봉사료
cheaper	더 저렴한, 더 싼
safer	더 안전한
more popular	보다 인기있는
work out	운동하다(exercise)
defective	불량의, 고장난(broken)
damaged	파손된
ache	통증(pain)
conduct	행하다, 수행하다
conductor	지휘자

쇼핑, 상점 관련어휘

gift shop	선물 가게
shopper	쇼핑객
client	손님
patron	단골 손님
patronize	~을 단골로 삼다, ~와 거래하다
window-shopping	아이 쇼핑
perfume	향수
souvenir	기념품
ask for	요청하다(request)
first volume	제 1권
volume	(책의) 판, (소리의) 크기, 대용량
edition	판
limited edition	한정판
addition	추가, 추가물
order	주문하다; 주문품
deliver	배송하다(ship)
status	상태(state)
return	반품하다
warehouse	창고
stockroom	창고
out of stock	재고가 없는
out of inventory	재고가 없는
buyer	바이어, 구매 업체
make a presentation	발표하다
exchange	교환; 교환하다
replace	바꾸다, 교체하다
refund	환불; 환불하다
latest promotion	최신 판촉상품
special offer	특별 판촉, 특별 제공품
store personnel	점원
store credit	가게 적립금
be charged	부과되다
price tag	가격표
duty-free	관세가 없는, 면세의
electronic appliance	전자 제품, 가전 제품
the clearance sale	재고 정리 판매

50% off	50퍼센트 할인
for sale	판매용의
on sale	할인의
discounted rate	할인율
additional discount	추가 할인
cash payment	현금 결제
promotional offers	판촉 상품
credit voucher	상품 교환권
menswear department	남성복 코너
clerk	점원
store personnel	상점 직원(sales clerks)
customer satisfaction	고객 만족
customer service representative	고객 서비스 담당직원
price quote	가격 견적
retail stores	소매 상점
in monthly installments	매달 할부로
gift vouchers	상품권
franchise	가맹 사업
advertisement	광고
TV commercial	TV광고
grocery store	식료품 가게
include	포함하다
outlet	판매 대리점
sales tax	판매세
go shopping	쇼핑가다
discount coupon	할인 쿠폰
at the moment	지금, 현재
at no cost	무료로
procedure	절차, 방법
process	절차, 과정
improve	향상시키다
shopping district	쇼핑 지역

여행, 교통 관련어휘

public transportation	대중 교통
airline	항공사
airfare	항공 요금
passenger	승객
flight	비행(기), 항공(편)
nonstop flight	직항편 비행기(direct flight)
connecting flight	연결편 비행기
boarding time	탑승 시간
boarding gate	탑승구
boarding pass	탑승권
be delayed	지연되다
unfavorable weather	악천후(bad weather)
rainstorm	폭풍우
heavy rain	폭우
snowfall	강설
check in	(탑승) 수속을 하다, 체크인 하다
belongings	소지품
overhead compartment	머리 위의 짐칸
fasten seatbelt	안전벨트를 매다
customs	세관
clear customs	세관을 통과하다
notify customs officials	세관 직원들에게 신고하다
declaration form	세관 신고서
baggage claim	(공항) 수화물 찾는 곳
carousel	(공항) 수화물 컨베이어
give a ride	태워다 주다(give a lift)
attract	끌다, 유인하다
tourist attraction	관광 명소
historic sites	역사적인 장소, 사적
architecture	건축물
landmark	유명한 건물, 유명한 장소
explore	구경하다, 탐험하다
browse	구경하다(look around)
subway	지하철
take the train	기차를 타다
miss the train	기차를 놓치다

express train	직행 기차
platform	플랫폼
traffic report	교통 정보
traffic jam	교통 정체
heavy traffic	교통 혼잡
traffic congestion	교통 체증
vehicle	차량
compact car	소형차
fuel-efficient	연비가 좋은
convenient	편리한
steering wheel	핸들
gas station	주유소
stop for fuel	주유소에 들르다
have a flat tire	타이어에 바람이 빠지다
pull into	(배가 항구에) 서다
voucher	상품권, 쿠폰(coupon)
drink voucher	음료권
meal voucher	식사권
section	구획, 부분(part)
division	부분
compartment	구획, 칸막이
briefcase	서류 가방
misplace	잘못 놓다, 잊어버리다
regional	지역의
avenue	(거리 명칭으로) ~가
intersection	교차로
driveway	차도
road construction	도로 공사
ongoing	진행 중인
exotic	이국적인, 외래의
consumption	소비
Celsius	(온도가) 섭씨의(centigrade)
Fahrenheit	(온도가) 화씨의

회사, 사무 관련어휘

corporate office	회사 사무실
office supplies	사무용품
office equipment	사무기기
printer	프린터
copy machine	복사기
photocopier	복사기
make a copy	복사하다
printing papers	인쇄 용지
out of paper	종이가 다 떨어진
fax	팩스; 팩스를 보내다
file folder	서류철
file drawer	서류 서랍
bookshelf	책꽂이
envelope	봉투
document	서류, 문서; 기록하다
record	기록하다
record time	시간을 기록하다
time sheet	근무시간 기록표
time card	근무시간 기록카드
break the record	기록을 깨다
stationery	문구류
invoice	송장
retail sales figures	소매 매출액
examine	자세히 확인하다(inspect)
look over	조사하다
go over	검토하다(review)
renew	갱신하다
expire	만기되다
be over	끝나다
overall	전반적인, 총체적인
generally	일반적으로(in general)
specifically	세부적으로
in details	세부적으로(in specific)
point at	~을 가리키다
point out	~을 지적하다
topic	주제(subject)

main entrance	정문, 주 출입구
service entrance	배달용 출입구
delivery	배송(shipment)
parcel	소포(package)
make a call	전화를 걸다
directory	전화번호부, 주소록
co-worker	동료, 협력자
register	등록하다(for)
workshop	연수, 워크숍
training session	교육 훈련
training course	훈련 코스, 연수 코스
contents	내용
main feature	주요 특징
informative	유익한
leaflet	전단지(flyer)
brochure	브로셔, 소책자(booklet)
editor	편집자
publisher	출판업자
misprint	잘못 인쇄하다
issue	발급하다, 발행하다
refreshments	다과
banquet	연회
catering	출장 요리
caterer	출장 요리사
food supplier	음식 제공 업체
sanitation	위생
permit	허가증; 허가하다
safety regulation	안전 규정
security system	보안 시스템
vice president	부사장
extend deadline	마감일을 연장하다
job opening	공석, 빈자리
available position	남아 있는 직책
apply for	~에 지원하다
application	지원, 지원서
resume	이력서
qualifications	자격요건

requirements	요구사항
experience	경력
degree	학위
recommendation	추천서
reference letter	참조 편지
accept	받아들이다(↔reject)
refuse	거절하다(↔turn down)
benefits package	복리 후생 제도
employment benefits	직원 혜택
national pension plan	국민 연금
payroll department	경리부서(payroll office)
production facility	생산 시설
manufacturing facility	제조 시설
construction site	공사 현장
site manager	현장 매니저
shift	교대 근무; 근무조
night shift	밤 근무조(↔day shift)
layout	설계, 지면 배치
blueprint	청사진
contractor	계약자, 하청업자
calculate	계산하다
finance	재정; 자금을 조달하다
fund	자금; 자금을 공급하다
spend	소비하다, 쓰다
surplus	초과, 과잉(excess)
excessive	과도한(↔lack)
excessive stock	과도한 재고
reasonable	합리적인, 합당한
shortage	부족
deficient	부족한
deficit	적자, 부족액
open position	(일자리) 공석
outcome	결과
be reluctant to V	~하기를 꺼리다, ~을 주저하다
insightful	통찰력있는
stress the importance	중요성을 강조하다
think over	심사숙고하다

get a ticket	(교통법규 위반 등) 딱지를 떼다
so far	지금까지
oversized	특대의
be in business	사업에 종사하다, 장사하다
electricity bill	전기요금 고지서
take care of	~을 처리하다, ~을 해결하다
make sure to V	확실히 ~하다
stock shortage	재고 부족
spirit	활기
defeat	패배시키다(beat)
judge	판단하다
the rest of	~의 나머지
tow truck	견인차
gadget	장치
lately	최근에
superb	최고의, 훌륭한
steep	가파른
cater to someone	~의 구미에 맞추다
beforehand	미리
get in touch with	~와 연락하다
value	~을 소중히 여기다; 가치
coordinator	조정자, 진행자
toxic	유독성의
harmful	유해한, 해로운
separate	개별적인, 독립된; 분리시키다
throw away	~을 버리다
component	구성 요소, 성분, 부품
freeze	얼다, (시스템이) 정지하다
take off	떠나다, (비행기가) 이륙하다
dispatch	급파하다, 신속히 처리하다
domestic	국내의
be aware that	~라는 것을 알아채다, 깨닫다
delivery	배달(물)
checking account	당좌 예금 계좌
get along with	~와 사이좋게 지내다
infer	추론하다
mostly	대게

뉴스, 광고 관련어휘

news report	뉴스
weather forecast	날씨 예보
inclement weather	궂은 날씨
humid weather	습한 날씨
stay tuned	채널을 고정하다
traffic report	교통 정보, 교통 뉴스
major traffic delay	심각한 교통 체증
avoid traffic congestion	교통 체증을 피하다
alternate route	우회 도로(different road)
bus fares	버스 요금
M&A(Mergers and Acquisitions)	기업 인수 합병
official arrangement	공식적인 합의
take over	떠맡다, 인수하다
acquire	인수하다
purchase	구매하다
business deal	사업상의 거래
dealership	영업점, 판매점
principal objective	주된 목적
reliable	신뢰할만한
reliability	신뢰성
suitable	적합한(proper)
gather	모이다, 모으다
get together	모이다(assemble)
collaborate	협력하다, 협동하다
prior to	~이전에
adjacent to	~ 근처에
commercial	광고(advertisement)
advertising campaign	광고 캠페인
advertising agency	광고 대행사
television commercial	TV 광고
insurance	보험
features	특징
affordable	합리적인(reasonable)
price reduction	가격 할인
warranty	보증(서)
continue	계속하다, 지속하다(last)

life-time	평생
meet consumer needs	소비자의 욕구를 만족시키다
device	장치
gardening tool	원예 도구
hardware shop	철물점
perspective	관점
opinion	의견
reach a conclusion	결론에 이르다
regular	일반적인
personal items	개인 물품
concern	걱정(worry)
be concerned about	~에 대해 걱정하다
real estate	부동산
landlord	집주인
tenant	세입자
lease	임대[임차]하다; 임대 계약서
rent	임대[임차]하다; 임대료
agree	찬성하다, 동의하다
disagree	반대하다
object to	~에 반대하다
opponent	반대자
proponent	찬성자(supporter)
in advance	미리
emergent	급한
emergency	긴급(한 일), 비상사태
innovative	혁신적인
customized	맞춤의(tailored)
custom-made	주문 제작의
currently	현재에
previously	전에

회사, 사무 관련어휘

position	직책
accounting	회계(과)
head office	본사(headquarters)
department head	부서장
representative	담당자
answer the phone	전화를 받다
call back	회신 전화하다
engineering team	기술팀
survey	설문조사
questionnaire	설문지
reflect	반영하다
positive	긍정적인
negative	부정적인
feedback	피드백, 의견(opinion)
compare	비교하다
catch up with	~을 따라잡다
rival firm	경쟁사
competitor	경쟁사
competitive	경쟁력이 있는
release	출시하다(launch)
run a campaign	캠페인을 벌이다
appeal	호소; 호소하다(to)
appear	나타나다(show up)
appealing	호소하는, 매력적인
submit a proposal	제안서를 제출하다
come up with	떠오르다, 생각해내다
anticipate	예측하다
project	예측하다(expect); 프로젝트
sales projection	판매 예측
assignment	과제, 임무(task)
sales goal	판매 목표
boost sales	판매를 증가시키다
latest equipment	최신 장비
supply	공급하다; 공급
supply and demand	수요와 공급
run a meeting	회의를 진행하다

production capacity	생산력
market share	시장 점유율
monthly report	월간 보고서
quarterly	분기, 분기별의
annually	연간의
on schedule	예정대로
lunch break	점심식사 시간
safety guidelines	안전 기준, 안전 지침
company regulations	회사 규정
summarize	요약하다
summary	요약서
paperwork	서류 작업
diagram	도표
create a chart of	~에 대한 도표를 만들다
travel expenses	여행 경비
at once	즉시; 동시에
right away	당장
as usual	평소대로
in process	진행 중인
obviously	명백하게
research project	연구 프로젝트
develop	개발하다
collaborate	협력하다, 협동하다
durability test	내구성 테스트
reference material	참고 자료
promotional materials	홍보 자료
influence	영향; 영향을 주다
be in charge of	~을 담당하다, 책임지다
be responsible for	~을 책임지다
inquire about	~에 대해 묻다
give A a call	A에게 전화하다
be on another call	다른 전화를 받고 있다
call in sick	전화로 병결을 알리다
expansion plan	확장 계획

행사, 회의 관련어휘

special event	특별 행사
company-sponsored	회사가 후원하는
anniversary celebration	기념일 축하 행사
be held	개최되다
take place	개최되다
retirement party	은퇴 기념 파티
farewell party	송별회
promotion	승진
congratulate	축하하다
graduation ceremony	졸업식
awards ceremony	시상식
recipient	수상자
reception	환영회, 접수처
enroll	등록하다(register)
sign up for	~에 등록하다, 신청하다
participate in	~에 참석하다
participant	참석자
be eligible for	~에 적합하다, ~할 자격이 있다
be suitable for	~에 적합하다
proper	적당한, 적합한(appropriate)
award-winning	상을 수상한
guest speaker	초청연사
visiting speaker	객원 연사
keynote address	기조 연설
realize	알아채다(notice)
notify	알리다, 공지하다(inform)
give a presentation	발표를 하다
make an announcement	발표하다
pay attention to	~에 주목하다
take notes	기록하다
impressive	인상적인
informative	유익한
useful	유용한
helpful	도움이 되는
in the near future	가까운 미래에
beverage	음료(drink)

alumni association	동창회
academic institution	교육 기관
charitable organization	자선 단체
impressive	인상적인
inspiring	고무적인
enlarge	~을 크게 하다, 확장하다(expand)
fundraising	모금 활동
contribution	기부, 공헌
donation	기부
unique	독특한, 특별한(unusual)
renowned	유명한, 저명한
well-known	유명한(famous)
expert	전문가(professional)
be ready to V	~할 준비가 되다
Help yourself to some refreshments.	간식을 가져다 드세요.
regional offices	지역 사무소
answer the question	질문에 답하다
hold back questions	질문을 자제하다
interruption	중단, 방해
handout	(나눠주는) 프린트물(printout)
hand out	나눠주다, 배포하다(distribute)
demonstration	시연
authority	권한, 당국; 권위자
deserve	~할 자격이 있다, ~받을 자격이 되다
business function	비즈니스 행사[연회]
invitation	초대
film festival	영화제
recreational activity	오락 활동
memorial	기념물; 기념의
memorial service	기념식, 추도식
gradual	점차적인
steadily	꾸준히
take a seat	자리에 앉다
result in	~으로 끝나다
attribute A to B	A를 B탓으로 돌리다
be interested in	~에 관심을 가지다
get a chance toV	~할 기회를 가지다

be related to	~와 관련이 있다
be aware that	~을 알고 있다
upon receipt	수령하는 대로
be impressed with	~에 감명을 받다
be equipped with	~을 갖추고 있다
discount on	~에 대한 할인
at a discount	할인해서
as to	~에 대한
find out	~알아내다, 깨닫다, 발견하다
go into effect	실시되다, 효과를 발휘하다
in addition	더군다나, 게다가
in addition to	~에 더하여
human resources department	인사 부서(HR dept.)
personnel department	인사 부서
take place	발생하다, 일어나다(occur)
from now on	지금부터는
in case of	~의 경우에
as of	~부로
be satisfied with	~에 만족하다
at the moment	현재
so that~	~하기 위해서
be invited to	~에 초청되다
be invited toV	~할 것을 권유받다
be reliant on	~에 의존하다
sort out	~을 분류하다
have difficulty in	~에 어려움을 겪다
come to an agreement	합의에 도달하다
come to a conclusion	결론에 이르다

파트별 숙어정리
(part 1 ~ part 7)

shake hands	악수하다
take a photograph	사진을 찍다
pick up	집어 올리다
be lined up	늘어서 있다, 줄 서 있다
in a row	일렬로
in line	줄 서서
along the street	길을 따라
in front of	~앞에
next to	~옆에
against the wall	벽에 기대어
lean against	~에 기대다
a pile of hay	건초더미
in a pile	수북이, 더미로
pile up	~을 쌓다
a piece of furniture	가구 한 점
a stack of books	책더미
stack up	~을 쌓다
be stocked on	~에 채워져 있다
under construction	공사 중인
put on	(옷, 모자 등을) 입다, 쓰다
try on	~을 입어보다
take off	(옷, 모자 등을) 벗다
be full of	~으로 가득 차다
be filled with	~으로 가득 차 있다
be crowded with	~으로 붐비다
side by side	나란히
stare at	~을 바라보다, 응시하다
lock up	잠그다(↔unlock)
turn on	(TV 등을) 켜다
turn off	~을 끄다
look over	검토하다(go over)
pick out	고르다, 분간하다
talk on the phone	전화로 이야기하다
pull into	(배, 열차가) 서다, 들어오다
set up	준비하다, 시작하다
set the table	식탁을 차리다
make the bed	잠자리를 준비하다

on top of	~위에
get on	(차, 기차 등에) 타다
get off	~에서 내리다
put away	~을 치우다, 버리다
strow away	~을 내던지다, 버리다
go downstairs	아래층으로 내려가다(↔go upstairs)
walk around	산책하다
head toward	~쪽으로 향하다
ride to	(탈것을 타고) ~쪽으로 향하다
have a conversation	대화를 나누다
take one's place	자리를 차지하다
take one's seat	좌석에 앉다
fall over	넘어지다
sort out	분류하다
concentrate on	~에 집중하다(focus on)
climb up	오르다, 올라가다
speak to one another	서로 이야기하다

be supposed to V	~하기로 되어 있다
be able to V	~할 수 있다
go out for	~하러 나가다
go back to	~로 돌아가다
take a break	잠깐 쉬다
plan to V	~할 계획이다
Would you like toV~ ?	~하고 싶으세요?
prefer to V	하는 것을 더 좋아하다
give a hand	~을 도와주다
by hand	직접, 손수
call in sick	전화로 병결을 알리다
manage to V	~을 해내다
be ready to V	할 준비가 되어있다
be seated	자리에 앉다
office supplies	사무 용품
move into	~로 이사하다
be from	~출신이다
belong to	~에 속하다
for sure	분명히
in fact	사실상
make a copy	복사하다
break down	고장나다
instead of	~대신에
feel free to V	주저말고 ~하다, 얼마든지 ~하다
print out	출력하다
hand out	나눠주다, 분배하다
have one's hair cut	머리카락을 자르다
in particular	특히(particularly)
at the latest	늦어도
at the earliest	빨라도
at least	최소
be busy ~ing	~하느라 바쁘다
pay in cash	현금으로 지불하다
leave a message	메시지를 남기다
call back	다시 전화하다
direct one's call	전화를 돌려주다
return one's call	~에게 답신 전화를 하다

take a message	메시지를 받아 적다
make an appointment	약속을 정하다
make an arrangement	계획하다, 준비하다
construction site	공사 현장
behind schedule	일정보다 늦은
not ~at all	전혀 ~않다
be in charge of	~을 책임지다
be responsible for	~을 책임지다
raise money	돈을 모으다, 모금하다
look after	~을 보살피다
by credit card	신용 카드로
by check	수표로
go forward	앞으로 나아가다
go on vacation	휴가를 떠나다
out of the office	사무실에 없는
get in touch with	~와 연락을 취하다(contact)
headquarters	본사
head office	본사(main office)
branch office	지점, 지사(branch)
fill the position	공석을 채우다, 채용하다
take over	떠맡다, 인수하다(fill in for)
direct flight	직항편(non-stop flight)
connecting flight	연결편 비행기
as soon as possible	가능한 빨리(ASAP)
be interested in	~에 흥미[관심]이 있다
How about~ ?	~하는게 어때요?

have difficulty (in) ~ing	~하는데 어려움을 겪다
deal with	다루다, 처리하다
take care of	다루다, 처리하다(handle)
keep up with	(뒤쳐지지 않고) 따라잡다
lay off	~을 해고하다
participate in	~에 참여하다
job opening	공석, 일자리
business card	명함
out of order	고장난
look forward to ~ing	~을 고대하다, 기다리다
annual report	연례 보고서
expense report	지출 보고서
at all times	항상
at the most	많아야, 기껏해야
at an affordable price	저렴한 가격에
awards ceremony	시상식
get to	~에 이르다, 도착하다(reach)
be out of	~이 바닥나다, 떨어지다
be sold out	매진되다
be willing to V	기꺼이 ~하다
bring in	~을 가져오다
bulletin board	게시판
check in	체크인하다, 숙박수속을 하다
contribute to	~에 기여하다, 기부하다
come up with	~을 생각해내다, 떠오르다
remind A of B	A에게 B를 생각나게 하다
enroll in	~에 등록하다
sign up for	~에 등록하다
register for	~에 등록하다
registration desk	등록 창구
connect A to B	A를 B에게 (전화)연결시켜주다
do his best	그의 최선을 다하다(do his utmost)
draw up	작성하다
drop off	내려놓다, 맡기다
stop by	잠시 들리다
extra charge	추가 요금
in a good mood	기분이 좋은

instruction manual	사용 설명서
interest rate	이자율, 금리
get off the phone	전화 통화를 끝내다
be short of	~이 부족하다(run low)
run short	부족해지다, 떨어지다
as soon as	~하자마자
as well	게다가, 역시
give a discount	할인하다
give a presentation	발표하다
go over	검토하다
look over	~을 조사하다, 훑어보다
have A in stock	A의 재고가 있다
in consideration of	~을 고려하여
search for	~을 찾다(look for)
on one's way to	~로 가는 길에
on sale	판매 중인
open an account	계좌를 열다
out of town	시내에 없는, 출장 중인
pay for the purchase	물건값을 치르다
put together	모으다, 종합하다
retirement party	은퇴 기념 파티
right away	지금 바로
agree on	(상대의 의견에) 동의하다
along with	~와 함께, ~에 따라
see a doctor	의사의 진료를 받다
seem to V	~인 것 같다
turn out	~으로 판명되다
set up	세우다, 시작하다
set up a business	사업을 시작하다
stand up for	~을 지지하다(support)
take a class	수업을 듣다
take some time off	잠시 쉬다, 휴식을 취하다
work on	~을 수행하다

ask for	~을 요청하다
be held	개최되다, 열리다
at the same time	동시에
for a long time	오랫동안
count on	~에 의지하다, 기대다
lead to	~에 이르다
proceed to	~에 이르다, ~로 나아가다
on a business trip	출장 중인
most of all	무엇보다도
tune in	주파수를 맞추다
job description	직무 내용
take responsibility for	~의 책임을 지다
meet requirements	요구사항을 만족시키다
from time to time	때때로, 이따금(occasionally)
for rent	임대용의
for business use	업무용의
make a suggestion	제안하다
make a mistake	실수하다
make a revision	수정하다
make a reservation	예약하다(reserve)
make an announcement	발표하다
make an inquiry	질문하다
cope with	~에 대처하다
come with	~이 딸려 나오다
add up	합하다
ahead of	~보다 앞서, ~의 앞에
go ahead	먼저 가다, 진행하다
give a speech	연설하다
the board of directors	이사회
storage capacity	저장 용량
expand the capacity	용량을 늘리다
develop a picture	사진을 현상하다
as a result of	~의 결과로서
catch a cold	감기에 걸리다
in time	제시간에
on time	정각에
at any time	언제라도

hand in	~을 제출하다(submit)
refer to	~을 참조하다
take a tour of	~을 견학하다
be made of	~로 만들어지다
place an emphasis on	~을 강조하다
give directions	길을 알려주다, 지시하다
give a lift	(차 등으로) 태워다주다
give a right	(차 등으로) 태워다주다
get exercise	운동하다(work out)
pass out	~을 나눠주다
hand over	~을 건네주다
give away	(공짜로) 나눠주다
apologize for	~에 대해 사과하다
come close to	~에 가깝다, ~에 육박하다
worth + 비용	~의 가치가 있는
on a regular basis	정기적으로
shut down	문을 닫다
at short notice	충분한 예고 없이, 급히
give an example	예를 들다
make a phone call	전화를 걸다
inform A of B	A에게 B를 알리다
notify A of B	A에게 B를 알리다, 통지하다
arrive late at work	늦게 출근하다

be satisfied with	~에 만족하다
except for	~을 제외하고
object to	~에 반대하다(oppose)
in advance	미리, 사전에
in order to V	~하기 위해서
take place	발생하다, 일어나다
respond to	~에 반응하다, 응답하다(answer)
in addition to	~에 덧붙여서, ~에 추가하여
depend on	~에 달려있다, 의지하다(count on)
compensate A for B	A에게 B를 보상하다
application form	신청서, 지원서
by oneself	혼자서, 혼자 힘으로
sales representative	영업 사원, 영업 담당자
meet the deadline	마감일을 맞추다
free of charge	무료로, 공짜로
guided tour	안내원이 동반되는 여행
in case of	~의 경우에는(in the event of)
in case of emergency	비상시에는
make a deposit	입금하다, 보증금을 치르다
apply for	~을 지원하다, 신청하다
apply to	~에 적용되다
job seeker	구직자
temporary personnel	임시 직원
full-time workers	정규직 근로자
be qualified for	~을 위한 자격을 갖추다
be subject to	~되기 쉽다
put A in order	A를 (순서대로) 정돈하다
flight to	~행 항공편
bound for	(기차, 배가) ~행인
result in +결과	~로 끝나다
result from +원인	~에서 생겨나다, 유래하다
be liable for	~에 대한 책임이 있다
be liable to V	~하기 쉽다(be likely toV)
have an effect on	~에 영향을 미치다
come into effect	발효되다, 실시되다
in effect	(법률 등이) 효력있는, 실시된
secondary effect	부수적 효과

impose A on B	A를 B에 부과하다
no later than	늦어도 ~까지
assembly plant	조립공장
on duty	근무 중인
play a role	역할을 하다
observe expiration date	만기일은 준수하다
when it comes to	~에 관해서는
under warranty	(상품 등이) 보증기간 중인
issue a parking ticket	주차 위반 딱지를 발급하다
specialize in	~을 전문으로 하다, ~을 전공하다
lower the price	가격을 낮추다
dispose of	~을 처분하다, 처리하다
separate A from B	A와 B를 분리하다
compare A with B	A와 B를 비교하다
compared to	~와 비교해서
clearance sale	재고 정리 판매
be exposed to	~에 노출되다
exposure to	~에 대한 노출
photo identification	사진이 있는 신분증
pick up passengers	승객을 태우다
reception desk	접수처
remain the same	동일한 상태를 유지하다
seek to V	~하려고 노력하다
be surrounded by	~에 둘러싸이다
as directed	지시대로
in light of	~을 고려하여
in compliance with	~을 준수하여
time-consuming	시간이 많이 걸리는
be concerned with	~와 관계가 있다
divide A into B	A를 B로 나누다
get through	~을 무사히 마치다, 합격하다

a variety of	다양한(various)
a series of	일련의
focus on	~에 집중하다
employment agency	직업 소개소
make sense	이치에 맞다
bachelor's degree	학사 학위
master's degree	석사 학위
doctor's degree	박사 학위
last until	~까지 지속되다
meet the needs of	~의 요구에 맞추다
be designed to V	~하도록 고안되다
be required to V	~해야 하다
be admitted to	~에 입장이 허용되다
be advised to V	~할 것을 권유받다
carry out	수행하다, 실행하다
be entitled to+명사	~에 대한 자격이 주어지다
be entitled toV	~할 자격이 주어지다
be associated with	~와 관련되다
in association with	~와 제휴하여
be commensurate with	~에 비례하다
unless otherwise indicated	달리 명시되어 있지 않는 한
take part in	~에 참여하다(participate in)
be familiar with	~에 익숙하다, 잘 알다
attribute A to B	A를 B 덕분으로 돌리다
dedicated employee	헌신적인 직원
in response to	~에 대한 응답[대응]으로
a full refund	전액 환불
valid receipts	유효한 영수증
be capable of ~ing	~을 할 수 있다, ~할 능력이 있다
office efficiency	사무 효율성
finished product	완제품
safety precautions	안전 예방 조치
vulnerable to	~에 취약한
research on	~에 대한 연구
prevent A from ~ing	A가 ~하는 것을 막다
be superior to	~보다 우수하다
food processing	식품 가공

under development	개발 중인
take ~ for granted	~을 당연하게 여기다
be critical of	~에 대해 비판적이다
protective gear	보호 장비
file a complaint with	~에 불만을 제기하다
be compatible with	~와 호환되다
cause malfunction	고장을 일으키다
be committed to	~에 전념하다
be thrilled toV	~하게 되어 흥분되다
for free	무료로
notification of	~에 관한 통지
replace A with B	A를 B로 교체하다
substitute B for A	A를 B로 교체하다
pay off	빚을 다 갚다, 완불하다
a wide range of	폭넓은
range A from B	A부터 B까지 이르다
under the supervision of	~의 감독 하에
complimentary beverage	무료 음료수
culminate in	결국 ~이 되다
graduate from	~을 졸업하다
in bulk	대량으로
keep track of	~을 계속 파악하다, 알고 있다
be stocked with	~을 가지고 있다
in an effort to V	~하려는 노력으로
go on sale	판매되기 시작하다, 시판되다
en route	도중에(on the way)

consist of	~로 구성되다
be composed of	~로 구성되다
due to	~때문에
prior to	~에 앞서, ~의 이전에
in person	직접, 몸소
out of stock	재고가 없는
be in business	영업 중이다
keep ~ in mind	~을 유념하다
for instance	예를 들어
written authorization	서면 결재
written consent	서면 동의
point out	~을 지적하다
take advantage of	~을 이용하다
leave for	~를 향해 출발하다
get away	떠나다, 출발하다
preferred customers	우수 고객
lost luggage	분실된 짐
make public	공표하다, 알리다
in honor of	~을 기념하여, ~에게 경의를 표하여
file out	작성하다
draw up	작성하다, (계획을) 입안하다
security deposit	보증금
be involved in	~에 관여하다
be included in	~에 포함되어 있다, 연루되어 있다
for your convenience	귀하의 편의를 위해
give a demonstration of	~을 보여주다, ~을 실연해 보이다
special offer	특별 할인
go out of business	폐업하다
do business with	~와 거래하다
cover letter	자기소개서
correspond with	~와 일치하다
take effect	효력을 발휘하다
provide A with B	A에게 B를 제공하다
in regard to	~에 관해서
in common	공통으로
subscribe to	~을 구독하다
in terms of	~의 면에서, ~의 점에서 보면

in return	답례로
dispute over	~에 관한 분쟁
a wide selection of	다양하게 정선된
press release	보도 자료
in accordance with	~에 따라, ~대로
go through customs	세관을 통과하다
customs clearance	통관 수속
pride oneself on	~에 자부심을 갖다, 자랑하다(boast)
walking distance	걸어서 갈 수 있는 거리
in general	일반적으로(on average)
cooperate with	~와 협력하다
in cooperaton with	~와 협력하여
adjacent to	~에 인접한
in the proximity of	~의 부근에
baggage claim	(공항의) 수화물 찾는 곳
aimed at	~을 겨냥한, ~을 목표로 한
aside from	~을 제외하고, ~에 더하여
to one's satisfaction	~가 만족스럽게도
baggage allowance	수화물 허용치
assure A of B	A에게 B를 보장하다
come to an agreement	합의에 도달하다
proceed with	~을 계속하다
successful candidate	합격자
take A seriously	A를 진지하게 받아들이다
be subject to change	변하기 쉽다
with caution	조심하여, 신중히(with care)
at your earliest convenience	형편 닿는 대로 빨리
be placed on	~에 놓여 있다
sponsored by	~의 후원을 받은
unconditionally	무조건적으로
symposium	심포지엄, 토론회
a pile of documents	문서 한 더미
a large attendance	많은 참석자들
in a group	단체로, 무리 지어
make a speech	연설하다(give a speech, deliver a speech)
take notes	필기하다, 메모하다
turn a page	페이지를 넘기다, 책장을 넘기다

be due on	~까지이다
make it to 장소	~에 참석하다, 도착하다
sign up for	~을 신청하다, 등록하다(register for)
be suspended	~에 걸려있다, 매달려 있다
seating place	좌석
take a seat	자리에 앉다
banquet hall	연회장
amusement park	놀이 공원
wait in line	줄을 서서 기다리다
head for	~로 향하다
noted	유명한, 잘 알려져 있는
possession	소지(품), 소유물
recreational facilities	오락 시설
in an oderly manner	질서 정연하게
go a film	영화 보러가다
take a break	잠깐 휴식을 취하다
invitation	초대
resort	리조트
take a great pleasure	큰 즐거움을 찾다
wait in line	줄을 서서 기다리다
outdoor activity	야외 활동
excursion	소풍
make a meeting	회의하다
guest speaker	초청연사
convention	회의
conflict of interest	이해 관계의 충돌
put in an offer	제안하다
smoking section	흡연 구역

문제 해석과 정답

어휘 사람+be available 만날 수 있다, 시간이 있다 / throughout the day 하루 종일 / guest 손님 / convenience 편의, 편리

해석 고객의 편의를 위해 식당매니저를 하루 종일 프런트 데스크에서 만날 수 있습니다.

정답 (D)

어휘 express bus 고속 버스 / upcoming 다가오는, 곧 있을 / sporting event 스포츠 행사 / result from ~때문에 생겨나다 / depend on ~에 달려있다 / responsible for ~에 책임있는 / mainly 주로

해석 고속 버스 운행일정은 곧 있을 스포츠 행사에 따라서 달라질 수 있습니다.

정답 (B)

어휘 board of directors 이사회 / choose 선택하다, 고르다 / proposal 제안(서) / submit 제출하다 / administrative 행정상의, 관리의 / pick 뽑다 / decide toV ~하기로 결정하다　apply 지원하다 / conduct 수행하다(carry out)

해석 이사회는 행정 직원들에 의해 제출된 제안서를 선택하기로 결정했다.

정답 (B)

어휘 concerning ~과 관련하여 / feel free to V 자유롭게 ~하다 / at anytime 언제라도 / decide 결정[결심]하다 / contact 연락, 접촉; 연락하다 / attend 참석하다, 주의하다 / cause 발생시키다, 야기하다

해석 교육과정과 관련하여 질문이 있으면 언제든지 주저말고 연락해주세요.

정답 (B)

어휘 essential 필수적인 / it is essential that~ ~이하는 필수적이다 / new employees 신입사원 (=recruits) / sales department 영업 부서 / staff orientation 직원 오리엔테이션 / arrive 도착하다(at) / disappoint 실망시키다 / attend 참석하다; 주의하다/　belong 속하다(to)

해석 영업 부서에 있는 모든 신입 직원들은 다음 주 직원 오리엔테이션에 꼭 참석해야 합니다.

정답 (C)

어휘 employment 고용(↔unemployment 실업) / contract 계약 / take effect 발효하다, 효력을 나타내다 / as of ~부로 / affect ~에 영향을 끼치다 / effectively 효과적으로 / effect 영향, 효과 / effective 효과적인, 유효한

해석 새로운 고용 계약은 CEO가 서명하면 1월 20일부로 효력을 나타낼 것입니다.

정답 (C)

어휘 financial 금전상의, 재정의 / problem 문제 / encounter 직면하다(face) / manage to V 가까스로 ~하다, 그럭저럭 ~하다 / assigned 배정된 / although ~에도 불구하고(접속사) / but 그러나(접속사) / despite ~에도 불구하고(=in spite of) / regarding ~에 관하여(=concerning)

해석 그녀가 직면한 제정적인 문제에도 불구하고, 그들은 배정된 일을 제시간에 용케 해냈다.

정답 (C)

어휘 several 몇몇의 / participant 참석자 / conference 회의 / reserve 예약하다 / place 장소; 놓다 / collect 모으다, 수집하다 / remain ~한 상태도 두다, 남다

해석 Seagaja 호텔의 여러 방이 회의에 참석한 사람들 위해 예약되었다.

정답 (A)

어휘 board 이사회 / take a approach 자세를 취하다, 접근하다 / approach 접근법, 방법 / financial 금전상의, 재정의 / problem 문제 / disappear 사라지다(↔disappear) / in good time 이윽고, 마침 좋은 때에 / sensible 분별있는 / sense 감각; 느끼다 / sensitive 민감한

해석 이사회가 분별있는 자세를 취한다면, 모든 금전적인 문제는 사라질 것이다.

정답 (A)

어휘 contest 경연대회 / include ~을 포함하다 / participation 참가, 참석 / forward 전달하다; 앞으로 / upcoming 다가오는, 곧있을 / perspective 관점, 견해 / following 다음의, 다음에 오는

해석 일본 대표로 Hosina Mori씨가 다가오는 미스 유니버스 경연대회에 참석할 것입니다.

정답 (B)

어휘 manager 매니저, 부장 / recruit 신입사원; 고용하다 / sign up for 등록하다, 신청하다 / training 훈련, 교육 / session 기간, 과정; 회의 / memorize 기억하다 / recall 회상하다 / identify 식별하다 / remind 상기시키다(remind+사람+to V ~하라고 상기시키다)

해석 우리 매니저는 모든 신입사원들에게 다가오는 교육과정을 신청하라고 상기시켰다.

정답 (D)

어휘 senior 손위의; 대학4학년 / be required toV ~해야 하다 / on-the-job 근무 중의, 실무의 / enroll in ~에 등록하다 / participate in ~에 참석하다 / go to ~에 가다 / attend ~에 참석하다(타동사)

해석 대학4학년 학생들은 현장 직무 교육에 참석해야 한다.

정답 (D)

어 휘 newsletter (단체, 회사 등의) 회보 / between A and B A와 B 사이에 / deliver 배달하다, 전달하다 / delivery 배달, 전달

해 석 주간 회보는 매주 월요일마다 오전 7시에서 8시 사이에 Mr. Simpson의 사무실에 배송됩니다.

정 답 (D)

어 휘 unexpected 예상치 못한, 예상에서 벗어난 / thunderstorm 폭풍우 / cancel 취소하다 passenger 승객 / receive 받다, 수령하다 / full refund 전액 환불

해 석 예상치 못한 폭풍우 때문에 항해 서비스는 취소되었고, 승객 전원은 전액 환불을 받을 것입니다.

정 답 (B)

어 휘 strategy 전략 / specialized 전문화된 / training 훈련, 교육 / own 소유의; 소유하다 / contribute 기부하다, 기여하다(to) / offer 제공하다 / provide A with B A에게 B를 제공하다 / arrange 준비하다, 배열하다

해 석 오늘의 사업 전략 세미나는 여러분께 스스로의 사업을 시작하는데 필요한 전문화된 교육을 제공해 줄 것입니다.

정 답 (C)

어 휘 maintain 유지하다 / consumer 소비자 / trust 믿음, 신뢰 / dedicated 헌신적인, 전념하는 / be assured that ~을 확신하다 / indicate 나타내다(show)

해 석 우리 회사가 소비자들의 신뢰를 얻기위해 노력하고 있다는 점을 꼭 알아주시기 바랍니다.

정 답 (B)

어 휘 study 연구(하다), 연구결과 / indicate 나타내다(show) / latest 최신의 / far 멀리; 상당히, 훨씬 / surpass ~을 능가하다 / previous 이전의 / computer technology 컴퓨터 기술 / performance 성능, 실적; 공연, 연기

해 석 연구 결과는 우리의 최신 하이브리드 자동차가 컴퓨터 기술에 있어서 이전의 모든 모델을 훨씬 앞지른다는 것을 보여준다.

정 답 (C)

어 휘 manufacturer 제조회사, 제조업자 / inspect 검사하다, 조사하다(look into) / equipment 장비 / safety 안전 / regulation 규정 / competitor 경쟁자, 경쟁사 / contact 연락(하다) / construction 건설, 건축 / compliance 준수 / in compliance with ~을 준수하여

해 석 그 제조회사는 매주 안전 규정에 따라 장비를 검사합니다.

정 답 (D)

어휘 thoroughly 철저히 / ensure 확실하게 하다 / install 설치하다 / positively 긍정적으로 / properly 적절하게, 제대로 / decidedly 단호하게 / absolutely 절대적으로

해석 이 소프트웨어설치를 제대로 하도록 사용자 매뉴얼을 철저하게 읽어 보시기 바랍니다.

정답 (B)

어휘 prior to ~전에 / serve 근무하다 / acting 대리의, 대행의 / acting director 이사 대행 / consumer relations 고객서비스부 / ahead of ~에 앞서 / formerly 이전에는

해석 Megatracks에서 근무하기 전에, Mr. Wilson은 고객서비스 이사 대행으로 근무했었다.

정답 (C)

어휘 registration 등록 / deadline 마감일 / annual 연례의 / conference 회의 / September 9월 / expand 확장하다 / progress 진행되다 / extend 연장하다 / finish 끝내다

해석 연례 회의에 대한 등록 마감일이 9월 20일로 연장되었다.

정답 (C)

어휘 registered 등록된 / guest 손님 / be eligible to V ~할 자격[권리]가 있다 / such as ~과 같은 / fitness center 체력 단련 센터 / swimming pool 수영장 / at no cost 무료로, 비용을 내지 않고 / guideline 지침(서) / facility 시설, 설비(amenity 편의시설) / procedure 절차

해석 등록된 모든 손님들은 체력 단련 센터와 수영장과 같은 호텔 편의 시설을 무료로 사용할 자격이 있다.

정답 (C)

어휘 in an effort toV ~하고자 하는 노력으로 / improve 향상시키다 / productivity 생산성 / decide to V ~하기로 결정[결심]하다 / a variety of 다양한(diverse, various) / incentive 인센티브, 혜택, 장려금 / influence 영향(을 끼치다) / opinion 의견(perspective 관점, 의견) / objection 반대

해석 직원 생산성을 향상시키려는 노력으로 회사는 직원들에게 다양한 인센티브를 주기로 결정하였습니다.

정답 (B)

어휘 ensure 확실히 하다, 보증하다 / safety 안전 / procedure 절차, 수칙 / processing plant 가공 공장 / persuasive 설득력 있는 / timely 시기적절한 / outdated 구식의

해석 새로운 근로자들에게 가공 공장에서의 안전 수칙을 확실히 알려주시기 바랍니다.

정답 (C)

어휘 sales representative 영업 사원, 판매 담당자 / try to V ~하려고 노력하다 / demonstrate 설명하다, 시연하다 / feature 특징; ~을 특징으로 하다 / effectively 효과적으로 / contract 계약(서) / concern 걱정, 근심 / assess 평가하다

해석 영업 담당자는 카메라의 특별한 특징을 효과적으로 설명하기 위해 노력했다.

정답 (B)

어휘 defective 결함있는, 불량의 / merchandise 상품 / under warranty 보증기간 중인 / receive 받다, 수령하다 / refund 환불(해주다) / full refund 전액 환불

해석 모든 결함있는 상품은 보증을 받을 수 있으며, 소비자는 전액 환불을 받을 수 있습니다.

정답 (A)

어휘 head 우두머리, 장 / inventory 재고(품) / department 부서 / check 점검하다; 점검 / stock 재고 / personally 개인적으로, 직접 / in the first place 첫째로, 우선

해석 재고정리부서장이 재고를 우선적으로 직접 점검했다면, 문제는 없었을 것이다.

정답 (D)

어휘 accident 사고 / introduce 도입하다, 안내하다 / strict 엄격한 / safety 안전 / precaution 예방(조치) / currently 현재 / unexpectedly 예기치않게 / briefly 간략하게 / immediately 바로 / immediately after ~후에 바로

해석 사고 후 곧바로, Pattra 자동차사는 보다 엄격한 안전 예방 조치를 도입했다.

정답 (D)

어휘 decide 결정하다 / yet 아직 / advertising 광고의; 광고업 / campaign 캠페인 / promote 판촉[촉진]하다, 승진시키다 / athletic gear 운동기구 / resist 저항하다 / launch 출시하다(release) / invest 투자하다(in) / raise 올리다

해석 회사는 새 운동기구를 판촉하기 위한 광고 캠페인을 언제 시작할 것인지 아직 결정하지 못했다.

정답 (B)

어휘 customer 고객 / question 의문(=inquiry 문의) / quality 질(↔quantity 양) / merchandise 상품 / concerning ~과 관련된(regarding) / relate ~과 관련시키다 / be related to ~과 관련되어 있다 / connect 연관시키다 / refer 참고하다 / refer to ~를 참조하다 / refer to A as B A를 B로 언급하다

해석 몇몇 고객들은 새로운 샘플 제품의 품질에 대한 의문을 제기했다.

정답 (A)

어휘 marketing director 마케팅 이사 / absolute 절대적인, 확실한 / ability 능력 / renewal 갱신, 재개발 / productivity 생산성 / economics 경제 / harvest 수확(하다)

해석 마케팅 이사는 팀원들의 능력과 그들의 생산성에 대해 확실한 신뢰를 가지고 있다.

정답 (B)

어휘 official 관리, 공무원; 공식적인 / increased 증가된, 추가의 / deduction 공제 / deduct 빼다, 공제하다 / as of ~부로 / challenging 힘든, 어려운 / diplomatic 외교적인 / outstanding 훌륭한, 우수한

해석 그 정부 관리는 8월 1일부로 추가 세금 공제가 발효될 것이라고 언급했다.

정답 (C)

어휘 headquarters 본사 / be located 위치해 있다 / downtown 시내 / area 지역 / be surrounded by ~에 둘러싸여있다 / a variety of 다양한 / department store 백화점 / gradually 점진적으로, 차츰 / delicately 섬세하게 / quickly 재빨리 / conveniently 편리하게

해석 그 회사의 본사는 시내에 편리하게 위치해 있고, 여러 백화점으로 둘러싸여 있습니다.

정답 (D)

어휘 receive 받다, 수령하다 / concerning ~에 관한(regarding) / result 결과 / customer survey 고객 설문조사 / due to ~때문에 / since ~이래로, ~때문에 / in that ~라는 점에서 / once 일단 ~하면

해석 일단 고객 설문조사 결과에 대한 저의 편지 받으시면, 저에게 전화나 이메일로 알려주세요.

정답 (D)

어휘 believe 믿다, 생각하다 / highly 매우, 꽤 / managerial 관리의 / position 직책, 자리 / accounting 회계; 회계의 / field 분야, 영역 / successful 성공적인 / reserved 예약된; 과묵한 / qualified 적합한, 적격인 / be qualified for ~에 적합하다, 적격이다 / violate 위반하다(offend)

해석 저는 제가 회계 분야에서의 관리직에 매우 적합하다고 생각합니다.

정답 (C)

어휘 take part in 참가하다 / upcoming 다가오는, 곧 있을 / training session 교육 과정 / at your earliest convenience 편리한 때에 가능한 빨리 / probability 있음직함, 가망 / requirement 필요조건, 요구조건 / conclusion 결론 / reach a conclusion 결론에 이르다

해석 당신이 만약 곧 있을 교육 과정에 참가할 수 있다면 가능한 한 빨리 저에게 알려주세요.

정답 (B)

어휘 focus on ～에 중점을 두다, 집중하다 / development 발전 / distribute 분배하다, 배포하다 / affect ～에 영향을 미치다(=influence) / intend 의도하다 / be intended to V ～하기위해 예정되어 있다, 하기로 되어 있다 / attract 끌다, 매혹시키다

해석 온라인 뱅킹 기술의 발전을 중점을 두기위해 올해 회의가 예정되어 있습니다.

정답 (C)

어휘 exhibition 전시회 / be expected to V ～할 것으로 기대되다,예상되다 / visitor 방문객 / attract 끌다, 매혹시키다(=lure)

해석 서울 디자인 전시회는 많은 방문객들을 도시로 끌어 모을 것으로 예상된다.

정답 (A)

어휘 according to ～에 따르면 / release 발표하다, 출시하다 / medical 의료의 / insurance 보험 / expense 비용 / worth ～의 가치가 있는

해석 어제 발표된 보도에 따르면, 의료 보험에 드는 것은 비용만한 가치가 있다.

정답 (A)

어휘 on behalf of ～을 대신하여 / mayor 시장 / appreciate ～에 감사하다(be grateful for) / generous 관대한, 후한 / donation 기부 / charity event 자선 행사

해석 시장을 대신하여, 이번 자선행사에 보내주신 귀하의 관대한 기부에 깊이 감사드립니다.

정답 (D)

어휘 management and labor union 노사(노조측과 회사측) / finally 마침내(eventually) / reach an agreement 합의에 도달하다, 합의하다 / improve 향상시키다 / benefits package 복리후생 제도 / occur 발생하다, 일어나다 / existing 기존의 / maintain 유지하다 / reject 거절하다, 거부하다

해석 노사는 마침내 기존의 복리후생 제도를 개선시키기로 합의했다.

정답 (B)

어휘 be scheduled to V ～할 예정이다 / attendance 참석, 출석 / summit 정상회담 / have yet toV 아직 ～해야 한다, 아직 ～하고 있지 않다 / confirm 확인하다, 확정짓다

해석 James는 다음주 워싱턴 D.C에 갈 예정이지만, Obama가 정상회담 참석할지는 아직 확인되지 않았다.

정답 (C)

어휘 problem 문제 / lawnmower 잔디 깎는 기계 / mow 베어내다; 마른 풀 더미 / hesitate 주저하다 / contact 연락하다 / service center 서비스 센터 / immediate 즉각적인 / repair 수리; 수리하다 / sufficient 충분한 / authorized 공인된 / enclosed 동봉된 / persistent 끈기있는, 계속되는

해석 잔디 깎는 기계에 문제가 있다면 즉각적인 수리를 위해 공인된 서비스 센터로 주저없이 연락하세요

정답 (B)

어휘 available 입수가능한, 얻을 수 있는 / registered 등록된 / guest 손님 / holiday season 휴가철 / mainly 주로 / generously 관대히, 후하게 / exclusively 독점적으로, 오로지(=solely) / unusually 유난히, 비정상적으로

해석 휴가철 동안 오직 등록된 모든 손님들에게만 30퍼센트 할인이 적용됩니다.

정답 (C)

어휘 strategy 전략 / successful 성공적인 / so ~ that... 너무나 ~해서 ...하다 / profit 수익 / exceed ~을 초과하다 / figure 수치, 모양, 유명인사 / politely 예의바르게, 겸손하게 / confidentially 비밀리에 / professionally 전문적으로 / substantially 상당히(significantly, considerably)

해석 그 전략은 매우 성공적이어서 회사 하반기 수익이 상반기 수치를 상당히 넘어설 것으로 예상하고 있다.

정답 (D)

어휘 due to ~때문에, ~로 인해 / financial 재정상의, 금전상의 / management 경영진 / finally 마침내 / decide to V ~하기로 결정하다, 결심하다 / expenditure 지출 / travel cost 여행 경비 / repeat 반복하다 / reduce 줄이다 / resign 사임하다 / repair 수리하다; 수리

해석 재정상의 문제로 인해 경영진은 마침내 여행비를 줄여서 회사 경비를 삭감하기로 결정했다.

정답 (B)

어휘 lately 최근에 / regularly 정기적으로(periodically) / agreeably 적당하게, 편리하게 / highly 매우, 꽤

해석 정부 조사관들이 그 공장의 안전 규정 준수 여부를 정기적으로 검사할 것이다.

정답 (B)

어휘 it is reported that ~하고 보고되다 / present 현재의 / run for 입후보하다 / terminal 터미널, 맨끝, 종점 / term 기간, 조건, 학기, 전문용어 / terminology 전문용어(jargon)

해석 JK 항공사의 현 CEO가 다음 3년 기간 동안의 임기에 입후보할 것이라고 방금 보고되었다.

정답 (C)

어휘 due to ~때문에, ~로 인하여 / rising 증가하는, 오르는 / raw material 원자재 / overall 전반적인 / expend 지출하다 / expense 비용, 지출 / expensive 비싼 / expenditure 지출

해석 원자재의 가격상승 때문에, 전반적으로 제품들이 더 비싸졌습니다.

정답 (C)

어휘 quarter 분기 / quarterly 분기의 / sales figure 판매 수치 / excellent 뛰어난, 훌륭한 / firm 회사; 단단한 / sales representative 영업사원 / additional 추가의 / incentive 인센티브

해석 지난 분기의 매출액이 뛰어났기 때문에, 회사는 영업사원들에게 추가 상여금을 주었습니다.

정답 (B)

어휘 board member 위원회 멤버 / disappoint 실망시키다 / be disappointed to V ~해서 실망하다 / be disappointed with ~에 실망하다 / domestic 국내의 / recently 최근에 / drop 하락; 하락하다

해석 모든 이사회 멤버들은 국내 매출액이 최근에 하락하기 시작했다는 것을 알고 매우 실망했습니다.

정답 (D)

어휘 It is no wonder(that) ~은 당연하다 / corporate 회사의 / profit 수익 / usually 보통, 대체로 / be reflective of ~을 반영하다(reflect) / technique 기술, 기교

해석 회사의 수익은 대체로 마케팅 기술을 반영한다는 것은 의심할 바가 없다.

정답 (C)

어휘 correct 정정하다, 수정하다; 정확한 / failure 실패, 고장 / technician 기술자 / take a step 조치를 취하다 / necessary 필요한 / compose 구성하다 / prevent 막다, 예방하다 / grant 주다, 인정하다 / distribute 분배하다, 배포하다

해석 시스템 고장을 수리한 후에, 기술자들은 또 다른 문제를 막기위한 필요한 조치를 취했다.

정답 (B)

어휘 distribution 유통, 배포 / distribution center 유통 센터, 유통부서 / be responsible for ~에 대해 책임이 있다 / prompt 즉각적인 / delivery 배송, 배달 / recovery 회복 / repetition 반복 / exception 예외 / with the exception of ~을 제외하고

해석 유통 센터의 모든 직원들은 우리 제품의 신속한 배달에 대해 책임이 있다.

정답 (A)

어휘 expect 기대하다, 예상하다 / customs regulation 관세 규정 / go into effect 효력을 발휘하다, 실시되다(come into effect) / progress 전진, 진보; 진행하다 / effect 효과 / certificate 증명서, 자격증; 증명하다

해석 많은 직원들은 새로운 관세 규정이 다음 해를 시작으로 실시될 것으로 예측한다.

정답 (C)

어휘 make sure 확인하다, 분명히 하다 / keep 유지하다, 보관하다 / confidential 기밀의, 비밀의 / strict 엄격한, 엄한 / probable 가망성 있는, 유망한 / potential 잠재적인 / secure 안전한; 보호[보장]하다

해석 기밀 서류는 항상 안전한 장소에 보관하셔야 함을 분명히 해주세요.

정답 (D)

어휘 be expected to V ~할 것으로 예상되다, 기대되다 / participate in ~에 참석하다 / be held 열리다, 개최되다 / in honor of ~을 기념하여 / promotion 승진

해석 마케팅 팀 맴버들은 Thompson씨의 승진을 기념하기 위해 열리는 축하 행사에 참석할 것으로 예상된다.

정답 (B)

어휘 turn out ~라고 밝혀지다, 증명되다 / marketing cost 마케팅 비용 / closely 밀접하게, 긴밀히 / be associated with ~과 관련되어 있다, 연관되어 있다 / annual 1년의, 연간의 / budget 예산

해석 마케팅 비용이 연간 예산과 밀접한 관련이 있었다는 것이 밝혀졌습니다.

정답 (B)

어휘 it is assumed that ~라고 가정(추정)되다 / newly 새로이 / merged 합병된 / firm 회사; 단단한 / be unable to V ~할 수 없다 / maintain 유지하다, 주장하다 / the rate of growth 성장률 (=growth rate)

해석 새로 합병된 회사는 현재의 성장률을 유지하지 못할 것이라고 추정된다.

정답 (D)

어휘 chief 우두머리, 장; 주요한 / human resource 인적 자원, 인사 관리 / authorization 인가, 승인 / access 접근(하다), confidential 기밀의, 비밀의 / gather 모이다, 모으다 / restrict 제한하다 / obtain 얻다, 획득하다 / institute 만들다, 확립하다

해석 인력개발 부서장은 마침내 기밀문서를 사용할 수 있는 인가를 받았다.

정답 (C)

어휘 mechanic 수리공 / replace A with B A를 B로 교체하다 / feature 특징; ~을 특징으로 하다 / durability 견고함 / durable 견고한 / reduced 줄어든, 감소된 / contain ~을 담고 있다, 포함하다 / seek 찾다, 구하다 / unload (짐을) 내리다 / suffer 겪다, 경험하다(from)

해석 수리공은 발전기 G10을 같은 기능과 더불어 가볍고 견고함까지 추가된 G12로 교체했다.

정답 (A)

어휘 according to ~에 따라 / revised 수정된, 개정된 / law 법 / interested 관심있는, 관련있는 / interested parties 관련 당사자들 / file 청구하다, 제기하다; 서류 / file the claim / file a complaint with ~에 불만을 제기하다 / no later than 늦어도 ~까지 / quarter 분기 / amaze 놀라게하다 / charge 임무[책임]을 맡기다 / be charged with ~(업무, 일)을 맡다 / be obliged to V ~해야 한다 / acquire 얻다, 습득하다

해석 개정된 법에 따라, 관련 당사자들은 늦어도 분기 말까지 손해 배상을 청구해야 한다.

정답 (C)

어휘 discussion 논의, 토론 / delicate 민감한 / issue 이슈, 논쟁점; 발행하다 / between A and B A와 B 사이에 / gather 모이다, 모으다 / certificate 증명하다; 증명서 / proceed 나아가다, 진척되다 / obtain 얻다, 획득하다

해석 두 당사자 간 민감한 문제들에 대한 논의가 아주 순조롭게 진행되고 있다.

정답 (C)

어휘 those of you who ~하는 사람들 / have difficulty (in) ~ing ~하는데 어려움을 겪다(=have trouble ~ing) / potential 잠재적인 / client 고객 / be asked to V ~하라고 요구되어지다 / participate in ~에 참석하다 / upcoming 다가오는, 곧 있을 / seek 찾다, 구하다 / resign 사임하다 / catering 출장요리 / cater to ~의 요구를 만족시키다 / attempt 시도하다

해석 잠재 고객을 찾아 나서는데 애를 먹는 분들은 곧 있을 마케팅 세미나에 참석하시기 바랍니다.

정답 (A)

어휘 customer service center 고객 서비스 센터 / make a attempt to V ~하려고 노력하다, 시도하다 / handle 다루다, 처리하다(deal with, address) / complaint 불평, 불만; 불평하다 / appropriately 적절히 / distance 거리 / characteristic 특징, 특성 / emergency 비상사태, 긴급 / attempt 시도하다, 노력하다; 시도

해석 고객 서비스 센터는 고객의 불만을 적절히 처리하려 노력했다.

정답 (D)

어휘 unfavorable 좋지 않은, 불리한 / have no choice but to V ~할 수 밖에 없다 / postpone 기하다(put off) / exception 예외 / intention 의도, 의지 / choice 선택 / guarantee 보장하다; 보증(서)

해석 좋지 않은 날씨 때문에 우리는 행사를 다음 주로 연기해야만 했다.

정답 (C)

어휘 employment agency 직업소개소 / ask 요구하다, 요청하다 / job seeker 구직자 / resume 이력서; 다시 시작하다 / personnel manager 인사담당자 / fortunate 운이 좋은 / timely 시기적절한 / in a timely manner 때 맞춰, 시기적절히 / seasonal 계절의, 계절적인 / managerial 관리의, 경영상의

해석 직업소개소는 구직자들이 그들의 이력서를 인사담당자에게 때 맞춰 제출해 줄 것을 요구했다.

정답 (B)

어휘 eagerly 열렬히 / opening 빈자리, 공석; 개업, 개점 / branch 지점, 지사 / gather 모이다, 모으다 / lower 낮추다; 더 낮은 / await 기다리다(wait for) / recover 회복하다(from)

해석 많은 고객들이 다음달 중국내 새로운 지점의 개설을 열렬히 기다리고 있다.

정답 (C)

어휘 division 부서 / head 장, 우두머리 / strongly 강력히 / recommend 추천하다, 권고하다 / ability 능력 analyze 분석하다 / retail 소매 / sales figure 판매 수치, 판매량 / accidently 우연히 / accurately 정확히 / abruptly 갑자기(suddenly) / approximately 대략

해석 부서장은 소매 매출 수치를 정확히 분석하는 능력때문에 Johnson을 강력히 추천했다.

정답 (B)

어휘 report 보고서; 보고하다(it is reported that ~라고 보고되다) / shipping company 운송회사 / shipment 선적(물), 배송(품) / frozen 얼린, 냉동의 / food product 식품 / specific 구체적인 / special 특별한 / specialize in ~을 전문으로 하다 / specification 명세서, 설명서

해석 보고서는 ESM 운송회사가 냉동식품 선적을 전문으로 하고 있다고 전하고 있다.

정답 (C)

어휘 attract 끌다, 매혹시키다 / customer 고객 / offer 제공하다 / flavorful 맛있는 / overall 전반적인, 포괄적인 / avoidable 피할 수 있는 / editorial 사설 / affordable 저렴한, 적절한 / at an affordable price[rate] 저렴한 가격에

해석 그 식당은 맛있는 음식을 저렴한 가격에 제공하여 고객을 끌어 모은다.

정답 (D)

어휘 I am writing to V ~하기 위해 편지를 쓰다 / arrival 도착, 도래 / request 요청하다 / match 서로 맞다, 일치하다 / suggest 제안하다 / acknowledge 인정하다, (편지 등의) 수령을 알리다 / commute 통근하다 / remark 언급(하다)

해석 요청한 자료를 수령했습니다만 걱정스럽게도 자료가 제가 가진 기록과 일치하지 않습니다.

정답 (B)

어휘 study 연구(하다) / indicate 나타내다, 보여주다 / simple 단순한, 간단한 / prefer ~을 더 좋아하다, 선호하다 / accounting software 회계 소프트웨어 / precise 정밀한 / frequent 잦은, 빈번한 / charitable 자선의, 자비로운 / reluctant 꺼리는(hesitant)

해석 연구 결과는 소비자들이 정확하고 정밀한 회계 소프트웨어를 선호한다는 것을 보여준다.

정답 (A)

어휘 user manual 사용자 매뉴얼 / indicate 나타내다, 보여주다 / camcorder 캠코더 / huge 거대한, 큰 / objective 객관적인 / primary 주요한 / compatible 호환가능한 / be compatible with ~와 호환되다, ~와 양립할 수 있다

해석 사용자 매뉴얼은 이런 종류의 캠코더와 호환될 되도록 고안된 배터리를 사용할 것을 나타낸다.

정답 (D)

어휘 buyer 구매자 / be entitled to+명사 ~에 대한 자격이 주어지다 / be entitled to V ~할 자격이 주어지다 / repair 수리(하다) / free of charge 무료로 / under warranty 보증기간 중인 / undergo(-underwent-undergone) 겪다, 경험하다 / be equipped with ~이 갖추어져있다 / be faced with ~에 직면하다

해석 구매자들은 2년 보증기간 동안에 무상 수리 서비스를 제공받을 자격이 있다.

정답 (A)

어휘 keep it mind that~ ~을 명심하다 / signature 서명, 싸인 / in order to V ~하기 위해서 / receive 받다, 수령하다 / medication 약 / description 설명, 묘사 / inscription (새겨 넣은) 비문, 기입 / prescription 처방전 / subscription (정기 발행물의) 구독

해석 원하는 약을 받기 위해서 처방전에 담당 의사의 서명을 받아 와야 한다는 것을 명심하세요.

정답 (C)

어휘 temporary 임시의 / temporary worker 임시 노동자 / full time position 정규직 / quarter 분기 / quarterly 분기별의 / opposing 반대되는 / promising 유망한, 촉망되는 / demanding 까다로운 / existing 기존의

해석 가장 촉망되는 임시 노동자들은 다음 분기 말에 정규직을 받게 될 것이다.

정답 (B)

어휘 article (신문, 잡지의) 기사, 물품 / state 언급하다; 상태 / decision 결정, 결심 / merge 합병하다 / likelihood 가능성 / bankruptcy 파산 / influence 영향을 끼치다 / practice 연습하다, 행하다; 연습, 관행 / respect 존경(하다) / authorize 인가하다

해석 기사에는 New Futures 파이낸셜이 AMC 파워사와 합병하기로 한 결정이 파산 가능성 때문에 영향을 받을 것이라고 나와 있다.

정답 (A)

어휘 reproduce 복제하다, 복사하다 / developer 개발자 / written 서면의, 쓰여진 / appliance 가전제품 / denial 거부, 부인 / gratitude 감사 / consent 동의(하다)

해석 개발자의 서면 동의 없이 절대로 제품을 복제해서는 안 됩니다.

정답 (D)

어휘 due to ~때문에, ~로 인해 / risk 위험 / injury 부상 / employees on construction site 공사현장의 직원들 / wear 착용하다 / protective gear 보호 장비 / temporary 일시적인 / mandatory 의무적인(compulsory) / illegal 불법적인 / unlikely 있을 것 같지 않은 / it is unlikely that ~할 것 같지 않다

해석 다칠 위험이 있기 때문에, 공사현장의 직원들은 보호 장비를 착용해야 할 의무가 있습니다.

정답 (B)

어휘 laboratory 연구소 / spend 사용하다, 쓰다 / revenue 수입 / chemical 화학약품 / effect 영향, 효과 / environment 환경 / selection 선택 / proportion 부분, 몫 / corporation 회사 / caution 주의

해석 James 연구소는 수입의 많은 부분을 그 화학약품이 환경에 미치는 영향을 연구하는데 사용했다.

정답 (B)

어휘 unsatisfactory 불만족스러운 / performance evaluation 실적 평가 / incompetent 무능한 / quickly 빠르게, 재빨리 / promote 승진시키다 / upgrade 업그레이드 하다 / dismiss 해고하다 / occur 발생하다, 일어나다

해석 3번의 만족스럽지 못한 실적 평가 후에 무능한 직원들은 곧바로 해고되었다.

정답 (C)

어휘 seek 구하다, 찾다 / method 방법 / existing 기존의 / heating 난방 / complement 보완하다, 보충하다 / compliment (~을) 칭찬하다; 칭찬, 찬사 / complementary 서로 보완적인 / complimentary 무료의

해석 연구원들은 기존의 난방 시스템을 보완해줄 수 있는 새로운 방법들을 찾고 있다.

정답 (A)

어휘 personnel manager 인사부장 / difficult 어려운 / candidate 지원자, 신청자 / resume 이력서 / lay off 해고하다(dismiss) / expose 노출시키다 / screen 심사하다, (심사를 통해) 가려내다; 스크린 / emerge 나타나다

해석 인사부장은 1000명 이상의 이력서 중에서 탈락자를 걸러내는 일이 쉬운 일이 아님을 알게 되었다.

정답 (C)

어휘 fair 전시회, 박람회 / be held 개최되다, 열리다 / the number of ~의 수 / participant 참가자 / increase 증가하다 / politely 예의바르게 / constantly 꾸준히(consistently) / thoroughly 철저하게 / individually 개인적으로, 개별적으로

해석 이 전시회가 5년 전 여기 서울에서 처음 열린 이후로, 참가자 수는 매년 꾸준히 증가했다.

정답 (B)

어휘 remove 치우다, 제거하다 / remove A from B A를 B에서 치우다 / fire exit 비상구 / in compliance with ~을 준수하여, ~에 따라 / safety regulation 안전 규정 / statement 명세서, 성명서 / application 지원서 / method 방법 / obstruction 방해, 방해물(barrier, obstacle)

해석 안전 규정에 따라 모든 방해물은 비상구에서 치워질 것입니다.

정답 (D)

어휘 in order to V ~하기 위해서 / complex 복잡한(complicated) / financial problem 재정상의 문제 / the board 위원회 / look at 바라보다 / situation 상황 / perspective 관점 / convey 나르다, 전달하다 / resolve 풀다, 해결하다(solve) / possess 소유하다(retain) / acquire 획득하다

해석 복잡한 재정상의 문제를 해결하기 위해서, 위원회는 넓은 관점으로 상황을 봐야 합니다.

정답 (B)

어휘 as time goes by 시간이 지남에 따라, 시간이 갈수록 / become ~이 되다 / important 중요한 / issue 이슈, 사안 / whole 모든, 전체의 / conserve 절약하다, 보존하다(preserve) / conservative 절약적인 / conservation 절약, 보존

해석 시간이 지남에 따라, 에너지 절약은 국가의 주요한 사안이 되고 있다.

정답 (D)

어휘 in an effort to V ~하려는 노력으로 / decide to V ~하기로 결정하다 / explode 폭발하다 / acquire 인수하다, 획득하다 / forecast 예측하다 / inquire 묻다, 질문하다

해석 아시아 시장으로 영역을 넓히기 위한 노력으로, 마침내 JMJ는 몇몇 아시아 회사들을 인수하기로 결정했다.

정답 (B)

어휘 excellent 뛰어난 / discerning 통찰력있는, 안목있는 / continue 계속해서 ~하다 / patronize ~을 단골로 삼다, ~와 거래하다 / dispute 반박(하다) / installment (할부 거래, 분납의) 납입금 / reputation 평판, 명성 / hardship 곤란, 어려움

해석 그 상점의 뛰어난 명성 때문에 안목있는 고객들은 꾸준히 단골로 삼고 있다.

정답 (C)

어휘 recently 최근에 / manufacture 제조하다 / be made from ~로 만들어지다 / material 재료, 자료 / prevent ~을 예방하다, 막다 / prevent A from B A가 B하는 것을 막다(stop) / adverse 불리한 / durable 오래가는, 내구성 있는 / hazardous 위험한 / fiscal 재정상의, 회계의

해석 최근에 생산된 장난감은 쉽게 파손되는 것을 방지하는 내구성 있는 재료로 만들어졌다.

정답 (B)

어휘 run 운영하다 / earn 획득하다, 얻다 / reputation 평판, 명성 / leading 선두의, 주요한 / hardly 거의 ~않다 / rarely 좀처럼 ~않다 / separately 따로따로, 별개로 / eventually 결국, 마침내

해석 10년이 지나서야 비로서 선두 인터넷 회사로써 마침내 명성을 얻었다.

정답 (D)

어휘 it is no doubt that~ 의심할 바 없이 ~하다 / mechanic 수리공 / wage 임금 / common 일반적인, 보통의 / involved 관련된, 연루된 / certified 공인된, 면허를 받은(licensed) / attached 첨부된 / concerned 걱정하는, 관련된

해석 면허가 있는 수리공은 일반 수리공보다 더 높은 임금을 받는다는 것은 의심할 바 없다.

정답 (B)

어휘 lecture 강의, 강연 / lead 이끌다, 지휘하다 / expert 전문가 / consecutive 연속적인, 연이은 / renowned 유명한, 저명한(prominent, well-known) / confused 혼란스러운 / numerous 수많은

해석 오늘의 강의는 세계적으로 유명한 마케팅 전문가인 David Joe에 의해 진행되겠습니다.

정답 (B)

어휘 speaker 연설자, 연사 / repeatedly 반복해서, 반복적으로 / need 필요성; 필요하다 / reduced 인하된 / trade 무역; 판매하다 / tariff 관세 / emphasize 강조하다 / emphatic 강조하는, 단호한 / emphasis 강조 / place an emphasis on ~에 강조를 두다, ~을 강조하다

해석 연설자는 무역 관세 인하의 필요성을 반복해서 강조했다.

정답 (D)

어휘 has yet to V 아직 ~해야 하다, 아직 ~하고 있지 않다 / decide 결정하다, 결심하다 / consider 고려하다, 여기다 / productive 생산적인 / conventional 전통적인(traditional), 구식의 / tentative 잠정적인, 임시적인 / sincere 성실한, 진실의

해석 여름 공원 페스티벌의 공연 스케줄은 아직 결정되지 않았기 때문에 스케줄은 아직 잠정적입니다.

정답 (C)

어휘 undoubtedly 의심할 바 없이, 틀림없이 / receive 받다, 수령하다 / promotion 승진 / attain 달성하다 / quota 할당(량) / so that ~하기 위해서 / despite ~에도 불구하고(in spite of) / as long as ~하는 한 / due to ~때문에

해석 그의 할당 판매량을 달성하는 한 Moore는 이번 해에 틀림없이 승진할 것이다.

정답 (C)

어휘 upset 화나게 하다; 화난 / hesitate 망설이다 / ask A for help A에게 도움을 요청하다 / floor manager 매장 감독 / kindhearted 친절한 / tentative 잠정적인, 임시적인 / argumentative 논쟁적인, 까다로운 / entertaining 재미있는

해석 화난 고객이 까다로울 때는 매장 매니저에게 도움을 요청하세요.

정답 (C)

어휘 innovative 혁신적인 / boost 부양시키다, 증가시키다(raise) / raise 올리다, 증가시키다 / awareness 인식 / enable 가능하게 하다 / acquire 획득하다 / conflict 상충, 충돌; 상충되다, 충돌하다 / recede 후퇴하다, (가치가) 떨어지다

해석 이 혁신적인 마케팅 캠페인은 판매를 증가시키고 브랜드에 대한 인식을 높일 수 있도록 해줄 것이다.

정답 (A)

어휘 decline 하락(하다), 거절(하다) / stock market 주식시장 / nowadays 요즈음 / valued 소중한 / notable 유명한 / confidential 기밀의 / apprehensive 걱정하는, 염려하는

해석 투자자들은 요즈음 주식시장의 큰 하락에 걱정하고 있다.

정답 (D)

어휘 intern 인턴, 수습 사원 / contact 연락하다 / immediate 직접적인, 즉각의

해석 어떤 어려움에 직면하게 되면 수습 사원들은 그들의 직속상관들에게 즉시 연락할 필요가 있다.

정답 (C)

어휘 promote 승진시키다, 촉진시키다 / communication 의사소통 / subordinate 부하직원 / unavailable 이용할 수 없는 / apparent 확실한, 분명한(evident, obvious, definite) / upcoming 다가오는 / vacant 빈, 공허한

해석 관리자들은 부하직원들 간의 원활한 의사소통을 촉진할 필요가 있다는 것이 명백해 졌다.

정답 (B)

어휘 사람+be available 만날 수 있다, 시간이 있다 / throughout the day 하루 종일 / guest 손님 / convenience 편의, 편리

해석 고객의 편의를 위해 식당매니저를 하루 종일 프런트 데스크에서 만날 수 있습니다.

정답 (B)

어휘 express bus 고속 버스 / upcoming 다가오는, 곧 있을 / sporting event 스포츠 행사 / result from ~때문에 생겨나다 / depend on ~에 달려있다 / responsible for ~에 책임있는 / mainly 주로

해석 고속 버스 운행일정은 곧 있을 스포츠 행사에 따라서 달라질 수 있습니다.

정답 (A)

어휘 board of directors 이사회 / choose 선택하다, 고르다 / proposal 제안(서) / submit 제출하다 / administrative 행정상의, 관리의 / pick 뽑다 / decide toV ~하기로 결정하다　apply 지원하다 / conduct 수행하다(carry out)

해석 이사회는 행정 직원들에 의해 제출된 제안서를 선택하기로 결정했다.

정답 (D)

어휘 concerning ~과 관련하여 / feel free to V 자유롭게 ~하다 / at anytime 언제라도 / decide 결정[결심]하다 / contact 연락, 접촉; 연락하다 / attend 참석하다, 주의하다 / cause 발생시키다, 야기하다

해석 교육과정과 관련하여 질문이 있으면 언제든지 주저말고 연락해주세요.

정답 (C)

어휘 essential 필수적인 / it is essential that~ ~이하는 필수적이다 / new employees 신입사원 (=recruits) / sales department 영업 부서 / staff orientation 직원 오리엔테이션 / arrive 도착하다(at) / disappoint 실망시키다 / attend 참석하다; 주의하다/　belong 속하다(to)

해석 영업 부서에 있는 모든 신입 직원들은 다음 주 직원 오리엔테이션에 꼭 참석해야 합니다.

정답 (C)

어휘 employment 고용(↔unemployment 실업) / contract 계약 / take effect 발효하다, 효력을 나타내다 / as of ~부로 / affect ~에 영향을 끼치다 / effectively 효과적으로 / effect 영향, 효과 / effective 효과적인, 유효한

해석 새로운 고용 계약은 CEO가 서명하는 대로 1월 20일부로 효력을 나타낼 것입니다.

정답 (A)

어휘 complete an application 지원서를 작성하다 / enclosed 동봉된 / following 아래의, 다음의 / address 주소; 다루다, 연설하다 / notice 인지하다; 공지, 통보 / accomodate 편의를 제공하다, 수용하다 / detach 떼어내다 / appoint 임명하다, 정하다

해석 동봉된 지원서를 작성 하신 후에, 지원서를 떼어 아래의 주소로 보내 주세요.

정답 (C)

어휘 unforeseen 예상치 못한 / finished product 완제품 / barring ~이 아니라면, ~이 없다면 / unless ~아 아니라면〈접속사〉 / except for ~을 제외하고

해석 관리자의 승인이 없었다면 우리는 새로운 전략을 실행할 수 없었을 것이다.

정답 (A)

어휘 It is no wonder(that) ~은 당연하다 / in the absence of ~의 부재시에, 이 없을 때 / agreement 계약, 합의 / be subject to ~되기 쉽다 / all sorts of 온갖 종류의 ~ / deposit 예금 / interpretation 해석, 설명 / facility 시설, 설비 / output 생산(량), 산출

해석 서명된 문서가 없는 경우, 합의는 온갖 다양한 해석이 가능하게 된다는 것은 당연하다.

정답 (B)

어휘 demonstration 시연, 설명 / arrange 배열하다, 준비하다 / in an effort to V ~하려는 노력으로 / awareness 인식, 관심도 / negotiate 협상하다 / broaden 넓히다 / preserve 보존하다, 보호하다 / assign 할당하다

해석 제품 시연은 우리의 새 브랜드에 대한 소비자 인식을 넓히려는 노력으로 준비되었다.

정답 (B)

어휘 appointed 임명된 / appoint 임명하다 / chairperson 회장 / significant 심각한 / operating loss 운영 손실 / recession 후퇴, 침체 / accuse 비난하다, 고소하다 / apprise 알리다 / attribute ~탓으로 돌리다(ascribe) / acquaint 알게 하다, 숙지시키다

해석 새로 임명된 회장이 심각한 운영 손실을 경제 침체 탓으로 돌렸다.

정답 (C)

어휘 subsequent 그 이후의, 다음의 / remain ~한 상태로 있다 / budgetary 예산(안)의 / approval 승인 / unless otherwise noted 달리 언급되지 않으면 / contingent on ~에 따라 결정되는, ~에 달려있는 / perishable 부패하기 쉬운, 썩기 쉬운 / reluctant 꺼리는 / anonymous 익명의

해석 그 이후의 모든 프로젝트는 달리 언급되지 않으면 최종 예산 승인에 따라 결정된다.

정답 (A)

어휘 eminent 저명한, 유명한 / researcher 연구원 / continually 계속해서 / raise a question 의문을 제기하다 / lab result 실험 결과 / concern 우려, 걱정; 관심사 / concerned 걱정스러운; 관심이 있는 / concerning ~에 관하여

해석 많은 저명한 연구원이 실험 결과에 대해 계속해서 의문점을 제기하고 있습니다.

정답 (D)

어휘 travel destination 여행 목적지 / decrease 감소하다(↔increase) / condense A into B 〈A를 B로 요약하다(outline)〉 / fascinate 매혹시키다 / distract 주의를 흩뜨리다, 산만하게 하다 / distracted 산만해진

해석 여행 목적지에 대한 정보는 우리 웹사이트에 한 페이지로 압축되어 있습니다.

정답 (B)

어휘 imperative 반드시 해야 하는, 필수적인 〈imperative, necessary, essential, important, natural 등과 같이 당위성(반드시 해야 하는)을 나타내는 형용사 뒤에 that절이 오는 경우 that+주어+should+동사원형의 구조가 되는데, 이때 should는 흔히 생략된다. / classified 기밀의 / store 저장하다 / safe 안전한

해석 기밀문서들은 안전한 장소에 보관되어야 한다.

정답 (D)

어휘 transportation 교통, 운송 / complete 마감하다, 끝내다 / budget 예산 / guideline (정책 등에 대한) 지침 / observe 관찰하다; 준수하다 / observant 관찰력 있는; 준수하는 / observance (법률의) 준수 / in observance of ~을 준수하여 / observably 관찰할 수 있게

해석 교통 프로젝트 예산 지침을 준수하여 예산범위 내에서 완료되었다.

정답 (C)

어휘 praise 칭찬하다, 찬사를 보내다 / detail 디테일, 세부사항 / architecture 건축물 / architect 건축가 / destination 목적지, 관광지 / respectful 공손한, 정중한 / fascinating 매력적인 / outdated 구식의, 오래된(obsolete) / customary 통상적인

해석 관광객들은 주요 관광지에 있는 유명 건축물의 매력적인 세부장식을 격찬했다.

정답 (B)

어휘 secretary 비서; 비서에 관한 / be tired of ~에 싫증이 나다 / eventually 마침내 / quit (도중에) 그만두다 / reputable 평판이 좋은 / proficient 능숙한, 숙달된 / routine 판에 박힌, 일상적인 / endangered 멸종위기에 처한

해석 새로운 비서는 판에 박힌 일에 싫증이 났기 때문에, 마침내 그만 두었다.

정답 (C)

어휘 advisable 바람직한, 합당한 / it is advisable that ~하는 것이 바람직하다[합당하다] / assistant 보조원, 조수 / requirement 필요조건, 요구사항 / handicapped 장애가 있는 / reject 거절하다 / tolerate 참다, 견디다 / fulfill (의무, 책임을) 이행하다, 만족시키다 / aggravate 악화시키다

해석 장애인들을 위한 필요조건들을 만족시키기 위해서 새로운 보조 직원을 고용할 것이 바람직하다.

정답 (C)

어휘 road crew 도로 작업자 / instruct 지시하다 / place ~을 놓다, 위치시키다; 장소 / warning sign 경고 표지판 / dangerous spot 위험한 장소 / markedly (증가, 감소의 폭이) 현저하게, 두드러지게 / probably 아마도 / prominently 눈에 잘 띄게 / casually 이따금, 우연히

해석 도로 작업자들은 위험 지점을 따라 경고 표지판을 눈에 잘 띄게 배치시킬 것을 지시 받았다.

정답 (C)

어휘 surprisingly 놀랍게도 / release 출시하다 / capability 역량, 능력 / flaw 단점(defect) / statue 조각상, 동상 / premises 건물, 부지, 점포

해석 몇 가지 결점에도 불구하고, 신제품들이 처음 출시된 이후 놀랄만큼 인기가 많아졌다.

정답 (B)

어휘 colleague 동료 / R&D 연구개발(research & development) / department 부서 / congratulate 축하하다 / congratulate A on B 〈B에 대해서 A를 축하하다〉 / promotion 승진

해석 연구 개발 부서의 모든 동료들은 Hellen의 승진을 축하해주었다.

정답 (C)

어휘 thanks to ~덕분에 / ideal 이상적인 / crew 작업자 / finish 끝마치다 / in advance 미리 / ahead of ~보다 앞서 / next to ~옆에 / a series of 일련의 ~

해석 이상적인 날씨로 인해 작업자들은 예정보다 앞서 공사를 끝마칠 수 있었다.

정답 (B)

어휘 severe 엄격한 / host organization 주최 기관 / accept 받아들이다(↔reject) / entry 참가자 / grocery 식료품점 / obstacle 장애물 / reward 보답; 보답하다 / constraint 제한

해석 엄격한 시간 제한 때문에, 주최 기관은 늦게 신청한 참가자들을 받지 않았다.

정답 (D)